JN294113

誰も切らない、分けない経済

時代を変える社会的企業

共生型経済推進フォーラム 編

誰も切らない、分けない経済──時代を変える社会的企業
共生型経済推進フォーラム／編

目　次

巻頭言Ⅰ　信頼と連帯をめざす社会経済システムの創造
　……………………………………津田直則（桃山学院大学教授、共生型経済推進フォーラム代表）　7

巻頭言Ⅱ　包括的社会をめざしての挑戦——イタリアにおける社会的協同組合
　………………………………………………………カルロ・ボルザガ（トレント大学教授）　13

第1章　反貧困キャラバン連帯　シンポジウム報告

基調報告

「流動的貧困層」の新しい形＝若年ホームレス生活者への支援の模索
　………………………………………………沖野充彦（NPO法人釜ヶ崎支援機構事務局長）　20

各パネリストの発言

引きこもり・「ニート」サポートの現場から　…　今泉麻理（NPO法人ニュースタート事務局関西事務局長）　33

派遣労働者の相談窓口から……………………中村　研（ユニオンぼちぼち副委員長・派遣ネット関西事務局次長）　35

シングルマザーの貧困——母子家庭の現状から
　………………………………………中野冬実（NPO法人しんぐるまざあず・ふぉーらむ・関西事務局長）　38

ホームレスをビジネス・パートナーとして……………高柳未奈子（NPO法人ビッグイシュー基金）　49

野宿生活支援を通して——貧困最前線・釜ヶ崎からみえてくるもの
　…………………………………尾松郷子（NPO法人釜ヶ崎支援機構　生活・福祉相談業務統括）　52

障害者の労働問題の現状………………………斎藤縣三（NPO法人共同連事務局長、わっぱの会代表）　57

第2章　社会的企業家聞き取り記録（1）

福祉的就労でも、一般就労でもない、第三の道
　…………………………………………斎藤縣三（NPO法人共同連事務局長、わっぱの会代表）　64

斜に構えず、覇を競わず、地域に溶けて——就労支援とまちづくりにかけて
　………………………………………………………………冨田一幸（株式会社ナイス代表）　76

誰も野宿しなくていい社会を………………………沖野充彦（NPO法人釜ヶ崎支援機構事務局長）　92

誰もがそれなりに働いて、生きがいをもてる社会の実現を
　………………………………………………………………山田　實（釜ヶ崎反失業連絡会代表）　105

第3章　社会的企業家聞き取り記録（2）

一時保育施設のモデルケース——ワーカーズ・コレクティブの強み
　………………………水町由紀子（企業組合ワーカーズ・コレクティブ　キッズルームてぃんかぁべる前代表）　116

安定した保育園経営を土台に、地域づくりと障害者雇用にチャレンジ
　　　　　　　　　　伊藤保子（NPO法人ワーカーズコレクティブさくらんぼ理事長）　125

WEショップ：自前の事業を持ったNGOの海外支援と、地域のコミュニティの場の形成
　　　　　　　　　　　　　　　　郡司真弓（NPO法人WE21ジャパン理事長）　138

〈ACT〉：地域のたすけあいワーカーズ支援から社会的企業を構想する
　　　　　　　　　　香丸眞理子（NPO法人アビリティクラブたすけあい〈ACT〉理事長・当時）
　　　　　　　　　　加藤昌雄　（NPO法人アビリティクラブたすけあい〈ACT〉事務局長・当時）　148

第4章　誰も切らない経済を地域に創る（6.28シンポジウム報告）

基調報告

「包摂」から「共創」の地域づくりへ──イタリアにおける社会的企業の広がりとその課題
　　　　　　　　　　　　　　　　　　　　　　田中夏子（都留文科大学教授）　160

各パネリストの発言

障害者雇用と会社経営の革新　　　　　　　矢野　孝（矢野紙器株式会社代表取締役）　174
地域社会における生協の役割　　　　　　　河崎豊彦（生活クラブ京都エル・コープ専務理事）　178
知的障がい者の雇用をはじめて　　　　　　福田久美子（株式会社美交工業専務）　182
大阪希望館の取り組み　　　　　　　　　　山口勝己（自治労大阪市職員労働組合執行委員）　188
サードセクターの社会づくりデザインを探る
　　　　　　　　　　　中村順子（NPO法人コミュニティ・サポートセンター神戸理事長）　191

第5章　社会的経済・社会的企業促進の政策提言に向けて

社会的企業とこれを支える社会的金融　　　法橋　聡（共生型経済推進フォーラム運営委員）　200
新しい社会的リスクと日本型ソーシャル・ガバナンス
　　　　　　　　　　濱西栄司（京都大学大学院・共生型経済推進フォーラム運営委員）　212
どんな〈場所〉に私たちは立っているのか　柏井宏之（共生型経済推進フォーラム運営委員）　226
聞き取り調査、シンポジウムの報告と社会的企業促進の政策的課題
　　　　　　　　　　　　　　　　　　　　境　毅（共生型経済推進フォーラム運営委員）　243

補　章　共生型経済推進フォーラム活動報告

あとがき　273

巻頭言 I

信頼と連帯をめざす社会経済システムの創造

共生型経済推進フォーラム代表　津田　直則

1、矛盾の激化と新しい社会への流れ

　新しい時代が始まりつつある。その全貌はまだ見えていないが世界のあちらこちらで新しい社会を築く芽は育っている。それは企業、地域社会、各種制度、社会システム、経済システム、人間関係などさまざまな分野での新しい仕組みや思想の創造である。そこには人間精神の変革も含んでいる。あらゆる情報に耳を傾けておれば世界の流れや変化が見えてくる。現代は文明の大転換期でありわれわれは激動のまっただ中にいる。

　しかし、政治改革が始まっているとはいえ現在多くの人に見えているのはまだ、激化する矛盾が危機として世界に広がっている現象である。自然環境の危機、経済システムの危機、人間性の危機などの危機が連動し激しさを増して世界を襲っている。自然環境の危機では、地球温暖化問題や大量生産・大量消費による自然環境の破壊・汚染の拡大を背景に、世界的なレベルで災害が巨大化している。経済システムの危機では、米国を中心とした新自由主義思想が主張する効率至上主義を背景に、暴力化した競争が弱者の排除や投機によるバブル拡大・崩壊の矛盾をもたらし、遂に世界的な金融危機が発生した。人間性の危機では、もの・かね偏重による倫理・モラルの衰退を背景に、宗教の対立、暴力、テロ、犯罪、戦争などが拡大し、他者を顧みないエゴイズムが世界に蔓延している。これらの危機は原因と結果が相互に作用し合い増幅しあって矛盾をさらに深めている。とはいえ、この危機の時代には次の社会を形成する萌芽も育っているのである。

弁証法では、あらゆる現象は循環的であり、対立と矛盾の中から次に発展する新たな因子が生まれ、生成・発展・衰退・消滅を繰り返している。現代はまさに対立と矛盾の中から新たな歴史が生まれる転換期社会である。この時代には古いシステムが崩壊し新たなシステムを形成する仕組み、組織、制度、思想などが育っていく。また、新しい時代を担う主体や支持者も同時に生まれ育っていく。新しい社会を創造する変革の主体は、矛盾を克服する社会を実現しようとする者たちである。またこれら新しい社会を創造する主体を支持する社会階層は、現代社会に矛盾を感じている人々やその犠牲者達である。矛盾の激化は、新たな社会の創造をめざす主体とその支持者の層を拡大していく。新しい社会の到来が近づいていることに気付く社会変革の担い手たちは益々増えていくだろう。

　ある日突然に大崩壊が始まるかもしれない。あるいは多くの小さな崩壊が次々と起こり、それを阻止するために新たな対応が積み重ねられ古いシステムとは全く異なるシステムが生まれていくこともしばしば起こる。後者の例としては、2008年金融危機の結果、資本主義の牙城である米国で金融機関やゼネラル・モーターズが事実上国有化され、クライスラーの株式の過半数55％が労働組合UAWによって所有されるに至ったことなどがあてはまる。ゼネラル・モーターズも破綻しなければ、労働組合が43％の株式を所有する労使間合意が成立していた。このような労働者による企業買収や従業員所有の流れは、「賃金を出せないなら株式をよこせ！」という労働組合による戦略の結果であり、1980年代規制緩和による競争激化の時代に遡る。ユナイテッド航空の株式の過半数55％を労働組合が握ったのは経営危機に陥った1994年である。資本主義の崩壊は着実に進み、働く者が所有権を通じて主権を握る時代が近づいている。

2、新しい社会の仕組みと思想

　どのような社会を築くべきか。未来はわれわれが描くビジョンの中にある。危機を克服する新たな社会は、矛盾を拡大させている根本の原因を取り除く方

策に取り組まねばならない。自然環境の危機を克服するには、自然を破壊し征服する欧米の「人間中心主義思想」の放棄が必要であり、日本人にはなじみある、自然と人間が調和する「共生思想」へ転換する必要がある。自然と人間の共生を基礎にし、再生産可能資源や自然エネルギーを活用し、地産地消に基づく循環型経済を重視し、低炭素型社会を形成する必要がある。世界に広がり始めたパーマカルチャー思想はこのような共生思想の一形態である。

　経済システムの危機の根底には、利潤追求のための効率と競争が絶対視され、勝者が優れ、敗者は劣っているという誤った思想がある。現代経済学のパラダイムは自由競争を当たり前のように正当化する。しかし弱者の排除を正当化する競争システムは、低次元の人類のシステムとして歴史博物館に葬りさられる時が必ず来るだろう。人間が人間として生きることができる社会経済システムを考える時代が来ている。人類はいずれ、競争するのではなく連帯しあい、お互いを排除せず、お互いを成り立たせる共存原理を基礎とする社会を築くことになるだろう。すでにキリスト教社会教義にも人類の連帯思想が含まれており、世界の協同組合思想にも連帯のコンセプトが基本的価値として含まれている。

　連帯社会を築くには、資本と労働の関係を根本から見直すことが必要である。資本が労働を支配する資本主義経済システムは弊害があまりにも大きい。それは資本のエゴを動機として機能するシステムであるからだ。そこから弱者排除の思想が生まれる。生きる者と働く者の主権が尊重される社会に転換する必要がある。効率を無視せず人間と労働を大切にする経済システムの創造は可能である。

　新しい社会経済システムを創造するための産業民主主義の議論を一歩進めるためには、資本の支配を封じるために、決定参加制度よりも所有参加制度を強める方向に進めなければならない。所有を通じ従業員や労働者の主権を確保する企業形態としては、具体的には従業員所有企業と労働者協同組合がある。労働者協同組合は従業員所有企業の極限に位置する。前に述べたように、資本主義の矛盾が拡大する中ですでにこれらの新たな企業形態が拡大している。米国

では、従業員が自社株の50％以上を所有する従業員所有企業は1200社ほどあるが、そのうちの100社には、従業員数が最大の142,000人から最小の1,000人まで並んでいる。このような流れは今後、資本主義の矛盾の拡大と共に加速していくだろう。矛盾の大きな米国では未来を築くシステム形成でも一歩先んじているところがある。日本でも意図は別にして新たな従業員持ち株制度の検討が始まっている。この流れを次の新たな経済システムの一部へと導くことが必要である。従業員所有企業は米国よりもむしろ、企業は社員のものである、という日本的経営により調和する仕組みである。日本の制度を米国型従業員持株計画であるESOPに近づけるためには、従業員への株式の贈与制度や税控除制度などの採用が必要となる。

　最後の人間性の危機を克服するには、人間の信頼関係を回復させることを基本に考えねばならない。そのためにも経済システムの根本的改革は不可避である。競争システムや資本と労働の関係が今日の経済システムの危機の根底にあり、このような経済システムがもの・かね偏重のエゴイズム社会を拡大・蔓延させる原因になっている。そこから独占・対立・排除が始まる。暴力・殺人・戦争はその結果である。共存・連帯社会への転換は信頼社会を築くことでもある。協力しあい連帯することから信頼は培われる。共存・連帯を基礎にした経済システムは生きがいや働きがいの価値を生み育て、信頼社会の基礎を築く。連帯社会が重視する公正や公平も人間の信頼関係を増幅する。

　営利を原理とする資本主義経済システムの周辺では、それを包囲する非営利システムが非営利セクターに拡大していく形で影響力を強めている。非営利組織の集合体からなるこの非営利セクターがいずれは新たな社会経済システムの核心をなすときが来るだろう。なぜなら、新たな社会を築く連帯の精神は、この非営利セクターが発信源であるからだ。連帯社会では営利目的は否定されるのではなく、目的をめざす制約条件に地位が低下させられる。連帯社会を築くための諸目的が国や企業や社会の中心に位置するようになる。信頼社会の形成もこれら諸目的の一部に位置するようになる。

営利の世界はもの・かね中心の物質文明と結びつきが深く、営利を目的とする社会は個人主義やエゴと結びつきやすいために、実現できる精神的レベルの高さに限界がある。これに比べ非営利組織の世界は、非営利目的とつながる価値の広さや深さが多次元に及び、人類の精神的レベルは目的に応じて高度のレベルもめざしえる。究極の価値である愛を基礎に置く社会は実現が容易ではないが、その精神的レベルの高さは頷けるだろう。新しい社会経済システムの形成により、人類がより高度の精神的レベルをめざす時代がやってくるだろう。

　現代資本主義社会と結びつく大量生産・大量消費・大量廃棄のシステムは、豊かな社会を形成したが連帯社会は築いてはいない。それは人類の多くがまだ飢餓で苦しんでいることに現れている。連帯とは救済を含むものであり、人類が家族のように苦しみや豊かさをも分かち合って初めて実現されるものである。また大量生産・大量消費・大量廃棄のシステムは自然環境を破壊して危機を拡大している。環境システムと調和する共生型経済システムを形成しなければ人類は生き残れない。新しい社会経済システムは、人類が連帯し自然と共生することを根幹とするシステムでなければならない。

3、非営利連帯の運動からシステムづくりへ

　日本における新しい社会経済システムを創造する活動は、世界各国の先行事例の研究活動と、我が国に適した形で導入する実践活動の二つに大きく分けられる。これらの活動は、連帯を基礎とした非営利組織の発展では先を行く欧州との関係を深めることになるだろう。その場合に、個々のアソシエーションやNPO、協同組合、社会的企業などの個別の研究も重要であるが、「社会的経済」とも呼ばれる非営利セクターの構造研究やシステム研究も忘れてはならない。

　各国の事例研究から浮かび上がってくるのが、日本での非営利組織の多様性の欠如や連帯の未熟さである。欧州では普通に見られる労働者協同組合はようやく日本でも法制化が近づいてきたが、協同組合間の横のつながりの弱さを如何にして突破するかは大きな課題である。日本にないインフラ的役割を果たす

協同組合の設立も課題である。また非営利組織の横の連携も日本では弱い。労働組合と非営利組織、協同組合とNPOなどの非営利連帯の運動が進まなければ連帯社会の実現は容易ではない。今後は非営利連帯の運動を通して、システムとして機能する非営利セクターをめざす研究活動と実践活動が重要となるだろう。実践活動では、運動を仕組みづくりへと展開し、それを制度化（法制化）してシステムへとレベルアップすることを意図的に行うことが必要なる段階がいずれくるだろう。戦略を策定する全国的なセンターも必要になるだろう。

　市民レベルの意識を向上させる非営利連帯運動も重要である。連帯社会への体制転換の担い手は大勢いる。非営利組織の関係者はすべてこれに含まれるが、現代経済システムの犠牲者である失業者、派遣切りにあった労働者、過労死予備軍の労働者、ホームレスに転落した労働者など現代の経済システムの犠牲者達も体制転換の担い手である。就業面で差別を受ける障害者など、社会的排除の対象となっている弱者がこれに加わる。矛盾が深まれば被害を受ける企業労働者もいずれ支持者に回ってくるだろう。これら幅広い階層への支援は変革の担い手を拡大し、変革を加速していくだろう。

　弱者と犠牲者の支援活動は連帯社会づくりの第一歩である。支援、協力、連帯の流れは信頼関係を生む。この一連のサイクルを形成することは同時に信頼社会形成の第一歩でもある。この非営利連帯の運動による変革は地域社会からまず起こすべきであろう。たとえ小さな運動でも時代を先取するフロンティアの開拓は、今の時代には大きな潮流を形成するエネルギーへと育っていく。
　矛盾の進行と共に新たな時代の思想を共有する仲間たちは確実に増えていくに違いない。連帯思想の核は欧州型非営利セクター思想である。「社会的経済」と呼ばれるそのシステムの中心をなすのは各種協同組合やアソシエーションやNPOであり、従業員所有企業もこの社会的経済の一員である。日本型非営利セクター思想では、この連帯思想の基礎に、調和を旨とする共生・共存の思想を据えるのがよい。これにより日本型非営利セクター思想は、経済システムの危機、自然環境の危機、人間性の危機に対応できる思想となる。

巻頭言 II
包括的社会をめざしての挑戦：イタリアにおける社会的協同組合

ボルザガ氏来日記念シンポジウム in 大阪記念講演（2006 年 12 月 3 日）

トレント大学教授　**カルロ・ボルザガ**

　みなさん、こんにちは。今日このような場で話をさせていただき、大変光栄に思います。私はイタリアの経験についてお話しするわけですが、日本とイタリアはまったく歴史も文化も異なる国で、その経験を交えることは大変有意義だと思っております。この 20 年間に、世界で大変多くの変動があり、不利な立場の人々を社会的にどう統合・包摂していくかという問題が、あらゆる国で議論になっていることを確認しました。

ラテン気質の陽気さと大阪の気さくさとの交差
（中央がボルザガ氏）

1、社会の変動と社会的排除への対応の行き詰まり

　社会的排除に対する社会的包摂の施策、つまり社会がどう対応したらいいかは、だいたい二つの方向が考えられると思います。一つは予防的な方法、活動です。細かい内容を言えば、保健介護サービス、個人の能力向上を目的とするサービス、あるいは排除を引き起こす問題を克服するサービスがあります。例えば、自立性の喪失を克服する福祉サービス、就業機会の創出など。そして二番目には補償的措置があります。お金と同様の優先的な補償。こういう二つの大きな方策があります。

　20年前まで、つまり1980年代までは、イタリアだけでなくすべての先進国において、この問題に対して、国家はだいたい二つの方策・手段で対応してきました。第一は社会的に排除された人々を一定の場所に集中させてケアしてきました。典型的なのは精神病院への収容です。第二の方法は、金銭を与えることで生きる方策を補償する。その二つの方法で対応してきました。しかし、今申し上げたような方法は、非常に効率が悪いというか、社会的排除をなくせないという結果が出ていました。金銭的な面から言えば、費用が高くつくという欠陥もありました。

　それ以後、社会が大変大きな変化をして、とりわけ社会が高齢化して排除された人々が増大したことが一つ、また失業の問題が世界中で起こり、例えばイタリアでは10%から20%の失業率となった。しかも若者に失業が多い。必ずしも失業率が高くなかった地域でも若い人の失業が高まるという問題が起こった。またそれまでになかった新しい現象として、薬物・アルコール依存者が増えるという問題が起こってきています。

　そこから市民による自律的な、市民社会の自主的な、そういう社会の重大な問題に対するイニシアチブというものが生まれてきています。それは社会的排除の問題に対する市民のイニシアチブであるし、労働参入と言いますか、そういう人たちの社会での働く場、あるいは就業機会を提供する、そういう新しい試みが出てきていることが注目されます。

　ヨーロッパ・EU規模においても、同じように社会的問題に立ち向かう資金が用意されて、単に排除の問題だけでなく、就業問題・労働機会の創出の問題

に力が注がれています。

　先ほど若干触れましたが、そのような社会的排除に対する社会的包摂の、市民のイニシアチブによる圧力が強いわけですが、従来の二つの方向に新しい方策が加わったと言えると思います。その方策には、二つの方向が追求されていると思います。一つは予防的なサービス、これは市民のイニシアチブによるところが大きいわけですが、就業施設において厚いケアがなされています。それから在宅のサービスもありますし、未成年や幼児に対しては家庭に相当するようなケアがなされる場所を提供する方策が様々に施されるようになりました。それからもう一つ、就業機会をつくる職業訓練をするという方策が追求されてきました。

　イタリアにおいてはこのような市民の自律的運動が様々なアソシエーションという形態をもって、あるいはボランティア団体という形態をもって発揮されるようになりました。イタリアの場合は人々に協同組合の運動の経験がありますので、そういうアソシエーションが法人形態としては協同組合の形式をとることが多くなってきました。

2、社会的協同組合の登場と発展

　1991年に成立した社会的協同組合法による社会的協同組合には二つの形態があります。一つはA型。これは社会福祉サービス、あるいは協同組合サービス、教育的サービスを提供します。これに対してB型の社会的協同組合は、社会的に不利な立場の人々、労働市場から排除されている人々の就労あるいは就業の可能性を提供するところです。その協同組合の組合員のなかに、少なくとも30％の社会的立場の不利な人を働き手に入れるという規則があります。

　A型は社会福祉的・教育的サービスを提供する。そのサービスの対象は、第一に幼児・子ども。これは保育園運営、保育園でのサービス提供、あるいはさまざまな教育施設でのサービス。第二の対象は障害を持つ人。第三は薬物依存者に対する施設、共同の生活の場。第四は高齢者、主として在宅サービスがありますが、施設内でのサービスもあります。第五は最近の現象で、

移民へのサービスが挙げられます。

　他方、B型社会的協同組合の目的は、労働市場には直接入らないまでも、準備段階として仕事を覚える場、就労訓練の場というもので、しかも単に一時的な事業ではなくて、継続的な企業経営として試みていっています。

　B型社会的協同組合で働く組合員の30％の中に入るべき社会的に不利な立場の人がどういう人かと申しますと、第一に身体障害者、あるいは感覚的器官の障害者。第二に薬物依存者およびアルコール依存者、これはかつての元患者、現にそこから出ようと努力している人。第三番目に元受刑者、あるいは現受刑者でも外に一時的に出て働く許可を得ている人。第四にその他の社会的排除を受けている人、これは女性で就業が難しい人、高齢者でなかなか仕事が見つからない人、年齢を問わず長期に失業している人、こういう人たちをまとめて法律で社会的に不利な立場の人と定義しています。

　1991年に社会的協同組合法ができたと申しました。それまでなかなか適切な法人形態を持てなかったグループが制度化された、法的に認められたということがあって、これを契機にさらに社会的協同組合がいっそう発展する現象が生まれました。

　2005年統計による2003年現在の数字ですが、A・Bを含めて社会的協同組合の組合員を構成するメンバーが約22万人。そこで有給で働く人が約16万1千人。そして社会的協同組合の特徴的なことですが、そこでボランティアで働く人が約2万7千人。こういう数字が出ています。

3、社会的協同組合の事業

　社会的協同組合の全体の事業収入は、2003年現在で年間約45億ユーロ、日本円に換算すると約6千7百億円。これをA型とB型と分けてみると、A型の事業収入源に注目すると、A型の場合は公共団体からの収入の割合は約72％で、公の仕事に依存しています。これに対して、B型は公共団体からの収入が50.4％、A型に比べると、B型の公に依存する割合が約半分に過ぎない。つまりそれはB型社会的協同組合の市場からの収入がおよそ半分を占めている、こういうことに注目する必要があると思います。

B型社会的協同組合で働く人に注目しておきたいと思います。先ほど言った、社会的に不利な立場の人が法律では少なくとも30％を占めるのですが、2万3千人というと、そこで働く人の約50％を占めているところに注目したいと思います。その約50％を占める、社会的に不利な人々の一組合あたりの割合が、12人近いことにも注目すべきと思います。

　引き続きB型社会的協同組合の活動する分野はどこにあるのか。第一のグループは、緑化事業、庭園の管理・清掃、公園は公的なものも私有物もありますが、その維持管理。第二のグループは、施設内の清掃、クリーニング・洗濯。三番目は工業的な部品の組み立て。四番目は運搬・運送。次にはケータリング、配食など。それからIT関係、コンピュータのソフト関連などが主な仕事として挙げられます。

　それからB型社会的協同組合で働く社会的に不利な立場の人々の割合を見ておきます。表に掲げていますが、いちばん多いグループは障害者。次に多いグループとしては薬物依存者（現・元含めて）、そして精神障害者、受刑者（現・元含めて）が7.8％となっています。

　（注）　A型の場合行政の補助金依存が中心だが、B型の場合例えば最初は清掃事業を行政から委託されたとしても、その経験をつんで、一般家庭の清掃を受注するなどの企業努力をしている。

4、社会的包摂・労働包摂を目指す社会的企業の世界的共通性

　今申し上げた社会的協同組合はイタリア固有の法律であり、そういうカテゴリーの例を申し上げました。しかしこのような試みは、同じような法律ではないにしても、すべての先進国、すべてのヨーロッパ諸国に共通に見られる現象だと言えます。私どもはヨーロッパの15カ国を対象に調査研究をしました。もちろん政策、アソシエーションの試みの形態は様々です。しかし社会的に不利な立場の人々を労働包摂するための社会的企業という、まったく共通する現象を発見しました。また今日伺ったように、日本においても同じような試みがなされていることを知り、感動しました。

　このイタリアの社会的協同組合法がいわばモデルとなって、あらゆる国で試

みが行われるようになっています。現に最近ではハンガリー、ポーランドでも、イタリアと同じような法的なしくみの試みが実現されています。

　このように世界中の多くの国で同じような現象が生まれてきているなかで、注目すべきは積極的・前向きな方策として、この社会的包摂・労働包摂が進められているという点が共通すると思います。

　EU（欧州連合）において、このような積極的な労働政策を推進するための基金が創設されています。各国の社会的包摂の試みを支援する資金もつくられています。

　このような各国で行われている様々な試みから浮かび上がる一つのことに注目しておきたいと思います。それは社会的包摂の試みが社会的企業として経営して、継続して安定的なかたちで続けられることが可能となっているということです。この経験から、従来のいわば私的資本によって支配される企業ではなく、労働者によって支配される、あるいは統制され、運営される企業形態が浮かび上がってくるのではないかと考えています。

　このような新しい考え方の企業の形態は、従来の制度の枠組みや市場原理を信奉している人々にはなかなか理解されにくい形態です。しかしこれはあきらめてはいけない、こういうことが広く国家や公によって理解されるまで、人々に理解されるまで、私たちは強力に主張してがんばる必要があると思います。国家なり公にこのようなことを理解してもらうために、一つの方策としては、研究者や大学が実践例を研究していくこと。実践家と協力関係を持っていろんな試みを推進し、それを理解していく。これも大切なことではないか。ですから今日の会合も大変重要な意味を持っていると考えています。

　　　　　（この記録は、ボルザガ教授の講演を編集者の責任でまとめたものです）

第1章

反貧困キャラバン連帯シンポジウム報告

反貧困キャラバンin大阪　連帯シンポジウム

「貧困を生み出し続ける社会を問う」

～開催にあたって～

　市場万能型の経済が世界を駆け巡るなか、日本社会は、多重債務、ホームレス、ワーキングプアなど多くの課題を生み続けています。私たち共生型経済推進フォーラムは、関西圏のNPOなど非営利の諸団体を緩やかにつなぐテーブルとして、「人間に近い経済」をめざしたセミナー開催などを続けてきました。
　とりわけ、サブプライムに端を発したアメリカ金融市場の混乱など市場万能型経済が大きな揺らぎをみせている今日、あらためて、貧困を生み出し続ける社会を問い、社会的包摂を実現していく仕組みづくりが問われています。今回、私たちは、「ネットカフェ難民」聞き取り調査の報告を手がかりに、具体事例を知り、こうした課題について共に考える場として、このシンポジウムを開催することといたしました。折しも、これら社会課題に正面から取り組む「反貧困・全国キャラバン」が、2008年10月15日から18日までの間、大阪で開催されることになっています。今回のシンポジウムは、この「反貧困キャラバンin大阪」に連帯するものとして開催し、次の取り組みにつなげていきたいと考えています。より多くの皆さんのご参加をお待ちしています。

～プログラム～

1．あいさつ（13:30～13:40）
　　主催あいさつ：津田直則さん（共生型経済推進フォーラム代表）
　　連帯あいさつ：小久保哲郎さん　（反貧困キャラバン大阪実行委員会事務局）
2．基調報告（13:40～14:40）
　　「若年不安定就労・不安定住居者聞き取り調査」についての報告
　　報告者　沖野充彦さん（釜ヶ崎支援機構事務局長）
～休憩（14:40～14:50）～
3．パネルディスカッション（14:50～16:50）
　　パネラー　尾松郷子さん（釜ヶ崎支援機構・福祉相談部門）
　　　　　　　中野冬美さん（NPO法人しんぐるまざあず・ふぉーらむ・関西事務局長）
　　　　　　　高柳未奈子さん（NPO法人ビッグイッシュー基金）
　　　　　　　今泉麻理さん（NPO法人ニュースタート事務局関西事務局長）
　　　　　　　中村　研さん（ユニオンぼちぼち副委員長・派遣ネット関西事務局長）
　　　　　　　斉藤懸三さん（共同連事務局長）
　　コーディネーター　　法橋聡さん（共生型経済推進フォーラム運営委員）

日時：2008年10月13日（月）13時30分～17時（13時15分より受付開始）
会場：大阪市立中央区民センター　3階　会議室
　　　　（大阪市中央区久太郎町1丁目2番27号　電話：06-6267-0201）
資料代：500円
主催：共生型経済推進フォーラム
協賛：反貧困キャラバン大阪実行委員会、近畿ろうきん地域共生推進室

「流動的貧困層」の新しい形
＝若年ホームレス生活者への支援の模索

NPO法人釜ヶ崎支援機構事務局長　**沖野　充彦**

〔冒頭〕10月1日大阪難波の個室ビデオ店放火事件で亡くなられた方々にご冥福をお祈りしたい。

15人が死亡し10人が病院へ搬送。

10月2日時点で3名の身元が不明、6日時点で1名の身元が不明。「元〇〇在住」「住所地に訪ねたが住んでいなかった」と報道された人も何人かいる。

↓

これらの人たちは、住居を失い、ネットカフェや個室ビデオ店で寝泊りせざるを得なかった人たちと考えられる。危険だとしても安いところに泊まらざるを得なかった現実がある。

↓

現代の貧困と住居喪失者の現実を象徴する事件である。

07年の聞取り調査でも、個室ビデオ店に寝泊りしていたことがある人が何人かいた。

1、その中の一人、40代前半男性。「失業中に阪神大震災で住んでいた所が倒壊。その後住み込みの仕事を何箇所か転々とし、最後の失職後、日雇派遣で働きながら個室ビデオ店で生活。土日は料金が高いので路上や屋外で過ごしていたが、派遣の仕事が少なくなって野宿に」「派遣でも40歳までというところが多かった」

2、事件後に出会った40代男性。「2年間勤めていた派遣会社を辞めてから

約1ヶ月間ネットカフェや個室ビデオ店を転々と泊まり歩いた。事件があった店にも何回か泊まったことがある」

「事件のあった日に泊まってなかってよかったね」との私の問いかけに、「自分も泊まっていて死んでいたらよかった。亡くなった人は寝ている間なんでしょ」と。

〔初めに〕なぜホームレス問題から始めるのか。
　日本の貧困問題は21世紀に始まったものではない。その土台は、90年代後半に顕在化した「ホームレス問題」とそれにさかのぼる寄せ場の日雇労働者の「野宿・野たれ死」にある。それは現象面の窮迫性（飯が食えない、住む所がない、路上死と隣り合わせ）だけではなく、貧困と死に関わる構造的な土台であり、「流動的貧困層」の原型である。

1、大阪でのホームレスの現状

厚生労働省「ホームレスの実態に関する全国調査（概数調査）」
　　全国　　　2003年25,296人→2007年18,564人→2008年16,018人
　　大阪市　　　　6,603人→　　　　4,069人→　　　　3,647人
「順調に減っている」ように見えるが、
　① 「初めての路上生活から1年未満」11.6％（3年未満　22.7％）（2007年調査）
　② ネットカフェなど宿泊者層　推計値5,400人（2007年厚生労働省、住居喪失不安定就労者などの実態に関する調査）
　A　新たにホームレスになる人は途絶えていない。（年間少なくとも2,000人以上と考えられる）
　B　ネットカフェ宿泊者　目に付きにくいホームレス層の増加
　C　寄せ場経験者の減少（07年調査大阪市内分　03年50.4％→07年44.6％）

↓
<u>ホームレス問題の構造的変化（07年調査・大阪市分）</u>

一方で野宿の長期化・高齢化　他方で寄せ場未経験のホームレス層の増加（野宿直前職03年→07年　日雇51.2%→31.3%、臨時・パート11.7%→20.2%）
　年齢分布　（44歳以下　9.6%→13%、45〜54歳　31.7%→22.3%、55歳〜64歳　46.1%→46.3%、65歳以上　12.6%→18.5%）

2、ホームレス構造の複雑化

① 90年代初頭　建設労働市場の縮小による末端労働力の排除→寄せ場の日雇労働者のホームレス化
② 90年代末〜　日雇労働者の高齢化の進行と「居住地域」の拡大　+　雇用構造の転換に伴う「寄せ場を経ない」「建設日雇に吸収されない」中高齢失業者のホームレス化
③ 2005,6年頃〜　②　+　若年不安定就労者の「寄せ場を経ない」「建設日雇に吸収されない」ホームレス化

3、若年ホームレス生活者に対する支援

「釜ヶ崎支援機構」＝1999年に設立「野宿を余儀なくされている人々、野宿にいたるおそれのある人々の自立を支援する」ことが目的。
　釜ヶ崎＝大阪市西成区・新今宮駅近くにある日本最大の「寄せ場」＝日雇労働者（主に建設業）の街。労働者の高齢化と日雇労働市場の縮小により、労働者推定数２万１千人のうち、65歳以上が３分の１、55歳〜64歳が３分の１、54歳以下が３分の１、約6000人が居宅保護・3000人が施設・入院などで生活保護を受給。
　これらの人たちに対する、働く機会の提供、寝場所の提供、生活保護申請や医療受診・日常生活支援、就職就労支援をおこなっている。
＊福祉相談部　40歳未満相談者（2005年度27人、06年度21人、07年度32人）
＊お仕事支援部40歳未満相談者（2005年度13人、06年度53人、07年度68人）
＊「若年不安定就労不安定住居者聞取り調査」

支援の構図
　①65歳以上高齢者　→　生活保護を土台とした社会的自立
　②60歳〜64歳　　　→　生活保護＋就労努力による社会的自立
　③50歳〜59歳　　　→　「就職による自立」は目指すが、社会的就労事業
　　　　　　　　　　　　による就労支援＋住居支援が必要
　④49歳以下　　　　→　「就職による自立」は目指すが、社会的就労事業
　　　　　　　　　　　　による就労支援や医療・福祉援護を組み合わせ
　　　　　　　　　　　　る必要がある人も多い。

〔特徴〕高齢者・建設日雇労働者出身の相談者数が相対的に減少、寄せ場や建設日雇労働の経験がない若年相談者が増加。

〔若年相談者の傾向〕　精神疾患・依存症での福祉生活相談、就職相談においても軽度であっても精神疾患・発達障がい・知的障がいが見受けられる相談者が多いように感じられる。

4、2007年6月〜12月
大阪で「若年不安定就労・不安定住居者聞取り調査」を実施。

　提案公募型事業である「大阪市就業支援モデル委託事業」を活用して、ネットカフェを寝泊まりの場所として利用している人、その後野宿に至った人、ネットカフェを利用したことはないが野宿に至った人、100人から聞き取りを実施。
　釜ヶ崎でみえる変化を、外での調査で適確に捉え、若年ホームレス生活者（ネットカフェなど宿泊者を含む）支援のあり方を模索するため。

調査場所	人数
ネットカフェ・漫画喫茶等	43
ファーストフード店	5
自立支援センター	41
NPO釜ヶ崎支援機構	11
計	100

性別	男			96		女	4	合計100
年齢	〜19歳	〜29歳	〜39歳	〜49歳	〜59歳	60歳以上		合計
	1	22	54	16	6	1		100
学歴	中卒	高校中退	高卒	大学中退	大卒	不明		合計
	29	13	49	2	5	2		100

聞き取り調査を通して見えたもの

ポイント1　「ネットカフェ難民」とは、何か独立したカテゴリーではない。派遣や業務請負会社の寮での居住や、ネットカフェなどの深夜営業店での宿泊、路上や野宿を繰り返していく過程の、ある一時点での「表現形態」である。

ポイント2　「ネットカフェ難民」問題の本質は「若年者問題」ではない。「底辺労働力・代替可能労働力」として派遣など非正規雇用を繰り返さざるをえない流動的労働者、「二極化された一方の極の労働形態」に置かれた労働者下層の問題である。中高年男性労働者の一定数がまだ「終身雇用システム」の中にあるため、若年者で目立っているに過ぎない。つまり、「就職氷河期」による一時的現象ではない。

ポイント3　「ネットカフェ難民」問題はホームレス問題へと至らざるを得ない。同じ流動的労働形態に置かれてきた寄せ場の建設日雇労働者が、野宿と隣り合わせであったことと同じ事態が始まりつつある。すでに狭義のホームレスとのボーダー層（寮・ネットカフェ・野宿の繰返し）が一定数存在し、その過程を経て野宿生活にいたった人たちがすでに生み出されている。

ポイント4　「ネットカフェ難民」問題は社会的排除の問題である。多くは、家庭の貧困・低学歴・「障害」など社会的困難を背負わされた人たちである。効率主義のもとにある現状の民間労働市場に、「就職」という形で押し上げようとするだけでは問題は解決しない。また、不安定で先の見えない就労や住居・生活に置かれることで、就労意欲の低下や生きるエネルギーの低下へと追いやられる。

5、「若年労働者の貧困」は、「日雇派遣の禁止・派遣対象業務の限定化」では解決しない。
　　──労働過程の検討

①住居を失った理由

　「若年者調査」では、調査時点で住居を失っていた人66人（野宿生活に至った人52人＋住居を失ってネットカフェなどに寝泊りしている人14人）と、住居や実家は帰れる範囲にあるが、仕事や家族との関係で帰ることができず、ネットカフェなどを利用している人20人に分けた。（他の14人はデータ不十分・旅行・出張でのネットカフェ利用）

住むところを失った主な原因	
1、日雇派遣・非正規で働いていたが家賃を払えなくなった	13（20%）
2、失職し、家賃を払えなくなった	19（29%）
3、失職し、住込み先を出なければならなくなった	23（35%）
4、建設日雇で不安定だった	4（6%）
5、その他	7（11%）
合計	66

　雇用の不安定さと賃金・労働条件の低さ　→　働いていても家賃が払えなくなる。住み込み先を出たときに部屋を借りられるだけの貯蓄がない。

②正規雇用労働自体にも問題がある。

初職の雇用形態	
初職が派遣や非正規だった	20
初職は正規雇用だった	44
初職は家業などだった	2
合計	66

　正規雇用での退職理由として「過労が原因で退職」「過労による精神疲労で退職」を明確に述べた人が、6人。他に「求められる資質とのギャップで退職」が1名、「職務に起因したと見られる病気で退職」が2名と、計9名が過労働や職務との関係で退職せざるを得なかったと述べている。

　「サービス残業があり、結局朝4時30分におき、家に帰ってくるのは23時頃で睡眠時間が3、4時間しかとれず体調を崩して」「短期間で仕事を仕上げるために2、3日寝ずに仕事をすることもあった」「結局、朝の8時30分から翌朝の4時まで仕事をしており、家に帰ってとれる睡眠時間はわずか2時間だった」「チーム内でも差がつき、できるやつにおんぶになることがとってもつらかったし、それがプレッシャーになった」「関係の機関に変則労働の届けのような書類を出ささせられ、朝の5：00～夜の11：00ごろまで働いていた。残業手当は出なかった。月19万ほどの給料だった」

　その中には、「半年間休みがなく、12時間休みなしで働かなければならず、体調を崩して辞めた。正社員で働こうという意欲はあるけれども、12時間働くのはしんどい」と、初職での過酷な労働が、正規雇用につくことへのトラウマとなり、就職阻害要因になっている事例もある。

　7～8人に一人が過労働などを退職理由に明確に挙げざるを得ない状況は、正規雇用の現場が、きわめて過酷な労働状況にあることを示している。

③流動的労働・流動的生活の過程での住居の喪失と野宿生活への移行
　「不安定就労⇔住居喪失→野宿」のスパイラル＝「貧困」の概念で表現するならば、彼ら・彼女らは、「流動的貧困層」と呼べる。

〔働いていても家賃を払えなくなってしまう、失職して次の仕事を探す間に家賃を払えなくなってしまう〕→〔住込みの派遣や非正規雇用などを転々とせざるを得ない〕⇔〔日雇派遣や失職中にネットカフェなどで生活する（野宿や路上をはさむ場合あり）〕→〔野宿生活に至る〕

さらに、「ネットカフェ難民」と野宿生活者の間に、ホームレスとのボーダー層が確実に存在し、両者は地続きになっていた。

日雇派遣　　　　→　不安定でかつ低い労働条件での就労
住み込みでの派遣　→　派遣先と派遣元との関係のみで、いとも簡単に労働契約の変更や終了が決定され、派遣労働者は置き去りにされたまま、労働力の調整弁としてそれに従わざるを得ない現実。
非正規雇用の現場　→　きわめて不安定な就労状態。期間工には「クーリング期間」。ガードマンは、「契約社員」といっても、日雇派遣や建設日雇とまったく同じ。リフォーム営業などは、当初から長期では勤続できないような雇用システムになっている。歩合制の仕事で、彼らは通常「委託労働者」または「請負労働者」と呼ばれている。

　日雇派遣にしろ、住込みや期間契約の派遣・非正規雇用や、表向きは「正規雇用」であっても非正規雇用とほとんど変わらない雇用形態にしろ、がんばってそこで働き続けようとすれば働き続けられる雇用形態ではないことは共通していた。派遣や非正規雇用が「自ら選ぶことのできる柔軟な働き方」としては機能しておらず、逆にそこで働く人たちを、望むと望まないとに関わりなく、「流動的労働者」として就労先を転々と移動しながら働き続けるしか、生きる道がなくなるところへと追い込んでいってしまっている現実が、調査での聞き取りを通して見えた。

↓

　いったん派遣や非正規雇用を繰り返さざるを得なくなった場合、そこから自

力で抜け出すことは難しく、その過程で野宿生活へと至らざるを得なくなる場合が多い。

1、正規雇用や初職・非正規での失業後、ストレートに野宿生活に移行するというよりも、派遣や非正規雇用（間に正規雇用をふくむ場合もある）での就労を転々とせざるを得ない過程を経て、野宿生活に移行していく。
2、移行していく過程においてさえ、「野宿や路上と隣り合わせの生活形態」。
「野宿生活に至ったケース」全体52人のうち「野宿とネットカフェなどを往復する生活を送ったことのあるケース」が17人・33％存在。

さらに、「不安定就労や無職でネットカフェなどで生活しているケース」と「家族関係上の理由でネットカフェなどで生活しているケース」でさえ、合計27人のうち、野宿を経験したことのある人が7人、「本屋の前で寝ずに過ごした」「コンビニの立ち読みを移動した」など準野宿を経験した人が3人と、3分の1を超える37％の人が一度は路上を経験していた。

3、日雇派遣・ネットカフェ生活は、正規雇用への就職や、（住み込み派遣など非正規であっても）常用雇用での就労へと向かわせる力よりも、より強い力で野宿生活へと引っ張られている。

4、日雇派遣・ネットカフェ生活でなくても、派遣や非正規雇用、特に自分でアパートなどを確保できず寮などの住込みで働いている場合、失職が住居喪失に直結することで、（ネットカフェなど深夜営業店での生活を経たとしても）野宿生活に移行せざるをえない危険が高くなっている。

②貧困層・低学歴層ほど「ネットカフェ難民」・ホームレス化している。

最終学歴	中卒	高校中退	高卒	短大・高専	大学
若年者調査	29.6％	13.3％	50.0％	2.0％	5.1％

不明の2名をのけた98人を母数とした場合

学歴、とりわけ高校への進学に当たっては、家庭の貧困状況と関係しているともいわれており、「貧困→低学歴→流動労働者化の危険の増大」という貧困の再生産の構図を立てることが、さほど的を得ていないとは考えられない。聞取り調査の対象者のうち、最終学歴が中学卒業で、それまでの家庭環境を聞くことができた27人のうち、高校進学できなかったことに、家庭環境が基本的には影響を与えていないと判断できたのは、7人にすぎなかった。残り、判断ができない2名を除く18名は、家庭環境が何らかの影響を与えたと考えられる。父母の離婚が6人、家庭に借金があった人が3人、家庭の収入が不安定だったのが3人、児童養護施設や親戚宅に預けられていた人が3人、家庭が生活保護を受けていた人が2人だった。

③派遣法の成立や製造業派遣の解禁以前から違法派遣はおこなわれていた。
　＊　労働者派遣事業法とは、職業安定法で禁止されてきた労務供給事業と同じシステム（労働力のレンタル業）である。→　寄せ場では、現在も一貫して法違反の手配師・人夫出し制度が存続している。
　＊　製造業派遣の解禁以前から「偽装請負」という形でおこなわれてきた。派遣法施行後、90年以前にも許可会社・無許可会社によって対象業務外の派遣はおこなわれてきた。

↓

　単純に法で規制しても、経済界からの要求が強く、正規労働者が自分たちの権利防衛のために必要とする限り、アンダーグラウンドの世界にもぐりこむだけである。

6、08年度（07年調査終了後）のいくつかの支援事例

　08年度より、厚生労働省の「住居喪失不安定就労者就業支援事業」の大阪での事業の一部を受託し、OSAKAチャレンジネットの一員として、住居を失ってネットカフェや漫画喫茶・個室ビデオ店などに寝泊りせざるをえない人への夜間巡回相談と就業・住居・日常生活の支援を開始している。

窓口相談 ＝大阪労働者福祉協議会（エルおおさか）→ 継続相談・夜間巡回 ＝釜ヶ崎支援機構
統括＝大阪ホームレス就業支援センター運営協議会

* 07年度、当機構で野宿を余儀なくされている人におこなっていた食料（災害救援物資を民間会社から頂いたもの）の無料配布を何回ももらいにきていた40歳代前半の野宿生活者に声をかけて職業相談。母親と一緒に暮らしていたが、母親の収入と当人のアルバイト収入（月7万円ほど）で暮らしていたために、母の死後公営住宅の家賃が払えなくなった。督促が来たために住宅を出て野宿生活に。アルミ缶を集めて1日2〜300円の収入と炊き出しなどで何とか命をつないでいた。知り合いの派遣会社に頼んで就労先と住居を支援してもらったが、途中で人間関係がうまく行かなくなり退職して連絡が取れなくなった。

* 08年度、ネットカフェなど宿泊者対策事業の中から支援を開始した。30歳代半ば男性。大阪府内で親族と一緒に暮らしていたが、親族の死後、日雇派遣の収入しかないために住んでいた公営住宅の家賃が払えなくなり強制退去になって相談に。強制退去前に何度か地元の福祉事務所に相談に行ったが生活保護は受付けてもらえなかった。発達障がいが見受けられるとともに血圧が極めて高いため、専門医療を受診後生活保護を申請し、保護が開始された。現在軽度の就労を支援しながら、生活支援を行っている。

* 08年度、ネットカフェなど宿泊者対策事業の中から支援を開始した。30歳代半ば男性。深夜巡回相談時にネットカフェ前で声をかけてその夜から住居と生活の支援を開始。大阪府内で家族と一緒に暮らしていたが、20代半ばに退職してから引きこもりに。5月に家を出てから市内のネットカフェで寝泊りしながら、昼間は本屋などで過ごす。当人は「対人恐怖症」といっていたが、専門医療が必要と判断し、専門医療と住居・生活支援を行いながら、生活保護を申請。軽労働に従事。

* 08年度、ネットカフェなど宿泊者対策事業の中から支援を開始した。30歳代半ば男性。出所後更生保護施設に入れず、刑務所からの指導に従って入所前の住所地の福祉事務所（大阪市外）に相談に行く。「自立支援センターが大阪市にあるから、大阪市内に行って連絡しなさい」といわれ、5,000円と自立支援センター2箇所の電話番号を渡されて、大阪市内のネットカフェに。自立支援センターに電話するも「野宿生活者しか入れない」といわれてチャレンジネットに相談。相談を引継いで、住居と専門医療、生活・就労を支援している。

7、窓口相談・聞取り調査・支援事業の3つに共通している問題。

　30歳代、40歳代前半で「就職可能年齢」だからといって、単純に住居と就職探しを支援すれば社会的自立が可能という人はそう多くはない。というよりも、雇用の二極化によって、そういう人たちが働く（働き続ける）には非正規・派遣などの不安定就労しかなく、さらに不安定就労層の中でも、より不安定な状態を強いられるからだと感じる。

　NPO釜ヶ崎の福祉生活相談や就労相談の窓口に訪れる若年者と同様、「住居喪失不安定就労者（ネットカフェなど宿泊者）」などの貧困層の中には、「すぐさまの就職による自立」が困難な若年者が確実に一定数いるのは事実。若年でホームレス生活者（野宿生活者と予備軍・ボーダー層のネットカフェなど宿泊者）に追いやられる人ほど、複雑な問題をかかえ、援護を要する人の割合が高いと感じる。
  - → 年齢的には「就職可能」と見えても、現状の効率主義・ファストワーク的な正規雇用現場への就職には困難がある現実。
  - → すぐさまの就職を考えるだけでなく、住居の確保支援、専門医療の受診支援や就労訓練・社会生活訓練と日常の相談・フォローなどをおこないながら、生活保護申請や就職活動を支援し、保護決定後や就職後も関わりを継続する必要性が高い若年者が多い。

8、考えてほしいこと

①　どうすれば、普通に働けば「ネットカフェ難民」やホームレスになることなく、普通に市民社会で生きていけるセーフティネットを整備できるか。
②　どうすれば、「がんばってもそうなった人」と「自己責任でそうなった人」というように分けることなく、同じ「社会構造によって強いられた貧困」層として支援していけるか。
③　どうすれば、21世紀に表れている「貧困と格差の拡大」だけに目を奪われることなく、戦後社会の中で厳然とあった日本国内での貧困の構造（寄せ場や母子家庭など）と、アジアなどに強いていた貧困の構造を忘れることなく、貧困の構造をかえていくことができるか。

9、流動労働と流動生活の過程（86人）（略）

↑当日シンポジウムの様子

シェルター（あいりん臨時夜間緊急避難所）での生活相談→

〔パネリストの発言〕

引きこもり・「ニート」サポートの現場から

NPO法人ニュースタート事務局関西事務局長　**今泉麻理**

　みなさん、こんにちは、「ニュースタート事務局関西」の今泉です。ニュースタートは、ひきこもりやニートと呼ばれる若者の支援をしているNPOです。今日は、貧困というテーマを背負ってしゃべるのですが、ひきこもりやニートの問題は直接貧困とつながっているわけではありません。ほかのみなさんは問題の背景に貧困という問題があると思うんですが、ひきこもりやニートの問題は、貧困が背景というよりも、若者が家族の支援によって家の中で支えられている状態が問題になっていて、でも、その家族の支えがなかったら、若年ホームレスやネットカフェ難民の問題になってしまうわけで、そのどちらも問題は問題だと思っています。

　このシンポジウムの打ち合わせで一度、釜ヶ崎支援機構さんにおじゃまして、尾松さんと高柳さんと、先ほどお話をいただいた沖野さんとお会いして、私は衝撃を受けました。私は初めて釜ヶ崎へ行ったんですが、道端で野宿者の方が寝転がっているのが、本当に衝撃的で。私はひきこもり支援をやっていてもいいのかなと思ったんですが、打ち合わせの後、いろいろ考えて、やはりひきこもり問題も、コインの裏表のような、同じつながった問題なんだと思いました。だから逆に自信を持ってこの活動を続けていこうと私は思っています。

　ニュースタートの紹介をさせていただきます。大阪府の高槻市で活動しております。1998年からひきこもりの支援をしています。ニュースタートは「家族をひらく」を基本理念にしています。ひきこもりは個人の病気の問題とか甘えの問題にされがちですが、そうではなく、これは社会の問題である、就労問題であると訴え続けてきたのが、ニュースタートの特徴だと思います。具体的には、共同生活寮があって共同生活をしたり、訪問活動をしたり、通所で就労

ニュースタート10周年祭のはりぼての亀仙人

トレーニングをしたりしています。

　ひきこもりやニートの問題に対して国がどう支援してきたか。いちばん有名なのが、若者自立塾です。3ヶ月の合宿形式で就労につなげていくものですが、若者自立塾自体が成功したのかというと、そうではないという声も実際にはあるみたいです。国の支援は、2004年にニートという言葉ができたのも関係して、就労支援に特化しています。国は「働いたら問題解決する」と思っているのかと、私たちは疑問に思っています。ひきこもりやニートの若者が働いたその先は、低賃金のワーキングプアの生活が待っているわけですね。ひきこもっている時と変わらず、家族の支援なしには成り立たないような。

　調査報告を読ませていただいて、いちばん印象に残ったのが、30歳を過ぎてまともな職に就いていない、あるいは仕事に就いていないことが家族と口論になって、それがきっかけで家族関係が悪化して家を飛び出して、ネットカフェ難民になったというケースが数件載っていて、これを読んで他人事ではないと思いました。ニュースタートでも、相談に来られる親御さんも本人さんも、働いて自立しなければならないとすごく思っているんです。それは家を出るか出ないかの違いだけであって、ネットカフェ難民になった方と同じだなと。調査報告に載っていた方はどこかで情報を得ていたら、ニュースタートに相談に来られていたとしてもおかしくない方だと思いました。

国の支援は、自立支援です。国の支援だけでなくて、ここ数年、私たちみたいな民間のNPOも若者の自立支援をするところが増えてきて、数ヶ月前に丹波ナチュラルスクールというところで暴力・監禁事件がありました。そういう施設を許してしまうほどに、自立という言葉は、親御さんにとっても若者本人にとっても、大きな大きな圧力になっていると思います。自立、自立と国の政策でも言っていますが、そういう若者が自立した先はネットカフェのブースに個人個人が区切られて、そこで孤立している若者の姿がある。あれはひきこもっている部屋をそのままネットカフェに持ってきたような状態ではないかと思いました。

　ニュースタートでは、3つの目標を定めています。最初に、友だち作りを掲げています。働くということが壊れてしまって、最近のリーマン・ショックで世の中がまた大変なことになっていて、これから就職難の時代がやってくるのではないかと思うんです。そういった状況の中でひきこもりやニートの親御さん、当事者の若者はただ働くことだけを考えているんですけど、そういうイス取りゲームを続けるのではなく、自立＝就労と狭い考えを捨てて、低賃金であっても、仲間と手を取り合って、支え合って生きていくようなしくみを作っていく必要があるのではないかと思っています。そういう考えで、ニュースタート事務局関西は、日本スローワーク協会という関連NPOをつくって、コミュニティビジネス、社会的企業を進めています。そして最近、支え合って生きていくためのしくみということで、スロータウンという構想も進めているところです。

派遣労働者の相談窓口から

ユニオンぽちぽち副委員長・派遣ネット関西事務局次長　**中村　研**

　はじめまして、中村といいます。私は、2005年11月に「ユニオンぽちぽち」というフリーターのユニオンを立ち上げて活動しています。そのフリーターのユニオンと並行して、派遣労働ネットワーク・関西という団体で、派遣労働者

なにわユニオンの抗議行動の１コマ

の相談を受けています。ユニオンというと何だろうかと思うかもしれませんけれど、一人でも入れる労働組合ということで活動しています。

　日本では20年、30年前から、コミュニティユニオンが、たとえ解雇されたとしても、職場で派遣や契約社員やパートで働いていても、誰もが入れる労働組合として、地域で活動してきました。コミュニティユニオンに加えて、自分たちフリーターもユニオンを立ち上げようじゃないかということで、新たなもう一つのユニオンとして、ユニオンぽちぽちを立ち上げました。

　私は、ユニオンぽちぽちと一緒に派遣ネット関西の相談窓口をずっとやっております。先ほどもシンポジウム中に携帯電話に連絡がきました。ペルー人の派遣で働いている人からの、「友だちが解雇されそうだ」という相談の電話でした。こんな感じで、日本人、外国人を問わず相談を受けているんですが、僕のところにくる相談は7、8割が派遣で働いている人です。たとえば、去年スポット派遣というものが話題になりましたが、最近ではフルキャスト、グッドウィル、日研総業などの派遣会社に雇用されている人や、製造業の工場派遣で働いている人からの相談がどんどん増えています。そういう人たちの相談活動にあたっています。

　僕は、派遣法と若者の労働の問題という二つの視点でたびたび話をさせてもらうわけですが、いつも話していて難しいと思うのは、非正規雇用の問題を話

してくださいとよく言われることです。今、僕も20代ですが、若者と労働について話す場合に、非正規雇用で働いている人だけがつらい立場に立っているとは考えていません。大学で就職活動をまじめにやって卒業して、なんとか正社員になったとしても、それで良かったという話ではないと考えています。

僕も大学を卒業してこういう活動をしていますが、正社員になった人もいて、状況を聞いていると、長時間労働の問題があって、メンタルヘルスを抱えてしまった正社員の方からも相談を受けています。とくに残業の問題は親御さんからの相談も多いです。「娘が家に帰ってこない、相談する時間さえもない」と。それくらい働いている。だからみなさんに対しては、非正規雇用だけでなくて正規雇用の人も大変な状況であることを覚えておいていただきたいと思います。

労働組合とは何なのかという話をしますと、労働組合は労働組合法という法律で会社との団体交渉が認められている唯一の団体です。場合によっては、弁護士よりも強く会社に対して話し合いを求められる団体です。ですから会社に対して団体交渉で、たとえば解雇を撤回してくれとか、給料をちゃんと払ってほしいなどの話をしていきます。

ユニオンぽちぽちの団体交渉の第一号が私でして、私が大学生のときにコンビニでアルバイトをしていて首になったのがきっかけで、ユニオンぽちぽちを立ち上げました。その時に私は大学4年生になっていて、就職活動も考えたんですが、あえて正社員の道を探るのではなく、今の相談活動をさせてもらっています。

今の労働の問題では非正規雇用の人が正社員になれないことが問題にされがちですが、私は問題の立て方が違うのではないかと。非正規雇用でも働きやすい、生活しやすい社会が本来望ましいのではないかと考えています。

今日の沖野さんの話にもあったんですが、どういう接点で沖野さんの話と私の視点を交わらせていけばいいのかなというのを考えた場合、住宅の問題にしてもそうですが、労働基準法で言えば、最低限守られているようなこと、たとえば有給休暇をもらえるかどうかとか、もっと言えば、仕事の技術をきちんと教えられるかどうか、派遣やフリーターで働いていても教えられるかどうか。こういった場合、正社員だけが恵まれている状況が多いと思っています。これがこれまでの日本型の雇用であると思います。正社員が日本型の雇用であるなら、10年20年働けば、どんどん賃金が上がって、そのなかで住宅ローンも組

めるという状況になってくると。でも正社員になっていないと、それがまるで保証されない。最初は親と一緒に住みながら時給千円くらいで働いていて、その後に自分一人で生活できるのかというと、そういう環境がまったくない。そういう状況がいちばんの問題だと思っています。

仕事だって、10年20年と同じような仕事をするのがいいことだとは考えていなくて、いろいろあれば仕事をやめてもいいし、パートで働いてもいいし、そういうなかでも安定した生活がどういうふうに営まれるのかを考えていくべきだと思っています。そのなかで、職を転々としても、たとえば、沖野さんの話にあった、自慢げに「僕はこういう仕事をしまして」と新たに仕事をするときに胸をはって言えるような、そういう社会をどういうふうに実現できるかと考えています。

うちに相談に来る人は解雇の問題が本当に多いので、とりあえず雇用保険の離職票をもらって、失業手当をもらいなさいというわけですが、そういう社会的なネットワークをよく使わせてもらっています。たとえば精神疾患になったのであれば、健康保険の傷病手当金をとるように言います。とくに製造業の派遣の相談で多いんですけれど、やはり労災になる。けど、病院に連れて行ってもらえない、会社が労災の申請をしていないという話もよく聞くので、そういう時にはどう対応するのか。そういうことで、働けなくなった時の社会的なサポートももっと充実していかなければならないと思っています。

シングルマザーの貧困――母子家庭の現状から

NPO法人しんぐるまざーず・ふぉーらむ・関西事務局長　**中野冬実**

はじめに

シングルマザーは昔からずっと貧困だった。それは、そもそも女性が貧困だからである。しかし、そのことが可視化されることはなかった。反貧困の闘い

大阪駅前陸橋でのアピール

の中でさえ、社会問題になるのは「職を失い家を失った若い男性」の貧困だった。ようやく、ホームレスを究極の貧困としてとらえられるようにはなってきた。だが、その中には女性は少ない。女性の貧困はここでも見えないままなのである。しかも、「女はいいな。最後に売るものがあって」とまで言われるのである。この発言に象徴されるようなジェンダーの不平等、女性に対する蔑視、暴力こそが、女性の貧困が可視化されない原因であり、それこそが女性の貧困の根本的な要因なのである。

1、離婚と暴力

　母子家庭は、2003年の推計で122万5400世帯で、そのうちの8割は離婚母子家庭である。そのため、離婚が悪いことのように言われることも多いが、私はそうは思わない。

　裁判所統計では離婚原因としては、男女とも「性格の不一致」が一番多く、女性からの離婚原因の第2位は「暴力を振るう」、3位は「異性問題」、そし

て、「精神的に虐待する」、「生活費を渡さない」等となっている。しかし、実は、性格の不一致の中にも隠れた暴力が多数含まれているのである。支出を細かく制限し、1円でもレシートがなければ生活費を渡さなかったり、妻の外出や友達関係を制限したり、どこにでもついてきて監視したりするなども暴力である。また、お前は何もできない、価値がない等の暴言、妻が自分の意見を言うとばかにしたように鼻で笑う、全く無視するなども暴力だが、受けた本人も暴力とは思っていない場合があり、耐えきれずに離婚したとしても、原因としては全部性格の不一致としてカウントされているのである。

　暴力は、振るわれている本人はもちろん、それを見ている子どもにも精神的に非常に大きなダメージを与え、今では子どもに対する虐待として認識されている。暴言や精神的虐待などがあっても、女はそのくらい我慢するものだと教えられ耐えてきた人が、離婚という選択肢を知り、最悪の事態になる前に、子どもと共に新しい生活を再建できているとしたら、離婚は決して悪いことではないと思うのである。しかし問題は離婚した後の生活だ。

2、養育費について

　未成熟の子どもがいる場合は養育費が問題になる。しかし、養育費は取り決めている人でも4割弱で少なく、そのため受け取ったことがない人が6割、現在も受けとっている人は2割に満たない（厚生労働省2006年度全国母子世帯等調査より。以下全国調査）。それも、将来にわたって受け取り続けられる保証はない。私たちの間では、養育費は、よく幽霊のしっぽにたとえられる。半年ぐらいは遅れ遅れでも払っていたりするが、それが2ヶ月に1回、3ヶ月に1回になり、数年後には誕生日だけになり、いつのまにか全く払われなくなってしまうというパターンが非常に多いのだ。取り決めが少ないのは、離婚の9割が協議離婚だからだと言われていて、調停や裁判のように強制的に養育費を取り決める手だてがないからだが、実は問題はもっと別のところにある。

　離婚原因の中には、生活費を渡さない、ギャンブルばかりして働かないなどという経済的な問題による離婚もあり、そんな場合はそもそも相手にお金がなく、取り決めても支払われないことがわかっているから取り決めないのである。

また、DVの場合だと、命からがら着の身着のままで逃げ出していて、養育費の取り決めどころではない。養育費を払ってやるが子どもと会わせろといわれる場合もあるが、会うこと自体危険だし、子どもの送り迎えのために仕事を休まなければならなかったりする。後述するが、シングルマザーの多くは非正規である。休めばそれだけ賃金が減らされる。そんなこんなを考えると、養育費の取り決めを躊躇してしまうのである。

　厚生労働省は養育費の取り決め支援を進めているが、母親に対する啓発に限られているのが現状である。いくら母親ががんばっても父親が払わなければどうしようもない。別れても子の養育責任は父親にもあるという啓発こそが必要なのだが、それは全くなされていない。子どもを育てるのは女性の責任だという社会の意識も、シングルマザーを貧乏にする要因である。

3、シングルマザーの就労問題

　日本のシングルマザーは、世界的にもトップクラスの働き者である。全国調査では84.5％が働いていて、ダブルワーク、トリプルワークをしている人も多い。たとえば、朝、新聞配達をして、昼間は事務のパート、夜中に弁当詰めのアルバイトをするなどといった具合である。しかし、その就労収入は低い。総収入（就労収入と母子家庭に対する国からの唯一の経済支援である児童扶養手当、先ほど述べた当てにならない養育費等全て含めた収入）の中央値は上記調査によれば187万円で、そのうち就労収入は140万円である（通常は平均値で発表されるが、私たちは実感数値として中央値を取る。シングルマザーの収入は０に近いほど多数になる左肩上がりだが、ごく少数専門職がいることで平均を引き上げてしまうからである）。

　なぜこれほど就労収入が低いのか。同調査によればシングルマザーの就労形態は、主として常用雇用と、臨時・パートに分けられるが、どちらも４割程度とほぼ同率である。ただし、賃金は極端に違う。常用の平均が257万円だが、臨時・パートの平均は113万円しかない。しかも、常用というと正規と考えがちだが、同調査の規定では、常用とは、「期限を定めず、あるいは１年以上の期限を定めて雇用されているもの」とされている。つまり、パートタイマー

などの非正規労働者も多くが常用でカウントされるのだ。逆に言えば、臨時・パートというのは、3ヶ月、6ヶ月といった非常に不安定な雇用形態だということになる。多くのシングルマザーは最低賃金ぎりぎりで労働条件も悪い職場で働いているのだ（たとえば9月30日から適用される大阪の最低賃金762円で1日8時間、週5日働いて146万円程度である）。これが、シングルマザーの低収入の原因なのである。

4、シングルマザーの貧困の陰には女性の貧困が隠れている

ではなぜ、シングルマザーは、そんな労働条件の悪い非正規の仕事に就いているのだろうか。実は、女性も新卒では、6割近くが正規の仕事に就く（2003年度大阪市調査より）。しかし、母子家庭になる前＝結婚している時は無職が一番多くなる。つまり結婚や出産で仕事を辞めてしまう（辞めざるを得ない）女性が多いということである。家事労働は女性の仕事という性別役割分業の考え方の中、家事労働と賃労働が両立できない職場環境、家庭環境のために仕事を辞めざるを得ない。また、賃金の男女差も大きく、女性の賃金は男性の6割程度で仕事の内容も男性の補助にとどまり、たとえやる気があって管理職に挑戦しようとしても、「家族責任があるから出張はできないだろう、単身赴任はできるのか」となどと言われて昇進試験も受けさせてもらえず、結局生涯にわたってやりがいのある仕事には就かせてもらえない。いくらがんばって働いても、賃金もやりがいも得られない、そんな仕事で子どもに寂しい思いをさせていいのかと家族にも言われ自分も思い、結果、仕事を辞めてしまうのである。そして、一旦辞めると、いざシングルマザーになったときには（平均31.8歳）、長いブランクと小さな子どもというハンディを抱えて、新たに職を探さないといけない。結局非正規の仕事しかないということになるのである。

つまり、シングルマザーの貧困の陰には女性の貧困が隠れているのである。女性は、親の家にいたり夫と一緒だと、たとえ本人に金はなくとも男性の収入に隠れて、その貧困は見えない。そして、いざシングルマザーになったときに、ようやく彼女の貧困があらわになるのである。シングルマザーの貧困は女性の貧困の結果にすぎない。

5、母子福祉施策の転換と児童扶養手当

　こんな低収入のシングルマザーにとっての命綱は、その8割が受給している児童扶養手当である。児童扶養手当は、子ども一人だと総収入130万円未満で全額支給（月41720円。ただし二人目の子どもは5000円、三人目の子どもは3000円のみであることはあまり知られていない）され、収入に応じて減額される。だいたい150万円程度で月4000円減額され、新聞を取るのを止めてしまう人も多い。貧乏なればこそ情報からも阻害され、単に金がないだけでない「貧困」への階段を下りていくことになるのである。

　昨今はどの福祉施策もそうだが、児童扶養手当も、経済支援から自立支援へというかけ声と共に大削減が強行された。その代わりに自立支援、つまり就労支援をするというのだが、就労支援が行われる前に児童扶養手当の削減が実行されたのである。シングルマザーにとっては、助け船がくる前に命綱を切られてしまったに等しい。その中には、3歳以上の子どもがいる場合、原則受給後5年で半額に減額するという項目もあり、削減対象者は約40万人と言われていた。厚生労働省は、児童扶養手当は離婚直後の生活の激変を緩和するためのもので、5年経つと就労支援も効を奏し、安定収入を得るはずであるとしている。しかし、前述の通り多くのシングルマザーは、低収入の非正規労働である。しかも、短期間に転々と職を変わらざるを得ない「臨時・パート」も多い。昇級などなく、年齢が上がるとかえって賃金が下がる可能性さえある。逆に、子どもが大きくなると支出は増える。食べる量も増え、着る服ももらい物では我慢してくれなくなる。特に教育費が大きな負担になる。高校や、特に大学に進学させようとすると多額の入学金や授業料、諸費用、そして参考書や塾の費用がかかる。もう一つ重要なのは、教育費とは、単に学費だけを意味するのではないということである。子どもは、友達と映画に行ったり、本を読んだり、キャンプに行ったりといった様々な経験の中から、自分の興味や能力を知り、生き方を選択するのである。経験の積み重ねがなければ、子どもたちは自分の将来を夢見たり選択したりすることができず、ひいては貧困に陥ってしまう。つまり、現在の母子家庭の貧困が、将来の子どもの貧困に直結しているのである。お金がかかるときになって支援が半減するというのはとんでもなく理不尽で、

この削減は、本来2008年から実施される予定だったが、当事者の強い反対運動で今のところ実質凍結されている。しかし、いつなんどき解凍されるかもしれない。もちろん、就労支援が功を奏していれば何の問題もないのであるが……。

6、就労支援は？

では、肝心の就労支援はどうなっているのだろう。目玉は自立支援給付金事業で、教育訓練給付金と高等技能訓練促進費の二つである。教育訓練給付金とは、就職に結びつきそうな訓練施設に通うとその費用の2割を負担してくれるという、雇用保険の教育訓練と同様の制度である。ただ、シングルマザーが無職から出発するということを鑑み、雇用保険の対象になっていない人が受けることができる。ただし、これで就職ができるのかというと大変難しいし、学費の8割も、学んでいる間の生活費も自分で何とか工面しなければならない。一方の高等技能訓練促進費とは、安定した収入を得られるであろう資格が取れる学校に2年以上行ったら後の2分の1の期間に月103000円支給するという制度だった（ただし、住民税課税世帯は半額）。厚生労働省が指定している資格は看護師、保育士、理学療法士、作業療法士、介護福祉士の5業種である（自治体の裁量で増やすことができるとなっているが、ほとんど増えていない）。ありがたい制度であるが、前半の学費や生活費はすべて自分でなんとかしなければならないし、後半もこれだけでは生活できない。だから、利用者の9割が働きながら学べたり奨学金がある看護師学校に行く。それでも結局、2007年12月までで、全国で3070人しか利用しておらず、就職できた人も1902人にとどまっている（2007年母子家庭の母の就業支援に関する施策の実施状況報告より）。しかも問題は、これらの資格を取ったところで、安定就労に結びつくかということである。これらの職種では保育士を筆頭に多くは非常勤嘱託で、派遣、臨時などの雇用形態も増えている。その中で看護師が唯一安定的なのだが、正規で働くためには夜勤をこなさないといけない。つまり夜間の保育の手だてがないと無理だということになる。いくら制度があっても、利用できる体制がなければ絵に描いた餅である。

そんな中で、2009年6月から3年限定で（それも問題だが）、修学期間のすべ

てに（上限36ヶ月）月141000円支給する（住民税課税世帯は半額）という補正予算が組まれた。これによって利用者が増加することが考えられるが、資格を取った後に本当に安定的な仕事に就くことができるのか、子育て支援は連動しているのかといった点をしっかりフォローしないと、結局は「夢だけ見させられて……」（がんばって資格を取ったにもかかわらず、保育の手だてがつかず非正規に逆戻りしたシングルマザーの言葉から）ということになりかねない。

7、子育てと住宅にまつわる問題

　シングルマザーが安心して仕事をしていくためには子育て支援が不可欠だが、保育施設は不足している。特に病児保育は不十分で、あっても病後児（ある程度治っている状態の子ども）しか受け入れない施設がほとんどである。そのため、私たちの調査では（複数回答。2003年NPO法人しんぐるまざあず・ふぉーらむ「母子家庭の子どもたち」より）、子どもが病気の時、6割の母親が仕事を休む。しかし、非正規の場合、休めばその分賃金が減らされ、ただでさえ低収入の母子家庭の家計を圧迫する。のみならず、休みが長期にわたると、解雇される恐れもあるのだ。やむを得ず、後ろ髪を引かれながら子どもを寝かせて仕事に行くという母親が2割強いて、子どもの病気が悪化したり死亡したりという悲劇の要因ともなっている。子どもが病気の時ぐらい、仕事を休んでもリスクを負わない職場環境の整備がもっとも重要だ。また、両親に頼むという人も5割近くいるが、ここでもう一つの問題に直面する。子育ての支援を求めて、離婚後、親の家に帰った場合、親の収入が扶養義務者の所得制限を超えると、全く扶養されていなくても児童扶養手当はいっさい支給されなくなるのである。子育て支援を取るか国の経済支援を取るか、どちらも不十分な中で、シングルマザーは、究極の選択を迫られるのである。

　日本における母子家庭に対する支援の不備を示すデータがある。OECD（経済協力開発機構）によると、加盟30ヵ国中、日本はひとり親家庭の貧困率が6割近く、いわゆる「先進国」中でトップクラスだという。しかも、所得格差を是正する目的の所得の再分配によって、子どもの貧困率が上がる唯一の国だとも言われている。いかに日本がひとり親や子どもに対する社会保障が不十分

かを表している。日本の母子家庭の子どもは、二重の貧困にさらされているのである。

シングルマザーにとって、就労と子育て、そして住宅が生活の基盤である。離婚によって転宅を余儀なくされる母子家庭は多いが、民間住宅は家賃が高い（大阪府調査で5万から7万）し、保証人も必要だ。保証してくれる人がいなかったり、家主から母子家庭お断りなどと言われ、別れた夫の名義で家を借りてもらったり、一緒に住んでいた家のローンの支払いを養育費代わりとして受け取る場合もある。ところが、それで偽装離婚だと言われて、児童扶養手当の窓口で申請をしぶられたりすることもあるのだ。みんな、家賃の安い公営住宅に入れるものなら入りたい。優先入居もあるといわれるが、たとえば大阪府の場合、一般枠の倍率が11倍、福祉枠（障害、高齢含む）が9倍と、決して入りやすいわけではない。不便な場所だと空いているところもあるから、贅沢を言わずにそこに入ればいいといわれるが、仕事や子どもの学校の問題もあり、そう簡単ではない。

8、貧困の連鎖とセーフティネット

母子家庭の現在の貧困は、子どものみならず、シングルマザー本人の老後の貧困にも直結する。全国調査では4割が雇用保険に入っていないので、失業するとあっという間に生活は破綻する。健康保険に未加入の人はさすがに6.5％と少ないが、加入している人のうち半数近くは国民健康保険で、昨今の不況で保険料が滞る人も増え、ただでさえ過労になりがちなシングルマザーの健康が心配される。問題は公的年金である。加入していない人も2割弱いて、老後の保障は全くない。また加入はしていても非正規が多いため国民年金が3割強を占める。そのうち2～3割が掛け金が払えず、免除申請をしていると見られている。全額免除申請の場合、受け取る年金は3分の1、つまり将来、2万そこそこで暮らさなければならないシングルマザーが多数出てくる可能性もあるのだ。月々約1万4千円の掛け金を自分の老後のために積み立てるよりも、現在の子どもとの生活に使わざるを得ないのである。

そんなぎりぎりの暮らしのシングルマザーにとって、最後の最後の頼みの綱

は生活保護である。生活保護基準以下で生活している母子家庭も多いのに、母子家庭の生活保護率は2割に満たない。しかも半数は働きながらの受給で、後の半数はDVの後遺症や障害のある子どもを抱え働けないから受給しているのである。しかし、ではなぜ、母子家庭は生活保護を受給しないのだろうか。

一番大きな理由は、これ以上の差別を受けたくないというものである。母子家庭は、母子家庭であるというだけで、また児童扶養手当を受給しているというだけで、厳しいまなざしにさらされ続けている。残念ながら生活保護受給者も同様である。それがわかっているから申請しない。もう一つの理由は、前夫が子どもにとっての扶養義務者だということだ。DVだとはっきりわかっていれば、前夫に扶養照会はしないということになっているが、離婚理由のところで述べたように、DVでありながらDVとは認識されていない場合も多く、そういう人たちは、扶養照会と聞くだけで、窓口から逃げ帰ってしまうのである。

9、母子家庭に対するまなざし

母子家庭は、かわいそうと言われ、問題家庭と言われ、あってはならないと思われている。これは、一つには、日本が、標準家族（夫がいて外で働き妻は専業主婦で子どもが二人という、昨今ではあまり見かけない家族形態）を、税制や社会保障などすべての社会制度の基本に据えているからである。もっとも、標準家族が標準になったのは、ごく最近、男性の長時間労働を支え社会保障の不備を支えるために、専業主婦を必要とした高度経済成長期からにすぎない。この時期から、福祉がどんどん切り捨てられ、家族だけで助け合わないと暮らしていけなくなってしまったのだ。そこで、家族の大切さが強調され、そこからはずれた母子家庭は、まさに「あってはならない」「かわいそうであらねばならない」存在になっていったのである。配偶者控除や三号被保険者制度など、扶養される妻がいる世帯を優遇する制度がそれを強化し、女性の労働を家計補助にすぎないと言いくるめ、パートの賃金を低く抑えてきたのである。低賃金で解雇がしやすいこの働き方を男性にも広げた結果、現在の派遣切りなどに象徴される非正規労働のとんでもない状況を作り出したのだ。

さて、母子家庭に対するまなざしにはもう一つ特徴がある。母子家庭になっ

た理由によって扱いが違うということである。死別は女性のせいじゃないから
かわいそうといわれ（かわいそうであり続けなければならないのも、またある
意味パワーレスになることであるが）、離婚は女性のわがまま、非婚となると
女性のふしだらと後ろ指を指されるのである。制度上も、たとえば婚外子の相
続差別は世界的に非難の的でありながら、未だに改められていないし、所得税
法上の寡婦控除も、死別の場合は、所得制限内なら生涯適用されるが、離婚だ
と子どもが成人するなど扶養家族がいなくなると適用外になり、非婚には原則
そもそも適用されないのである。母子家庭は父の居ない家庭である。いないは
ずの父と、母がどのような関係だったかによって差別する。まさに女性差別以
外なにものでもない。

　シングルマザーは、児童扶養手当の窓口でも隣近所でも、男がいないかと厳
しく詮索される。子どものために髪振り乱して必死で生きている（と思われる）
限り、最低限の支援を施しとして受けることができるが、友達がいて楽しく生
きていると思われると、とたんに糾弾される。シングルマザーは、貧乏に耐え、
安価な労働力となる子どもを育てることで、ようやく存在価値が認められるの
である。

おわりに

　何度も言うがシングルマザーは貧乏だ。だが、それはシングルマザーの責任
ではない。シングルマザーを孤立させ、将来にわたって希望のない状況に落と
し込む（それこそが貧困だと思うが）要因は、単に金がないことではない。女
性を、一人で生きていけるだけの賃金体系から排除し、夫から暴力をふるわれ
ても逃げられない状況に追いやり、それでも離婚にこぎつけたシングルマザー
を差別し、情報を得ることも声をあげることも、同じ立場のもの同士つながり
闘うこともできないようにして、いずれ安い労働力になるしかないように子ど
もを育てさせる、この構造が女性を繰り返し貧困に追いやりそこに留めるので
ある。この構造は、女性への暴力そのものであり、暴力であると認識しないこ
とが、女性の貧困を不可視とするのである。

ホームレスをビジネス・パートナーとして

NPO法人ビッグイシュー基金　**高柳未奈子**

　ビッグイシューの高柳と申します。簡単にビッグイシューの説明をさせていただいた後、沖野さんの話を聞いて感じたことを話させていただこうと思います。

　簡単に説明させてもらいます。ビッグイシューは、ホームレスの人たちに仕事をつくり、提供する事業をしています。2003年から日本で活動を始めました。1冊300円の雑誌を路上で販売してもらうのですが、路上生活者の方で希望する方には最初に10冊無料で差し上げるんです。これを10冊売れば、3千円が元手として残るので、以後はそれを元手に1冊140円で仕入れてもらって売っていただく。1冊売るごとに160円が販売者の方の収入になるという、きわめてシンプルなかたちでやっています。

　売れる人と売れない人との差はあるんですが、平均でだいたい1日で20冊くらいです。160円×20冊＝3,200円ですね。それだけあれば、ドヤに入って食事をして、少し貯金ができるくらいになります。貯金をしてアパートに入って、それを基盤に就職活動をして、自立をしていくというかたちでやっています。

　今までの5年間の活動のなかで、700名以上の方が販売者に登録をして、そのうち1割くらいの人が仕事を見つけて自立していきました。有限会社のかたちをとっているので、チャリティではなくて、ビジネスとして。ホームレスの人がビジネスパートナーです。そして働く機会を提供するのが一つの特徴かと思います。

　法橋さんのご紹介があったように、私は今、NPO法人ビッグイシュー基金のスタッフです。これは昨年9月にできたNPO法人で、何をしているのかというと、ビッグイシューの販売という仕事を提供するだけではなくて、もっと

多面的なサポートをするために、3本柱で事業を行っています。

まず生活自立応援事業。健康相談、法律相談、住宅の相談を受けたり、生活の基盤を整えるための支援を行っています。

二つめが就業応援サポート。これはビッグイシューの販売をステップに、次の段階に進むために、今はパソコン講習などを中心に就業支援を行っています。

三つめが文化・スポーツ活動応援事業。路上生活を長く経験していると、自分を否定しがちになって、何かを楽しむことがなかなかできなくなってしまいます。そういうなかで「自立だ、就職だ」と言っても、やはりしんどいと思うんです。そのなかで何かを楽しむ時間、今ではフットサルを一緒にやったりとか、映画を観たり、バンドを組んで音楽活動をやったりとか。いろんな楽しめる時間をつくることで、自己を肯定して次のステップに進むための精神的なサポートをしています。こういう3つの柱で行っています。

そのほかにもいろいろ活動をしていて、今日お配りした、大阪ホームレス会議を11月22日に行います。私たちの活動のモットーとしては、市民が市民をサポートすることを大事にしていて、社会から排除されてしまったホームレスの人たちと市民をつなぐことを大切に思っています。これはそういう取り組みの一つとして考えています。支援団体が集まって議論するのではなく、ホームレスの人たち、当事者自身と市民が一堂に会して会議をするということです。日常に抱える課題とか、社会に望むこと、願うことを語ってもらう。それを受けて、それをヒントにホームレスのおっちゃんだけでなく、みんなが生きやすい社会を考えていこうというイベントです。こんなかたちで活動しています。

沖野さんの話を聞いていて、ネットカフェ難民は、独立したカテゴリーではなくて、一連のいろんな形態の一つであって、最終的にはホームレスにならざるを得ないとおっしゃっていて、まさにその通りだと思うんですが、ちょっと彼らの置かれている状況を見ていたら、少し違う側面もあるのかなと、それを2点ほど話します。

1点目は、従来のホームレス問題、寄せ場型の建設日雇い労働者は、社会から排除された上で、手配師という違法なシステムのなかで働かされてきた人たちです。一方で、最近の日雇い派遣労働の貧困問題は、派遣が正当に認められて、社会が容認しているなかで、合法的に生まれている貧困ではないのかと思

います。そうなると、どうなるのか。今まで以上に自己責任論が社会を席巻して、それで従来のホームレス問題よりも厳しく非難されるのじゃないかと思うんです。しかも、大人の方からは「最近の若者は」という若者批判もあると思います。外からのプレッシャーがすごく大きいのではないか。それに加えて若者自身は、自分はこうありたいのにどうしてもできない、目指すものへ行けないという内からのプレッシャーも重くのしかかっている。そうなると、当事者がおかれる立場は従来のホームレス問題よりも悪化していると捉えることができるんじゃないかと思います。

　もう一点、沖野さんの話のなかで「釜ヶ崎が第二のふるさと」とありました。沖野さんのレポートのなかに詳しく書かれていて、従来の釜ヶ崎の労働者は、釜ヶ崎からいろんな労働現場に出て行くんですね。そしてそこへ帰って来る。だから、ある種のコミュニティみたいなものがあるんです。私も今年の夏、釜ヶ崎の夏祭りに参加したんです。みんな厳しい生活を送っているなかでも、仲間へのいたわりであるとか、生きるエネルギー、釜ヶ崎の街への愛着がすごく感じられて、居心地がいいというか、不思議な感覚を覚えたんです。それに対して派遣の方は、携帯電話やパソコンで仕事を決めて、自分のところへバラバラに帰っていくので、帰るコミュニティがないんです。身近な絆を失って、精神的に孤独を感じてしまったり、あるいは情報から排除されてしまったりとか、つながりの貧困みたいなものが感じられるのではないかと思います。だから貧困問題は、本当にいろんな問題が複雑に絡み合っているなかで、つながりの貧困が大きなポイントになっているのではないかと思って聞いていました。

〔まとめの発言より〕

　希望ということですが、この貧困問題はたぶん一部の支援団体とか当事者だけで解決できるレベルの問題ではないと思うんですね。ビッグイシュー基金の活動は、主に市民や企業からの寄付で成り立っているのですが、会員になってくださる方は、自分自身がフリーターであったり、派遣で働いていて、すごく厳しい生活のなかで、なんとかがんばってほしいからということで寄付してくれる方もすごく多いんです。そういうことは、じつは社会全体で貧困問題に取

り組むという土台が少しずつ築かれていて、数々の絶望的な状況のなかで、一つの希望と言えるのではないかと感じています。

野宿生活者支援を通して──貧困最前線・釜ヶ崎からみえてくるもの

NPO法人釜ヶ崎支援機構　生活・福祉相談業務統括　**尾松郷子**

釜ヶ崎支援機構の尾松といいます。福祉相談部門で仕事をしています。

そもそも釜ヶ崎支援機構は、大阪市西成区の北部に位置する「あいりん地域」、通称釜ヶ崎の日雇労働者を対象に、自分の稼いだ銭で飯を食いたい、襲われない寝場所をなんとか確保したいというところから始まった団体です。そのなかで、「とてもじゃないけれど、働けないで」とか、「シェルターで寝ていて大丈夫なのか」という人たちがいて、99年から必要に迫られて福祉相談業務を、その後01年4月から、福祉相談部門として正式に業務を開始しました。

最近「貧困」という言葉を、流行語のようによく耳にするようになりました。ただ、あらたに生み出されたかのように「貧困」という言葉が使われていますが、日本が「豊かな社会」と言われていた80年代でも貧困はあったのです。具体的には、日本社会が浮かれた高度経済成長期にも、釜ヶ崎では雨が降って仕事に就くことができなければ、簡単に野宿を余儀なくされる日雇労働者はいたのです。彼らの存在を放置し、社会から抹殺し続けてきた結果、今のような社会を迎えることになったのは、社会全体が背負わなければならない罪なのかもしれません。

相談業務をはじめた当初は、「平和」という表現が、いいのかどうかありますが、相談者の数は少なくのんびりした雰囲気でした。高齢の元日雇労働者と一緒に、無料低額診療施設の大阪社会医療センター付属病院に受診し、釜ヶ崎の福祉事務所にあたる大阪市立更生相談所に今日泊まるところの相談をし、一

時保護所に入所する手伝いをする、施設入所した人や入院した人たちの訪問をぼちぼち行う。2000年からはドヤ（簡易宿所）が敷金なし、保証人なしで入居できるアパート（「サポーティブハウス」）として転用がすすみ、「手軽に」部屋を借りて65歳以上の人たちに畳の上にあがってもらう居宅保護の手伝いをしていました。また、昼間などは、事務所が生活保護を受給している人たちのディサービス代りになっていました。もともと釜ヶ崎で働いていたおっちゃんは、話していても楽しい。酔っぱらっていても話を聞けば、どこに問題を抱えていて、こういうふうにしたら野宿から脱けるお手伝いができるという方針がある程度立てやすかった人が多かった。

　1998年に大阪市立大学が行った調査でもわかるように、大阪市内には8,660人の野宿生活者が確認されていたので、決して野宿生活者が少なかったわけではありません。ただ、相談の対象者を釜ヶ崎の労働者、具体的にはシェルターの利用者、特別清掃の輪番労働者としていたので、また、当時は活用できる社会資源が限られていたこと、それ以上に相談を受けるスタッフの技量の未熟さもあり、相談者数は少なかったのです。

　それが、07年の福祉相談部門の状況をみると、延べの相談者数が7,611人、新規の相談者も412人もいました。その数は爆発的に増加しています。いつからこのような状況になっているかというと、03年からです。その背景には、ホームレス自立支援法ができ、生活保護の運用がかわり、野宿からでも敷金支給され居宅保護になることが可能になったこと（制度上の変化）と、困窮状態に置かれている人たちが拡大したこと（現状の変化）をあげることができます。

　シェルターに並んでいる人も、様変わりしていて、建築日雇いに従事したことがない人、何日間休んでもまた建築日雇いに戻るのが難しい人が増えてきています。特にこの数年、相談者のなかに、専門の判定にかかってはいないけれど、精神科の先生に言わせると、知的障害があるのではないかという方、また、アルコールや覚醒剤の問題を抱えている方、刑務所から出てこられた方、女性の方も出てきています。

　そのなかで、相談に来る人たちは、社会が前提としているセーフティネット（終身雇用、家族、生活保護など）からこぼれ落ち、共通の問題を抱えている人たちが多くて、比較的若く（50歳未満）、釜ヶ崎での就労経験をほとんどもっ

ていない、仕事探しの手伝いをするだけでは野宿から抜け出しにくい、居宅保護になったとしても、何らかのアフターフォローをしなければ再び野宿にもどる可能性がある、ということがわかりました。

　アフターフォローについては、福祉相談部門ができた当初から、野宿に戻らない支援ということで、聞き取りを行っています。その精度は、スタッフの経験値によって「向上」している部分はあると思います。ただ、反貧困の弁護士さんや司法書士さんのように、野宿から脱けるために居宅保護をお手伝いすればいい、それで問題（「事件」）が解決したなどという無責任な方針ではやっていません。普通は聞き取りに一、二週間がかかります。アルコールの問題がないか、ほかに借金や家族の問題など、何か問題を抱えていないか。再び野宿に陥る問題を洗いざらいにしてでないと、野宿から抜け出す支援は開始できません。それは、アフターフォローを含めた枠組みでないと、野宿から脱けた後に、何らかのかたちで介入しようとしてもなかなか難しいからです。生活保護にかかる手伝いをして、部屋を借りたのはいいけれど、部屋で酒を飲んで血を吐いて亡くなったという方を何人か私たちはみてきています。そういう経験を持っているので、せっかく野宿から脱けだしたのに、人の死のお手伝いをしてしまうことのないように、最初に力点を置くことになります。

　これだけ「危うい」相談者が増加していくなかで、今までは行政に対して、一方的にあれしてくれ、これしてくれというスタンスが多かったと思います。支援団体のなかにはそういうところが現在もほとんどだと思います。でも、一方的にあれしてくれでは、行政自身がなかなか動いてくれないし、能力のある方は動いてくれますが、そうでない方の場合は、相談に来た当事者が不利益を被ってしまうのではないかということがあって、それなら「腹をくくって」お手伝いしますから、行政も頑張ってくださいということで、定期的にケース検討会議を開くようになりました。行政に対しても担当のケースワーカーさんだけでなくて、その上の責任者も出てくださいとお願いしています。知的や精神の障害を抱えている方にはもちろん保健師さんが来てください。生活の支援をしていただいているヘルパーさんも、金銭管理を行っている「あんしんサポート（大阪市社会福祉協議会が行っているサービス）」さんも来てくださいと。使える社会資源があれば、その輪の全員を入れてケース検討会議をしてくだ

さいと、号令をかけさせてもらうことが最近増えました。最初に相談者にかかわるのは福祉相談部門のスタッフなので、こういう役割分担でいきましょうかと、仕切っていることが多いですが、生活保護にかかってからは、仕切りは行政に任せて、裏で催促したり、まじめに働かんかいと、わぁわぁやりますが、情報をみんなが共有し、支援していく責任を感じながら、どういうふうに社会資源を使っていくかという組み立てを一緒に行っています。

　さらにこの2,3年、福祉相談部門に来る新規相談者の中に、40歳未満のネットカフェを利用したことがある若者が相談に来るようになりました。そこで、窓口で相談を待っているだけではいけないということで、今年からネットカフェ対策ということで、市内対策事業、具体的には、スタッフは男性2人と私で、ネットカフェに行って、事務局長の沖野が言っていたように、若い人に「今日の飯と泊まる場所はあるから」と言って連れて帰って支援することを始めました。相談の窓口までたどり着けない若者はたくさんいます。

　ネットカフェの聞き取り調査でもありましたが、連れてくる若者のほとんどが、あいりん・西成に来るぐらいならと、43号線の壁を越えたくないといいますが、それでも西成に来ざるを得ない、西成の社会資源を使わなくてはいけない人たちが増えてきています。ネットカフェに泊まっている方は、まず個室対応でないと無理です。使える社会資源として、あいりん地域には三徳寮生活ケアセンターという施設がありますが、集団生活はできないという方が多くて、個室で、また銭湯にも行けないのでお風呂が要る。最初の一週間くらいは、口がきけないというか、それくらい緊張した、追いつめられた状態で、精神的にまいっている方がけっこう多いです。話ができても、どういう問題があるのかを見極めるにはある程度生活してもらわないと生活能力がわからないです。そういうことで個室対応型のアパート、ドヤですが風呂や台所が中についているところで、一人の方が生活保護なり、ある程度の方針がつくまで、少なくとも一ヶ月以上かかります。ということは、その方について生活面のことなどを聞き取りしたり、ほとんど手取り足取りの状態です。

　市内対策では、精神の問題を抱えていたり、貧困のなかで育ってきているために障害を持っていることに周りが誰も気づかずにそのまま大きくなってきている方もいます。いろいろ苦手な部分があるにもかかわらず、周りから働けと

言われ、大変困って結局は野宿せざるを得ない状況になってネットカフェに泊まっているけれど、一日泊まるお金がないということで相談に来られたり。昔の釜ヶ崎でかたづけられると考えられていたような問題ではない人たちが増えています。

　加えて、今まで手をつけてこなかった、シェルターに泊まっている人たちにも定期的な相談業務を開始することになりました。シェルターは地区内に２カ所ありますが、一杯になれば千人くらいの人が利用できます。時々シェルター職員から、「この方は寝られない。なんとかして。」と個人的に連絡をもらって、福祉相談のスタッフが行って、相談することがありました。しかしながら、シェルターの列に並んでいる人たちの顔をみると、当初想定していた層、日雇い仕事がないので今日一日泊まるところを確保しようという層とは異なった層、明らかに要保護状態の人たちを目にするようになりました。

　生活改善事業で関わった方で、相談の翌日に病院に行っていただいて、その後二週間もせずに亡くなったケースがありました。このような状況に置かれている人がシェルターを利用していることに愕然としました。本人はその前から体の調子が悪いと言って、胸のレントゲンを撮ったら、古い結核だから治療しないでいいと言われ、足がパンパンにはれている状態でも何もされず、結核でなかったら相手にされなくて、結局亡くなったというケースがありました。結核の罹患率を下げるための、単に健康診断するだけでなくて、野宿から抜け出すための全面的な支援をしていかなければならないということで、最初は福祉相談部門の限られたスタッフでしたが、最近は釜ヶ崎支援機構のすべての部門から何人か顔を出してもらって、シェルターを利用している人たちに対してできるだけのことを援助していこうとしています。

　以上のように、従来の福祉相談部門に加え、今年から、一つは釜ヶ崎の地域でやっている生活改善事業（シェルターでの相談業務）を、もう一つは大阪市内へ出て行く市内対策事業を、二つのアウトリーチ型相談業務を始めました。

　相談の窓口を増やしたけれども、それではどれくらいの人が相談に来て、野宿から抜け出しているかというと、福祉相談部門に来ている人、生活改善事業に来ている人が居宅保護も施設も含めて、相談者の２割にとどまっています。

ということは8割ぐらいが野宿から抜け出せていない現実があります。市内対策に関しては手取り足取りでやっているので、なんとか野宿にならないように頑張っていて、今のところは1人2人相談が中断しているケースがありますが、なんとか野宿に戻らないでいるという状態です。

ほかの皆さんもそうですが、貧困がどういう問題かと考えると、貧困＝死です。私たちのかかわっている相談者は、釜ヶ崎の場合は野宿を、釜ヶ崎以外の場合も、ほぼ野宿している状態です。むき出しの状態で社会にさらされています。

会場にいる、私よりも年配の、50歳以上の先輩方に言いたい。「おまえらのせいで、こんな生きにくい社会になった」と。「自分たちは、死ぬだけ、逃げ切れるけれども、あなたらの子どもたちはどうなるのか考えたことはあるのか」と。自分自身も含め、自分の子どもたちの世代が困らないような社会をめざして、目の前にいる困窮状態に置かれた人たちの相談を行う日々が続いていきます。

障害者の労働問題の現状

NPO法人共同連事務局長　わっぱの会代表　**斎藤縣三**

今日は若い人ばかりでやるという話でしたので、私は出ないでよろしいと言っていましたが、若い人だけでは、ということなので入っています。

私どもに最近加わった仲間で、留学と仕事で7、8年韓国で生活して帰国した人がいます。その人をあちこちの市民集会に連れて行くと、「日本の市民団体は年寄りばっかりですね」と言うので、非常にショックを受けました。韓国では若い人が中心だと。私も韓国に行きましたが、その通りで、日本では70年代の運動は若者中心の運動だったのに、そういう状況が80年代90年代にど

んどんなくなっていった。私は団塊の世代そのものです。最近、若者が中心になっていて、今日もいつもの集会に比べると、参加者にも若い人が多い気がして。若者の就労やいろんな希望が失われているという話が出ましたが、やっと若者に希望を持てる時代がきたのかなと、私はそんな気持ちでいます。

　今日のテーマに則して話します。私は十数年前に国会議員の秘書をやっていました。その時、95年に労働者派遣法の改正問題がありました。沖野さんの話にも出てきましたが、86年に派遣法ができて、それが専門13業種でやっていて、あくまでも専門的な技術を持った人の派遣だけで導入された制度でしたが、95年の改正時には一挙に26業種に増やすという議論がありました。その議員は労働委員会の議員でしたから、私はその質問を書きました。勉強したら、とんでもない法律だということで、反対する質問状です。その時その議員は私の言うことを何でも聞いてくれましたので、委員会で全部ぶつけてくれました。ところが当時その議会は新進党が中心で、ほとんどの議員が賛成して、何の審議もなく通った。それから堰を切ったように、派遣がどんどん拡大されていって、業種だけでなく、時間・年数が拡大されていくんですね。そして瞬く間に、労働者の3分の1以上が非正規というとんでもない状態が生まれてしまった。90年代はそういう大きな変化を生み出した時だったのだと。それが小泉政権を勝たせて、完成していったのだとあらためて思い出します。

　障害者の問題にからめて言います。去年、最低賃金法が改正されて、今年7月施行されました。今、最低賃金が生活保護費以下だということで、格差問題を解消する意味で最賃を上げる話が出て、1年に1円や2円しか上がらない年があったんですが、去年大幅に上がりましたね。今月も最賃が上がりました。大阪で748円、東京で776円、それぞれ20円や30円上がりました。これ自体は歓迎すべき話ですが、一方でほとんど誰も反対することなく整然と進んでいることがあります。

　最低賃金法8条に以前、適用除外制度があったんです。最低賃金を守らなくてもいいということを法律で認めていました。誰が適用されるのか。試用期間・訓練期間の人を除けば、9割以上の人が障害を持っている人です。最低賃金を受けなくてもいいです、と国が認める制度です。これが今回の改正でなくなったんです。われわれはこの制度に反対してきました。障害者に対する差別制度

だ、廃止せよと言っていましたが、国は取り合わなかったです。なぜなら、それがあるから障害者が働ける、企業が最賃以下でなら雇ってもいいというところで働けるのだからいいではないかという理屈でした。しかし法律を守らないのはおかしい、とわれわれは言い続けていました。

　それが廃止された。でも、良くはないんです。適用除外制度がどう変わったか。最賃の減額特例制度に変わりました。中味はあまり変わっていません。適用除外にするのではなく、最賃は適用するけれども最賃以下に減額したものを特例的に認めるという制度に変わったんです。だから最賃は守っている、しかし障害者をはじめとした特別な事情のある人は、最賃以下でいくら雇ってもいいです、という制度。法律を守らない感覚を無くして、最賃以下を当てはめる制度が生まれたわけです。

　それに絡めて言いますと、障害者自立支援法では最低賃金以下で働いてもいいという就労継続支援事業A型を作ったんです。そこでは今までは最賃を守るためには、労働基準監督署の人が現場に来て、その障害者がどんな働き方をしているかをつぶさに調査をして、これならどうしてもしょうがないということで適用除外を認めたんです。でも、自立支援法で適用除外する場合、今回の減額特例になる場合には、書類審査だけで認められるということです。最賃の上昇はいいことですが、一方で、そういう差別をますます強化している。あらゆる政策がそういう矛盾をはらんでいることを、ぜひ知っておいていただきたいと思います。

　先日、大阪の箕面市で、共同連という、全国で障害のある人とない人が共に働く場を作っている場の全国大会を催しました。その大会で、障害者の就労支援のいろんな分科会を開きました。そこへ私と一緒に名古屋から参加した人がいました。

　その人は就労支援員といって、役所の生活保護の部署に1人ずつ民間から職員が入って、ケースワーカーが本来やるべき仕事をしています。その人は1年単位の契約社員でしかないんですが、生活保護受給者が就労できるように支援する。生活保護を受けていた人を就労に結びつけて、生活保護費を削減しようとする動きのなかでそういう職種を作り出して、全国的に展開しています。それは本来、ケースワーカーがやらなければならない仕事でしたが、こまめな支

第25回共同連全国大会箕面大会の全体会

援はしてこなかったんです。それを民間に丸投げするかたちでやっている。
　その方は一生懸命にやる方で、「生活保護を受けてきた人は働く機会を奪われてきた。その人たちが生活保護ではなく、人間的に働ける場をなんとか見つけて、生活の豊かさを取り戻す取り組みをやっている」と言うんですね。それは障害者だけでなくて、シングルマザー、高齢、病気、ひきこもり、様々な要因で生活保護を受給している人を対象にしていて、その就労支援は幅広いんですが、職安では全然取り合ってもらえませんから、全部自分で切り開いていかないといけない。障害者にとっての就労支援機関は、職安のほかに、全国に障害者就業・生活支援センターが200ヶ所ありますから、その窓口で手伝ってもらってできるんですが、それ以外の方は協力してもらえるところがないから大変しんどい、とその人は言っていました。
　今回、その人が分科会に出て、こんな感想を言いました。「就労支援の課題は、確かに障害者の場合は大変だということがわかったけれど、ほかの人が抱えている就労支援の課題とまったく同じだ。この貴重な議論を障害者とその関係者だけでしているのは本当にもったいないと思った」と。私はそうなのだと思いました。こういう課題を様々な困難を持っている人の共通の場で議論をして、共通の課題にして取り組んでいったら、もっと大きな力になってくるだろうと

思いました。彼女は1年間の契約社員をやめて、障害者の就業・生活支援センターに、来春から職員としてくることになっていますが、彼女が来たら、障害者だけの窓口でなくて、困難を持つ人の窓口を自主的につくって、そういう意味の共働を探っていきたいと思っています。

　沖野さんの話のまとめで、「どうすれば貧困の構図が変えられるのか」というのがありました。私の若いときの答えは簡単でした。社会主義革命で解決すると信じていました。70年代初めからそれに疑いを持ち始めました。社会主義国家といわれたソ連や中国が新たな階級支配を生んでいるではないか、新たな差別を生んでいると。そんなものには期待できない。そう思ったから、障害者の問題に、どんどん深みにはまっていったというのが自分の経過で、私は名古屋で「わっぱの会」を作ってきました。約180名の障害のある人とない人の働く場を作っています。見学に来た人が時々「わっぱの会は社会主義か」と私に聞くんです。そんなことは考えていませんと言うけれど、それぞれの能力に応じて働き、必要に応じて受け取る、受け取るといってもわっぱの会はそんなにお金がありませんから、みんなで分け合っているだけですが、そこで差別をしないという原則をもってやっています。

　そういうなかで、わっぱの会で今働いている若い人たちが次から次に子どもをつくってくれています。少子化社会なんか、わっぱの会には存在しない。わっぱの会の給料は低いですよ。でもみんな希望を持って働いているからかなと。子どもを何人つくっても育てていける場所だと思っている、希望がそこに存在しているような気がしています。そんなことで、私に少子化対策大臣をさせていただければ、日本の少子化政策は新しいことができるんじゃないかと、自信をもっているんですが。

　今年の共同連大会は、様々な社会的排除と闘う社会的事業所を全国にどう広げるかというテーマで議論をしました。まさに今日のみなさんのお話を聞いて、そういう課題を共通の課題として闘える時がやっと来たという気がしています。

第2章

社会的企業家聞き取り記録（1）

　この章に収録した聞き取り記録は、私たち共生型経済推進フォーラムが結成されるきっかけとなった、05年11月開催のジャンテ氏招聘市民国際フォーラムの関西シンポジウムの準備に関わっていただいた団体や、その後のフォーラムの活動に協力をいただいた団体の方々のものです。聞き取りの順に配列しましたが、目的が政策提言でしたので、先に済ませた聞き取りの速記録を順次目を通して頂いて、聞き取りに当たりました。そのために中身があまり重複することもなく、トータルとして、多様性を持った政策提言の中身を提示できているように思います。

　共同連という団体は、05年の関西シンポジウム実行委員会で斎藤さんと出会うまでは全然知らない団体でした。その後もずっとフォーラムの活動を一緒に担ってきましたが、今回聞き取りを行なうことで、名古屋のわっぱの会の活動の素晴らしさを知ることができました。この団体についてはもっともっと注目が集まってもいいと思っています。

　ナイスの冨田さんは、フォーラムの講演会でお話を伺ったことがありましたが、今回の聞き取りで多様な活動に取り組まれていることを知り、社会的企業の先駆的な事例としてその内容を報告できることを誇りに感じています。

　釜ヶ崎支援機構についても、名前は売れていますが、その活動の実際についてはあまり知られていないと思います。今回沖野さんから詳細なお話が伺えて、ナイスとはタイプの違う社会的企業の典型として大切な存在です。

　その釜ヶ崎支援機構設立の母体となった釜ヶ崎反失業連絡会の立場から山田さんにお話を聞けたこともこの聞き取り記録に重みを与えることになりました。

　フォーラムの運営委員会や催しなどで知り合いになれたとしても、それぞれの団体について、あまり知識をもてないままでした。今回フォーラムから政策提言という課題をいただいたことで、聞き取りを実施することができ、非常に大切な事柄だけれども関係者しか知らない事実を記録として残すことができました。

　またこの記録は、聞き取り後、出版が決まって以降に皆さんに手を入れてもらっていますのでお含み下さい。

　なお、聞き取りにはフォーラム運営委員の境　毅があたり、京都大学院生の濱西栄司が同行して速記録を作成しました。

福祉的就労でも、一般就労でもない、第三の道

NPO法人共同連事務局長　わっぱの会代表　**斎藤縣三**
（2008年10月18日実施）

※ NPO法人　わっぱの会　http://wappa-no-kai.jp/
* 設立 1971年
* 事業内容：共生・共働の場づくり　共働事業所　共同生活体
　　　　　　共生・共働に向けての社会づくり
　　　　　　生活援助・就労援助
　　　　　　差別・偏見をなくすための運動
* 事業高　6億円

――事業所の歴史について聞かせてください。

　「わっぱの会」が生まれたのは1971年11月。当初の設立の目的・動機は、障害者の施設が隔離された施設として山の中につくられているというのに対して、街の中で障害をもっている人が生きられる場所を作ろうということだった。
　隔離されている人が町のなかで共にということだけではなく、「施設」というものがもっている関係のあり方、つまり施設職員という者に指導管理されて、障害者は生きなければならないというあり方そのものが、やっぱりおかしいと問題提起していた。だから、単に場所的な隔離の問題だけではなく、障害者自身の自由を取り戻していく意味において、障害をもつ人もたない人が対等な関係で、街の中でともに生きることをめざしていこうというのが出発の動機であった。
　実際自分たちで生活の場を作り、働く場も作ったが、その当時、われわれも経済的に何もなかったので、市民のみなさんからのカンパだけで成り立ってい

た。しばらくは経済的には発展が全然できず、もっぱら仕事は下請けであった。このままではという思いと実態の幅が縮まっていかないということで、1980年に入り自前の事業を始めた。その事業は、障害者が働く経済的な活動として意味のある展開を！ということで1984年からはパンを焼き始めた。

当時、「知的障害者が食品をつくることは不潔だ」といわれる偏見がある時代であった。また、一般にそういった活動をしていた団体はほとんどなかった。「わっぱの会」も先行きどうなっていくのかわからなかったが結果的には非常にうまくいった。パンの中身は安全性にこだわったパンということで時代の要求に合っていたため、市場の中で十分競争でき発展してはじめて、自分たちの場所を「事業所」と位置づけられるようになった。また、1984年の同時期に「共同連」（差別とたたかう共同体全国連合）を結成した。

共同連のなかでそれまで「作業所の在り方はおかしい」と主張してきたが、「作業」に代わるべき言葉が見つからなく、「共に働く場」といった具体的な表し方しかできなかった。現在共同連では「共に働く事業所づくり＝共働事業所」と言っている。1984年から経済的な発展に伴って「共働事業所」の方向性が強まってきた。80年代、90年代も「わっぱの会」以外のいろんな場所でも徐々に経済的な実態が伴ってくる中で、事業所という方向がどんどん強まっていった。

90年代の流れとしては基本的に、障害ある人ない人が共に働く事業所作り＝「共働事業所」ということでずっと組み立ててきた。それに対して、2000年に初めてイタリアの社会的協同組合という考え方に出会った。以前からその話は知っていたが、「たいしたことあるまい」と思いあまり調べる気にならなかったが、実際に内容を聞くと「ちょっと違うぞ！」となり、イタリアからゲストを呼んだり、われわれがイタリアへ行ったりと交流を重ねた。その中で日本でいう三障害だけにこだわらず、様々な社会的ハンディをもった人たちの労働参加を活動の主軸に置いていることが、われわれが思っていることと重なった。

実際、共同連の現場の中でも障害がある、障害がないではなく、なかなか働く場を持てない困難をもった人たちが散発的に活動しにきた。われわれは排除することなくともに活動をしてきた背景もあった。絶えず障害があるかないか

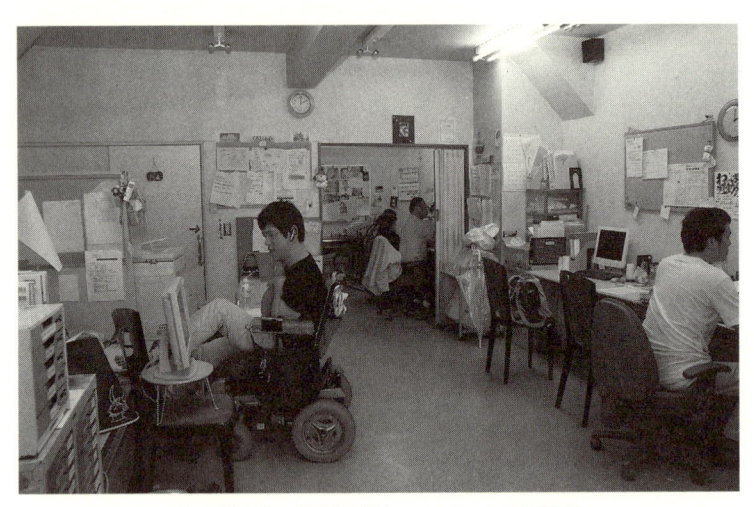

わっぱの会　生活援助ネットワークの事務所

だけが視点にあったので、そういう点はあまり意識してこなかったが、これからはそういうところを意識していこうと。

　私たちの場の問題としては、どうしても大勢の障害者がいすぎるという問題をもっていて、一般の作業所では、障害者が10人いたら、障害のない人がせいぜい3人くらいまでとなっている。われわれの場合も障害のある人が健常者よりも少ないということはまずありえなかった。大勢の障害者がいることが前提とされていた。それが、イタリアでは逆に障害者は30％でいいし1/3くらいしかいない。しかもそれは三障害だけでなく、様々なハンディを持つ人をさすので、三障害の人の割合は少なく、健常者の割合がとても大きくなるのである。

　イタリアでは「こうすることで、社会的な目的と経済的な目標を一体化させているんだ」という説明を受けたときに、われわれも、三障害以外の人々と一緒に働くことなしには望む方向は切り拓けないだろうと「共同連がめざすものは、この社会的協同組合のようなものである」と考えるようになった。と同時に彼らと志向している意識としては同じなんだと共鳴した。ただ、障害者の労働参加についてはわれわれの方が一歩二歩も上を行っていると思うが、社会的な在り様としては彼らの方がはるかに優れている。共同連の方向性を21

世紀を見定めて、ここ2・3年の大会では従来の「共働事業所」に加えて、新たに「社会的事業所」運動を提起してその方向をうちだしてきた。
　その中で現在、社会的な不安定さが高まり、各方面で新たな働く場のイメージが膨らんできていると思うので、そういう意味では好機であると感じている。
　社会的事業所ないしは社会的企業の法制化については、長年、ずっと周りの障害者の関連の団体などにも「一緒にやろう」と呼びかけてきたが、なかなかつながることはなかった。結局は様々な活動、運動は福祉にからめとられてしまい、変わるべき制度というものを提示しなくては変わりえない国であると感じている。
　しかし、新たにそのような制度をつくるのは非常に苦手でなかなか思考転換できない国なので、そこを踏み出さないといけないと。単なる「がんばりましょう！」という呼びかけでは変わらないと思っているし、制度改革は法的裏付けをもってやり、すぐできるかどうかは関係なく、それを大きく掲げて闘わないと進まないだろうというように思っている。

——福祉の仕事でがんばって活動している人たちのなかには、今の福祉の制度の中で足りないところがみえてくるから、それをどうするかということがまず先決という話がありますが。

　そういうことを言っていてはまったく何も変わらない。要するに福祉というものがもともとは資本主義の社会の中で脱落せざるを得ない人たちへの保護対策であって、そういう社会福祉の典型的な性格は永遠に変わりようがない。つまり、それがどんどん膨らんでいくということはありえない。障害者の福祉は、老人の福祉と並んで大きな焦点になってくるのでそれなりに力を入れざるを得ない。それは障害者として、保護の対象として「生きてくれる人」に対する福祉であって、障害者として「生きない人」には援助などしない。障害者が犯罪者やホームレスになり、障害者としては生きていない人は放っておかれる。そういったところにまでどんどん福祉の網は拡大していって、いろんな意味で救済されていくんだという発想は、社会慈善家としては一向に結構だが、社会福祉政策の本質を全く誤って受け取っていると思う。今それがどんどんほころび

が出てきているので、福祉を充実して解決する方向性はまずありえないだろうし、そういう社会の根本的な構造に対して挑戦していくような運動なり、大きな社会の流れをつくらなければ、厚生労働省の現行の福祉の施策すら前に進んでいかないと強く感じている。

　障害者福祉の世界では、家庭があって、本人がこの社会でなかなか働く場がない、そういう人たちに一定の所得を保証したり作業を与えていたり、というレベルで福祉というものは存在している。それ以上のものは絶対に追求しようとはしない。

――福祉に代わるものとしての社会的事業所なり、社会的企業というときにその特徴みたいなものは「ワークフェア」でしょうか。

　小泉政権あたりから非常に強調されてきて、就労支援型福祉という言い方が用法的にはひろがっていないが、就労できない人たちに対する支援策としてあった。しかし、福祉に金をかけたくないが故に、福祉対象者を就労させることによって福祉予算を切り詰め、増大化を防ぐみたいな発想がでてきているので、それはいわゆる福祉国家としての行政責任みたいなものは追及しないという方向性の中で、企業の中でできるだけ、企業活動の中で吸収していくという路線でしかない。

　もともと企業活動というのはそういう人を排除することによって経済的な営利を追求してきたわけだから、いくら政府が号令をかけても一時的な現象にとどまるだけで、結果的に政府がそういう人たちの所得保障を考えているというポーズは単なるアリバイとなって、政策としては企業がやさしくなって、そういう人たちにどんどん門戸をひろげるなんて絶対にありえない。

　現在一般企業や営利企業がもっている価値観とは異なる労働体系を作りださない限りは、そういう人たちは「就労支援」といわれ続けても就労できるというところまで広がらない。就労支援型福祉という今の小泉、安倍政権の施策は完全に一過性的なもので、その問題点は徹底的に追及していく必要がある。

　共働事業所も、結局「障害者を働かせようとしているのは同じではないか」という歪んだとらえ方をされてはとんでもない。ただ、障害者運動の世界には

障害者は働けないと当然のように思っている人たちも多く、重度の障害者は働かなくても生きる権利を主に主張する人がいる。それはそのとおりだが、働く権利もあるということも主張すべきである。そこに着目せず、小泉、安倍政権以来の就労支援型福祉と同じように、共働事業所も障害者を就労へと歪めようとしているという反発もあるが、そこは違うということはきちんと捉えておかないといけないと思う。ワークフェアということではなくて、初めから労働から排除されてきた人々に、労働を取り戻すことが中心である。

──要は働き方の問題ということですよね。

　労働そのもののもつ本質的な意味を問い直す作業でもあると思う。今働くとは何のため？　それは稼ぐためであって、また、金を稼いで良い生活を送るため、というところに短絡している。働くというのは人が生きるための手段であったが、それだけでなく人がやはり社会の中の一員として自覚をして、人と様々にかかわり合っていくという中心軸にやはり労働があると思う。ただ、それがどんどん産業革命以降歪曲されてきた歴史がある。機械のもとに人間が奉仕をする労働が中心になってきた。人間的労働を取り戻していくというような取り組みとして位置づけないと、全く意味をなさない。

　今の労働の在り方に障害者をはめこむという発想では、実際それは不可能であるし、障害者を排除して成り立つ労働とは何か、と問いかけをすることで、障害者が一緒に働けることを保障するには、労働のあり方やそれを許す社会の在り方を追求するというような組み立てをしていく必要性がある。と同時に、逆に社会が成り立つのかという問いかけにぶつかると思うが、それは確実に今の富をもっと人が生きるために公平に分配、配分すれば十分可能であろうと思う。その富の多くは無駄な労働力とその結果としての消費という側面が強いので、今の企業活動に全く対極的な活動を追求することは、何も夢物語ではないと思う。われわれとしては社会的企業という言葉は日本にはなかなか定着しにくいのではないかと思って、「社会的事業所」といってる。事業というとあまり特定のイメージがないので営利でも非営利でも事業なので入り込みやすいのではないか。

わっぱの会　パン製造・販売の「ワークショップすずらん」

——社会的経済について、社会的経済は日本にあるかということですが。

　ヨーロッパの場合、イギリスでは労働党、フランスでは社会党みたいなのがしっかりとあって、労働組合もあってそれが協同組合や共済組合も含めてゆるやかな連帯をつくっている。それが社会的経済の実態となっているが日本では村山が首相になった途端に社会党がつぶれたりとか、総評が連合になったりとかで、社会的経済みたいなものが実態的に形成されていない。現場では社会的経済という概念は考えたこともないし、聞いたこともない。社会的協同組合と出会った以後も日本にそんな言葉は入ってこなかった。だから急に言われてもわけが分からない。

　日本の場合、労働組合は企業単位で作られているという在りようで、労働者の福祉が企業による福祉となってしまっている。福祉国家の中の行政による福祉の欠落部分を、企業による福祉で埋め合わせしてきた。日本の福祉は独自的な在りようなので、かなりヨーロッパとは違う。結局行政と企業に全部からめとられていて、サードセクターが全然育っていない。その中でようやくNPO

が生まれてきた。しかし、NPO法をつくる時にもめたように、あくまでボランティア活動とされ、経済活動ではない活動としてとらえられているので、労働組合の流れからも、民間団体の取り組みからも、社会的経済というのは育まれていないという歴史的な経過がある。

フランスでは伝統的な社会的経済があって、それに対して新しい社会運動には違和感があって連帯経済という概念がうまれてきている。日本に社会的経済という言葉が位置付いてないので、それに対抗する乗り越える概念である連帯経済は今必要ないと思う。

これからわれわれがどう表現していくのかが問題ですが、日本の歴史の中にはない概念なのでこれから作り上げていくものとして行政によるセクターと企業によるセクターにかわるサードセクターの総称としてどう呼ぶか、ゼロからの創造ですね。社会的経済というのか連帯経済というのかもっと違う言葉で表すのか、それこそ、われわれの共生型経済というのか、それは自由につくっていいと思う。

本当に表現は難しい。障害者の世界でも「一般就労」があって、それに対して「福祉的就労」がある。それをわれわれは乗り越えるために「社会的事業所」という概念を提案している。もともとヨーロッパでは「保護雇用」という言い方（この「保護」と訳したことがちょっと問題であるが）は、要するにシェルタードエンプロイメントという言葉で「一般雇用」に入れない人たちに対する雇用の形態として「保護雇用」があったが、日本の政策ではそれは否定してきたので、結局福祉活動に就労をくっつけて「福祉的就労」となった。それは労働でもなんでもないような中身しかない。福祉的就労から一般的就労移行させていくことを「支援就労」といったり、福祉的就労を担っている団体が自分たちの雇用の在り方を「社会就労」と言ったり、みんな好き勝手言うので概念を言葉で整理するのは非常に難しい。

——社会的企業を推進しようと思ったら、福祉的就労から一般就労への移行への批判が問われますね。

そうですね。福祉的就労から一般就労への流れではなくて、福祉的就労でも

なく一般就労でもない。「第三の道」と言い方をしているが、そういった概念を提唱していかないかぎりはきちんと発展していかない。「第三の道」というのは具体的には社会的事業所である。一般企業で働くのか、働くのをあきらめて福祉の世界に満足するのか、二者択一しかないのが日本の障害者の状況なわけで、それに対して第三の選択肢として新しい働き方があるのだとこれまでも提示をしてきたし、これからも障害者だけでなくて社会に矛盾を感じる人の共通の課題として提示をしていきたい。

——協同組合陣営からしてみれば、協同組合地域社会という構想を土台にしてその中でいろんな事業所が協同組合としてできてくる。

　そうですね。日本の場合協同組合は社会的にインパクトが弱い。とりわけ協同組合と言えば、農協か生協かとしか位置付けてこなかった。農協なんかは当初の理念は別としても今やとんでもない組織になっていて農業の本当のあり方を妨げる組織でしかない。生協はまだましだけど、今や小売業界の中でどんどん営利企業化していく側面が非常に強くなってしまっている。そして今、協同組合だと言われても意味があるのか？　それを信じられる意識というのはなかなか生まれてこないだろう。まさに、日本では労働者協同組合がなかったから今法制化しようとしている。労協はすぐできると言っているが、思想的な対立を見ていても、簡単にこれが自民、公明の与党の考え方と簡単には合わないだろう。協同組合を中心に社会を考えるという発想は日本にない。協同組合のあり様が本来の趣旨からいって、われわれの思いと共通するというのはそのとおりだけれど、でも ICA という協同組合の組織そのものが本当にがんばっているのかと言えば、立派な原則を立てられるが、実態はそれとは離反している。協同組合は単なる一つの道筋でしかなくて、協同組合を立てることで第三の道が提示できるというわけでは全然ないだろう。一部を除いて協同組合の一人一票原則が形骸化して、民主主義が育っていない。
　個人が単位として大切にされ、個人と個人がどういう関係を取り結ぶのかという関係性の原則が重要で、ただ単に「一人一票でみんな平等ですよ」というのではない。関係性に通じた人が社会的事業所、あるいは社会的企業としての

展開をどう作り上げていくのか。個人を生かして従来の組織原則ではない集団をつくりあげるか、これが問題だ。

　一般企業なら店長が上で、みなが店長の指示に従って働くということが当然という価値感がある。障害者、困難のある人の主体性を尊重していくにはそのようなあり方では育たない。中心になってがんばっている人が、小使い的に支えて働いていかないと、うまく関係が廻っていかないという実態がある。関係のあり方での営利企業と社会的事業所との違いはいろいろ出てくると思う。

――社会的企業を推進する時に公的な支援をどう位置づけますか。

　基本的に事業としてやろうということが中心にあるわけで、それは営利企業とは対極的で競争を勝ち抜くという同じ理念に立たずに、そういう事を否定しながら、なおかつ経済活動として成り立たそうとしていくならば、残されたのは市民との連携、市民からの支援、行政との連携、支援を組み合わせることによって単なる企業の営利活動ではない事業活動が可能になる。知恵ややり方を作りだしていかないといけない。まとまったお金を握っているのは行政なので連携して、一つは補助金というスタイルがある。しかし、従来の福祉は補助金に頼ってそれのみでしかやってこなかった。社会的事業所は違う角度からのアプローチとなり、行政の持っている仕事の提供を活用する。従来の福祉のあり方とは違う発想で、逆に事業活動そのものを豊かにする。補助金をもらうよりもはるかに仕事の発注を受けるほうがより豊かである。行政からの発注も行政が本来やってきたことを委託されるということもあり得るが、さまざまな形で仕事興しをやっていくことがこれからの大きな柱だ。

　もちろん補助金自体も、働くことが困難な人たちへの直接的経済支援として当然のことで、補助金もある程度追求していくべきである。それは単なる営利企業にはないもので、それを武器にして活用していかないといけないだろう。イタリアの社会的協同組合などはある程度歴史もあるのでいかに公的な依存を減らすかと話をされていて、われわれは依存というよりも元々そういうものがないのだから、もっと行政から引き出していくべきだ。

　その際に行政を説得するのも簡単な話ではない。権力・体制の側は財政的に

困難だと言っている。社会福祉削減を「それでよし」とするのではなく、その中でより有効に財政を活用していく。それは単にばらまきではだめだというのは誰も納得する。一定の金を使って、それを基に事業を活発化して有効に活用していく。簡単に誰もが納得する理屈だ。行政が新たに金を増やすのではなく、今までの出し方を改めて社会的事業所にお金をつかう。福祉予算もきびしくなったといっても、お金は使っているわけだ。それでも障害者の仕事興しには全くつながっていかないお金の使われ方なので、それを改めるという説得力ある提案だ。同時にそれが貧困の問題、若者の失業の問題を含めて対処する力がある。いろんな財政を活用して従来の福祉の充実にもなるし、切り捨ててきた部分をカバーする事になり、いろんな肉付けもできて行政とも協働できる。

——**障害者自立支援法の見直しと、社会的事業所の法制化ですね。**

　行政にこれまでの使い方を転換させる必要を自覚させる。新たに金を出せといっても出てこない。限られた財政を、どうより有効に使うのか。ただ、今出している金も「必要で出している」と言い「そう簡単には削れない」と言われると思うのでそう簡単ではない。
　その場合、障害者自立支援法の見直しと連動する。自立支援法の障害者の就労支援型福祉の名の下に、福祉就労の現場の工賃を倍増させる計画と、福祉から雇用へという事で福祉に滞留している人を企業・雇用に引きずり出す二つの計画がある。そのために新たな予算を立てている。ただ、福祉の中で工賃倍増と言っても簡単ではない。ある現場の話だが、自立支援法の工賃倍増策の定番で、施設管理コンサルタントを呼んできて経営講座やっているが「やっても仕方ない」と分かっているので、参加者が全然集まらない。そんなことに金だけ使う。動員かけてやって仕方なく行っているので「腹が立つ」と言っている人もいる。
　就労移行事業を全国で数万人くらいの規模で、従来の施設を転換させようとしている。その事業は障害者を一般企業に就労させることが目的となっている。厚生労働省の狙い通り就労移行支援事業に入る施設数は増えているが、それは作業させて工賃を払うより、企業就労へ押し出す事業のほうが報酬が高い

からだ。実際は企業就労への支援をする気もないし、ノウハウも経験もない。補助金（給付費報酬）欲しさで報酬の高い事業に移行している。就労移行した人がこれだけでしたと報告されることは目に見えている。もうすでに無駄な使い方が自立支援法以降、加速化している。実態レベルでは大いにわかっていると思うが、財政を有効に使えるように追求していかないといけない。

一般企業が受け皿といっても現状の雇用情勢では、「結局無理」という事になる。就労移行支援するというのは、本人に努力させるというだけではない。本人が行けるような場を用意しないと一向に広がらない。その有効な場が社会的企業なのだ。一時的にどんどん送り出しても、たとえば精神障害者の方々が一般企業にどんどん就労したとしても、結局病気が悪化して帰ってくることが懸念される。

ただ、やはり行政が金を出しやすくするためには、国の法律制度ができるというような方向ができれば全体が動くと思うが、日本の場合、自治体ごとに踏み出していくとなると財政的に限られてくるだろう。たとえば滋賀であったり箕面であったり、障害者の施策だけでも実施されている地域が限られているので、ましてもっと大きな社会全体の在りようを問うていくことになると、各自治体に決断せよと迫っても厳しい。ちょっとした制度の運用などでは財政を動かすことはできたとしても、それを大きく加速する意味においては、法律制定は大きな意味をもつだろう、というのは財政上からも言える。何とかして社会的事業所・社会的企業の法制化を実現していきたい。

斜に構えず、覇を競わず、地域に溶けて

―― 就労支援とまちづくりにかけて

株式会社ナイス代表　冨田一幸
（2008 年 10 月 28 日実施）

※株式会社　ナイス　http://www.nice.ne.jp/
* 設立　1997 年
* 関連団体
  ・エルチャレンジ（大阪知的障害者雇用促進建物サービス事業協同組合）
  ・都市公園管理共同体
  ・まちの花屋 Bon（有限責任事業組合 Wac- LLP）
  ・WEP=NPO（NPO 法人福祉のまちづくり実践機構）
* 事業内容
  西成区を中心に生活に密着したまちづくりを目指し、コミュニティーレストランや銭湯、薬局、介護用品レンタル、リフォーム、IT 事業などを展開。営利部門だけでなく、非営利部門として「くらしの応援室」を設立。
* 事業高　ナイス単体：約 3 億円　関連団体全体：5 億円

――事業所の簡単な歴史についてお伺いします。

　うちの会社は、Nishinari InnerCityEnterprises で NICE、つまり、西成のまちづくり会社という意味です。1997 年設立で、11 年前になりますが、その頃、ソーシャル・エンタープライズもソーシャル・インクルージョンもまったく知りませんでした。会社とは言っても、「他人のふんどし」といいますか、「協同事業」によって、小さな会社が大きな仕事をしていく、という発想で始めたんです。ナイスと建設会社とで合資会社をつくり住宅リフォームをやったり、母子家庭のお母さんたちと在宅ワーカーズをつくったり、障がい者と一緒

にチャレンジドという福祉用品の店を始めたりしました。いまでは、それらはナイスの事業部になっています。最近ではLLP（有限責任事業組合）をつくって、釜ヶ崎のど真ん中で花屋をやっています。つまりは、ナイスは、一人で何かするというより、一緒に何かをする仕掛け人、エージェントみたいな会社というつもりでいたんです。

　この協同事業の着想で一番うまくいったのが、1999年につくった、障がい者雇用のための事業協同組合、エル・チャレンジ（大阪知的障害者雇用促進建物サービス事業協同組合）です。エル・チャレンジというのは、今から定義づければ、社会的企業の一形態としての「中間労働市場事業体」みたいなものですね。つまり、公共の施設清掃を随意契約で受託して、これをいわば「中間的」あるいは「媒体的」労働市場として、就労支援に活用し、「通常労働市場」へと誘導していく仕組みですね。ボクは、これを「施設なき授産」とネーミングしていました。この着想を、知的障がい者の親たちが組織している手をつなぐ育成会という社会福祉法人などに提案し、また、当時から財政難で、障がい者雇用はやりたいけど「ない袖は振れない」と困っていた大阪府にも提案したのです。その意味で、ボクとナイスは、チェンジ・エージェントですね。このエル・チャレンジが、通常労働市場でのしかけへと広げたのが2003年からの大阪府や大阪市の入札制度における「総合評価入札制度」で、これが大きな注目を集めたわけです。

　この協同事業の着想は、後に、都市公園管理共同体（JV）へと広がりました。NPO釜ヶ崎支援機構とビルメンテナンス企業のJVで、2006年、大阪府立の住吉公園と住之江公園の指定管理者に挑戦し、受託に成功しました。また、2009年からは、河内長野公園も受託することができましたが、これは、ビルメンテナンス会社とナイスのJVです。ボクは、当時ホームレスが急増し、公園にブルーテントが林立し始めたのを見て、「公園で寝てる人から、公園で働く人へ」というコンセプトで、指定管理者への挑戦を企てました。エル・チャレンジも、都市公園管理共同体も、いまから見ればソーシャル・ファーム、つまり、労働市場で不利な立場にある人々への就労支援事業体ではないかと思いますね。ボクの自我流の解釈では、ソーシャル・エンタープライズもソーシャル・ファームも社会的企業には変わりないが、前者は社会的なビジネ

株式会社 NICE 自社のマンション・増井マンション

スに重点を置き、後者は障がい者など雇用に重点をいているという意味です。ですから、ボクは、ソーシャル・ファームを「就労支援事業体（会社）」とイメージしています。

　ボクが手がけようとしたのは、この就労支援ということと、もう一つ、西成のまちづくりです。従来の都市再開発とは違う、「住民参加型まちづくり」ということです。行政に任すのではなく、パートナーシップで、都市課題が集中した西成のまちづくりをやっていこうということです。ここで言う「西成」と

は、釜ヶ崎ではなく、国道一つ隔てた日本最大の同和地区とそれを含む三つの小学校区からなる地域のことです。ボクは、そこのまちづくり委員会の代表を最近まで務めていました。

そのまちづくりで最大のテーマだったのが、老朽民間賃貸住宅の更新でした。ボク達は、これをクリアランスして市営住宅にするのではなく、民間の共同自主建替を選んだ。古いアパートを建替えても、家賃が高くなって、そこに住む貧しい人々は放り出されてしまう。それでは、悪循環は変わらない。そこで、家賃差額の3分の2の公費助成を打つと、20年間でも500万円（一戸あたり）くらいしかかからない。公営住宅を1軒立てると二千万円（一戸あたり）かかり、ストックとしては公の財産になってしまう。民のままだったらストックとしては、地域の財産として残っていくということで、これを西成発の住宅事業の「第三の道」と称して推進してきました。その過程で、ナイスも民間ディベロッパーの一人として、自社のマンション建設にも手を出したのです。これで、ナイスは、エージェントであるだけではなく、自ら事業者にもなった。プレーイング・マネージャーです。

ボクは、まちづくりを、「都市(まち)の経営」、とくに部落差別や貧困という課題を抱えたインナーシティの「経営」をやりたいと思ってきました。ですから、まちづくり委員会をつくったり、社会福祉法人、財団法人、医療法人、ワーカーズコレクティブなど、都市経営のための組織論にも関心を持ってきました。㈱ナイスは、その組織論の一つですね。

ボクの「社会的企業論」というのは、およそ自我流です。必要なのはチェンジ・エージェントだと思ったんです。エージェントには株式会社がいいと思ってナイスをつくった。1997年ですから、まだNPO法はなかったという事情もあります。でも、ディベロップメントもできるという意味でもNPOより株式会社で良かったと思っています。後に、イギリスのCAN（コミュニティ・アクション・ネットワーク）に触発されたのも、そのエージェントとしての側面でした。柔軟な着想で、ビジネス界の人たちと社会運動の人が知恵をもちあって、それぞれのファクターの良さを出そうとしているのが非常に魅力的でした。

――コミュニティ・バンクはどうなっていますか。

　大言壮語みたいで、ちょっと恥ずかしいのですが、「ツルミン・バンク」と銘打って、西成にコミュニティ・バンクをつくろうとぶちあげてしまいました。ボクのバンク構想は二つの領域を併せ持っていますが、いずれも、西成の事情に影響されています。
　一つは、「貧困ビジネス」に抗する「社会的ビジネス」、コミュニティ・ビジネスを育てるということです。西成区は、約25000人の生活保護者がいて600から700億の金が毎年拠出されているにもかかわらず、福祉は「空洞化」して、金がどっかにもっていかれて、いわゆるブラックマーケットができている。その流れをひっくり返してソーシャル・マーケットとして変える力が要るのです。変える力を育てるための資金調達機関が要る、そのモデルがグラミン銀行です。通常でいうコミュニティ・ビジネスというより、もっと身近な意味で福祉が好循環する地域経済をめざしたいという着想です。
　それともう一つは多重債務問題です。労働組合もない、正規職員でもない人がたくさん働いている時代になってきますと、ボーナスもない、月給でもないから、高い利子の民間ローンに借金せざるを得ないという状態が起こってくる。それが結果、少額多重債務、つまりわずかの金でたくさんの利子を払っているという状態が生まれる。これをなんとかしないと、自立支援というのは絵に描いた餅になる。とくに少額多重債務の支援（スイッチ・ローンなど）を通じた自立支援をやりたい。それは、貧しい人、困難な人たちを助けてあげるというのではなく、その人たちの生活設計を支える、ロングランな支援ということです。ある意味、中小企業やビジネスをやりたい人の経営設計を助けるというのと同じではないかと、考えてきました。
　基本的には世界観、社会観を育てるというような、ようするにものの見方や考え方、社会に対するとらえ方や倫理を育てることと、金を調達することが背中合わせでないと、金だけ調達しても、逆に倫理だけあったってうまくいかない。そうなると、ソーシャル・ファイナンスというしかけは欠かせないと思うのです。
　ボクは解放同盟の支部長もしていますが、ご存じのように大阪の解放運動で

不祥事があって、われわれの金の流れに非難があつまっていました。私は、同盟員から同盟費をもらう以上、たとえ5〜10%でも社会的意味を持たせたいと考えました。運動に使われる人件費や宣伝費だけに費消しているだけでいいのかと。さっそく「支部共済」を始めたのですが、労働組合ではあたりまえのことですが、地域運動では珍しいことでした。同盟費の一部を、同盟員どうしの互助に向けるというのも必要ではないか、国家でいうと福祉予算みたいなものと説明しました。もう一つは国際協力じゃないけど、世界のためとか、社会のために使いたい、同盟費の一部をソーシャル・ファイナンスにもっていけないかと考えました。世間からバッシングを受けたいまこそ、逆に、消極的なものではなく、金の流れを明朗会計にして、運動のすがたかたちを示していくことが必要ではないかと思ったのです。解放同盟の同盟費をソーシャル・ファイナンスとして活用する、同盟員のひとりひとりが出資者になれるというところから、同盟という組織が生き返るではないかと考えました。

　ただ、西成支部から始めた同盟共済は、部落解放同盟大阪府連の方針になって「エコー共済」になりました。また、かって部落解放運動の要求から生まれたヒューファイナンスという「預金なき銀行」が、橋下改革の下で、刷新を迫られ、ソーシャル・ファイナンスという選択肢もあるという議論が起こってきました。多重債務者に対するスイッチ・ローンの議論も起こってきましたので、西成のツルミン・バンクのアイデアは、うまくいけば、広がりを持つことができるかもしれないと期待して、バンクの事業開始をちょっと待っている段階です。

――社会的企業を意識するのは大体いつごろですか。

　さて……いつ頃でしょう。就労支援の領域では、2003年に総合評価一般競争入札制度が始まった頃ではないでしょうか。西成のまちづくりの領域では、2004年の頃ぐらいでしょうか？　ナイスが土地を購入してディベロッパーになろうと考え始めた頃でしょうね。そして、2006年の夏には、イギリス、イタリアに視察団を出して、ホンキになった、ということでしょうか。

　エル・チャレンジは、ビルメンテナンス事業を通じた障がい者雇用の促進がテーマですから、その頃の、この業界、市場の動向に影響を受けるわけで、そ

こで、われわれの「対案」、そして、その対案をカタチにしていく「主体」が求められた、ということですね。対案は、「総合評価一般競争入札制度」で、主体は、エル・チャレンジが「就労支援事業体（ソーシャル・ファーム）」に飛躍することだったわけです。

　新自由主義の一つの姿が、公共物件の清掃の委託事業における価格のひどいダンピングだったんですね。事業者もダンピングしたくないし、行政も良質なサービスを得られない。労働者は、最賃も労基法もあったもんじゃない。ましてや障がい者雇用などは夢の夢という状態だった。ホントにひどい状態だった。この状態に対する対案、それが、入札制度改革、総合評価一般競争入札制度の導入だった。総合評価一般競争入札制度というのは、簡単に言えば、これまで価格だけで決まっていた評価を、技術や公共性をも含む総合評価にしたということです。つまり、価格至上主義にNO！の声をあげた、言い出しっぺは障がい者雇用関係者だった、これが一つの「画期」ですね。

　そして、公共性の一つの評価項目である障がい者雇用について、ボク達は、従来の法定雇用率とは違う、障がい者雇用は「罰するより、競う」というコンセプトを出した。つまり、法定雇用率を達成しているか否かではなく、発注物件で、どれだけの障がい者を雇用し、定着させるかの企画力を競うというやり方です。その結果、発注物件では、「5人に1人は障がい者」という高いハードルが設定され、障がい者雇用は、「企業力」のものさしになった。つまり、総合評価入札に勝ち抜くには、法定雇用率を守ってるぐらいではダメで、企業に、もう一つ上の段階への飛躍を求めたということです。これが、二つめの「画期」でした。こんな画期的な制度が受けいられるか心配もしたんですが、数年を経て、もちろん大阪だけ、清掃だけですが、それなりになじんでしまった。

　つまり、この世の中を市場原理だけで説明できるはずはない。市場のコントロールというか、市場と協同が調和された社会というようなイメージが必要で、それを入札制度で描こうとした。そうすると、いままでとは全く違うような「画期」が出てきて、それによって、着想そのものも変わっていった、そういう「循環」ですね。そういう循環（悪循環から好循環へ）こそが「対案」だったわけです。

　そして、もう一つは、「主体」の問題です。エル・チャレンジは、何故でき

たかというと、なんでもかんでも競争が良いわけではない。ある時には政策的に競争を排除してでもやらなくてはいけない時期があるといってきた。それが政策的随意契約という意味ですよね。そうしないと障がい者雇用は進まないし、「ない袖は振れない」の状態の行政も福祉ができないということだった。そこで、政策的随意契約の受注団体が「なぜあそこなのか」いうことに答えられないといけないということで、エル・チャレンジという中小企業等協同組合法に基づく事業協同組合を作りました。社会福祉法人と株式会社の事業協同組合だったものですから、当時の通産省から認められないわけです。それをどうやって認めさすとなった。当時、介護保険を間近にしていましたから、社会福祉法人も行政の下請けだけやってたらいいという時代ではなくなったと、訴えたわけです。つまり、「福祉からの脱却」を試みた、それが先駆だったということです。「あんたとこだけうまくやるね……うまいこと仕事とる……」ではない、まだおぼろげだったけど、ある種の社会的な流れというか、法則にエル・チャレンジは乗った、流れを引き寄せたということです。つまり、「福祉」と「市場」だけで障がい者雇用は進まない、もう一つの選択肢、「主体」を打ち立てたわけです。それは「就労支援事業体」という「主体」です。ボク達は、そうやって社会的企業へたぐりよせられていったということです。そして、それから5年、今度は、競争入札にもコミットした、それが総合評価入札です。つまり、「雇ってください」から、「やっていこう」という市場との関係での立ち位置を変えたわけです。そうすると、エル・チャレンジは、企業でもない、福祉でもない、いったい何者？となるわけです。社会的企業とか、ソーシャル・ファームとか、そういうものへと関心が傾いていったということでしょう。

　西成のまちづくりで言えば、2000年頃にはそういうことをいろいろ考えてましたね。いわゆる市場と、政府、そして、もう一つの第三の仕組みを。いくら、共同建替え事業での融資制度や家賃補助制度をつくっても、悪循環の流れにある西成のまちに、ディベロッパーはなかなか現れない。かと言って、もう同和対策事業に引き返すこともできない。行政はどんどん撤退していく。だから、介護事業にも、医療事業にも、自らコミットしたい、主体者にもなっていかないと進まないというと感じていました。それが、2003年の頃から、元厚生省の社会援護局長だった炭谷茂さんに誘われて、「日本型CAN研究会」を

つくった。そして、ソーシャル・インクルージョンという理念とか、ソーシャル・エンタープライズという主体に傾斜していったというわけです。

——この街で活動していると自然発生的に社会的になる。

　ええ、NPO釜ヶ崎支援機構もそうですね、キリスト教の人たちや社会運動家などが、あんなに長くがんばれるのは、この街のことを愛してないとできないですよね。市場経済だけで解決しない、また、法制度がいかに冷たいか知っているから、政府と市場と、もう一つ、ボランタリーで成り立っているという理解がすすむ。ボランタリーが、だんだん協同という概念に成熟していくんでしょうね。ボクたちの街は、この三つのファクターのバランスがよくないとやっていけない、バランスを欠くと、住民が被害をこうむる街なのです。都市という社会の中で、貨幣を得る手段を制限された人々や孤立した人々は時に甚大な被害を受けてしまう。協同ファクターが弱い日本では、それが極端な格差になってしまいます。ロンドンのブロムイ・バイ・ボウという下町やイタリアの小都市での、ソーシャル・インクルージョンとかソーシャル・エンタープライズ、あるいは社会的協同組合というのは、西成のまち自身の再生のヒントになりました。また、ビルメンテナンス業界もそういうところなんです。徹底的な下請け構造ですから。それに、労働者の大半が社会的困難者なのです。まともな賃金を受け取れない、全部1年契約なんですから。事業所も1年契約で受注する仕事では、労働者を長期契約できないわけです。そういう産業は、われわれの考えにもシンパシーを感じてくれる。最初は商売が荒らされると抵抗されますが、ダンピング競争してもなんにもならないと、みんな分かってくる。法定雇用率1.8％も、大企業の1,8％は大変でしょうが、中小企業ならそんなに難しくない。だから、逆に中小企業は、障がい者雇用をビジネスチャンスにしていく、そこから、発想を変えていく。そういうことにシンパシーを感じてくれる企業が広がっていったと思います。

　ボクはよく言うんですけど、民は儲からないと動かない、公は法や制度がないと動かない、しかし、儲からなくても、法や制度がなくても、社会問題は解決しなければならない。解決しようという人間の行動が生まれてくる。ボクた

ちの西成には、こうした人間の行動、実践が豊富なまちだ。だから、ここから始まる、ということです。

——社会的企業のイメージについて伺います。

　「いい加減」がいいのではないかと思っています。三つの要素の、「湯加減のような、いい加減」な関係ですね、市場と政府と協同・ボランタリー。この三つの要素の交じり具合で、市場に偏りすぎたアメリカ、政府にやや偏っている日本、協同という色彩がいまやトレンディなヨーロッパとなっていると思います。そして、それぞれのブロックが、ある種の危機に直面した。アメリカは市場の危機、日本は政府の危機、ヨーロッパは「チャリティの危機」。そこから、アメリカでは、貧困な人々を「顧客」と再評価して、ネクストマーケットを発見した。日本でも、政府に傾きすぎた社会福祉法人などに警鐘を鳴らして「新たな公」という志向が出てきた。ヨーロッパでは、チャリティにビジネス手法ということで社会的企業が台頭してきた、そう感じています。そこには、市場と政府だけではない、もう一つの「社会」というファクターの再評価があるように思います。ボクの未熟な思考からすれば、社会的企業にそんなにダイナミックな力は感じません。だから、これからは「この道だ」とは思いません。しかし、政府か市場かと論じてきたが、小さいかもしれないけど、社会というものが交差しあって、新しい好循環をつくりだすかもしれないという期待を持っています。だから、ボクたちは「この道で」役割を果たしたいと思うわけです。

　振り返ってみると、ボクの社会的企業への志向は、二つの経路を辿ってきたように思います。一つは、実際の地域生活が求めている「こんなんあったらいいなぁ」という対案ですね。西成で活動していると、つくづく感じるんですが、市場は「這い上がってこい」と言うし、政府（福祉）は「身ぐるみ捨ててこい」という。そして、それに合わせたような倫理観、人生観を押しつけてくる。それでは「やってられない」となる。ボクが、このまちの再生力というか、住民の力を感じた最初は、団地の高齢者が孤独死した時、その団地のおばあちゃんが、食事サービスを勝手に始めようとしたのです。その時、彼女の口癖だったのが、「これからの福祉は、やってあげる、やってもらうではなく、

やっていこうだ」でした。いたく感動したものです。

　そこで、ボクたちは、部落解放運動やまちづくり運動、そして株式会社ナイスで、ほんとは、「こんなんあったらいいなぁ」と思っている潜在的なニーズをカタチにしようと企てた。見積をつくってくれる住宅リフォーム、公営でもない、かといって一般のマンションでもない共同建替住宅、利益を地域に再投資する薬局等々、ナイスは、そういう「こんなんあったらいいなぁ」を実際にやってみせた。ボクは、それが、政府とは違う、通常の企業とも違う、そして、NPOより持続可能で戦闘的な対案、それが社会的企業だとイメージしています。つまり、チェンジ・エージェントですね。㈱ナイスには「くらし応援室」という部署があります。ホームレス支援の街頭相談員をやってた人と縁があって、ナイスで働いてもらうことにした。「やってあげる、やってもらう」、つまり支援する側とされる側の二項対立に代わるステージを、株式会社の非営利部門として模索し始めた。この人と関係者の葛藤が映画『未来世紀ニシナリ』に描かれています。そして、この人は、今年から「楽塾」という学校を始めた。まさに、こんなんあったらいいなぁのヒット作品です。

　もう一つが「働きたい」という対案です。ボクは、2006年から2007年にかけて、厚生労働省調査へのカウンターレポートとして、支援団体による「もうひとつのホームレス全国調査」を提唱し、実践したのですが、その過程での東京のホームレス支援集会での、ある支援者の一言に目から鱗が落ちました。「支援団体はもういい加減、就労支援の就縛から解き放たれなければならない」という発言です。「就縛」という言葉にガーンとなって考えてきたんです。そういえば、ボクたちは、ずっと「働かなければならい」と「完全雇用」をモデルに生きてきた。たしかにある意味豊かさを手にいれたが副作用も生まれた。この価値観は、障がい者やホームレスをどんどん福祉の彼方に追いやってきたのではないか。労働運動も、賃金は高い方が良い、仕事は楽が良い、となってしまったのではないか、ということですね。そうではなくて、「完全雇用」に変わって、「フル」すなわちすべての人々が、「就業」すなわち多様な働き方で、共感しあうという「フル就業」をめざす。平たく言えば、「働かなければならない」から「働きたい」へという価値観の転換を企てる、それが社会的企業ではないかと思うようになりました。エル・チャレンジは、最初に「働く

意欲は、働いてこそ育まれる」というコンセプトで始まりました。いまでは、300人を超す障がい者を就職に導いたのは、このコンセプトを発展させて、「施設なき授産」、「できないことをできるようにする」ではなく「できることを探し、伸ばす」のが就労支援、障がい者雇用は、「罰するより、競う」等々、まさに、障がい者の「働きたい」に寄り添ってきた結果です。あるいは、都市公園管理共同体は、ホームレス支援を「公園で寝てる人から、公園で働く人へ」、そして、花屋のLLPは、「釜ヶ崎のまちづくりで、働く場を創る」です。いずれも、「働かなければならない」から「働きたい」への自己革新です。社会的企業とは、たんに多数の雇用を生み出すというだけではなく、この働く意味の再発見で社会的な統合を呼びかけるものではないかというイメージですね。

　もちろん、これらは、ボクの位置している地域や組織に影響を受けたものであり、必ずしも社会的企業の全体像を表してはいません。しかし、社会的企業には、㈱ナイスでイメージしてきたチェンジ・エージェント、つまりソーシャル・アントレプレナーという側面と、共同連の斎藤さんたちが長年追求してきた「共に働く」という両面を持っているというのは間違っていないと思います。釜ヶ崎支援機構のような「事業型NPO」や、労働者協同組合、ワーカーズ・コレクティブ、ビッグイシューなど、「共に働く」という側面を特徴とした社会的企業の方が多いので、ナイスのチェンジ・エージェントという意味合いはちょっと浮いているかもしれませんね。

　社会的企業は、株式会社の場合、企業に変わりないけれども、経営をできるだけ民主化して、利益を地域への再投資、社会への再投資にまわす。経営者の利益とか働く人の賃金（もちろん、低賃金で縛るということではありませんが）ということではなく、社会再投資にまわす努力をするということがポイントです。それとやはり社会の中における自分をしっかり見つめられる規範を持っていること。たとえば公害の問題だとかアジアとの関係だとか、自分たちが社会の中の一員であるということなどが判っているのか、つまり会社をひっくりかえして社会、表から見ると会社だが裏から見れば社会だというのを持っているかどうかということが重要です。

──社会的企業の課題はどのようなものでしょうか。

　まず、障がい者雇用という分野ですが、これまでわが国の障がい者雇用を代表してきたのは、法定雇用率と福祉作業所ではないでしょうか。福祉作業所については、斎藤さん達の共同連が一つの対案を出した。それが「社会的事業所」でしょう。法定雇用率には、エル・チャレンジが一つの対案を出した。それが総合評価入札です。総合評価入札の「申し子」みたいな企業に㈱美交工業という小さな会社がありますが、いまや障がい者雇用率は30％を超え、ホームレスや就職困難者を含めると過半数を超える多数雇用事業体なんですね。これこそ、日本の社会的企業ではないのかと思います。特例子会社より多数雇用事業所なんです。ボクは、さっき、エル・チャレンジは、就労支援事業体（就労支援会社）という「主体」となったと言いましたが、美交工業は、法定雇用率や行政の援助を受けずに多数雇用事業所という「主体」になった。ボクは、社会的企業の二つのモデルだと思っています。斎藤さんもボクも、障がい者雇用の分野で社会的企業をめざしていると思っていますし、社会的事業所と総合評価入札の両面から、障がい者雇用の「第三の道」というか新機軸を打ち立てていきたいと思っています。斎藤さんたちもそう思っているでしょう。そうすると、社会的事業所の法制化とか、総合評価入札の法制化といった政策的課題もテーマに押しあがってきます。政治へのスタンスというのも課題になってくると思いますね。

　もう一つの分野であるまちづくりの分野ですが、いま、公園管理を巡る攻防に直面しています。新聞でも報道されましたが、橋下改革の一つの出来事として、府立公園の指定管理者選考が大きく揺らぎました。４年前、（財）大阪府公園協会が占有していた18の公園の２つを都市公園管理共同体で受託して、手前みそですが、いわば「社会派」が風穴を開けた。ところが、昨年度の選考では、「市場派」が橋下知事に乗じて反撃し、選考結果をひっくり返した。そして、今年、公園協会受託の９公園で異例のやり直し選考となりました。お陰で、今回は価格重視に完全に傾いてしまいました。この逆風の中で、「社会派」の旗をどう打ち立てるか、苦慮しています。少なくとも、公園管理が価格、すなわち賃金の高い低いにねじ曲げられている。そもそも公園という社会的価値

の在りようを問うという攻防に持ち込めていないわけです。ここから戦線離脱した公園協会は論外ですが、ボクたちの力不足も否めません。ある種の政策活動、ロビー活動というのが重要になっているということですね。イギリスのCANを知って驚いたんですけど、アンドリュー・モーソンとか優れた社会企業家がいて、ブレア首相とのコネクトがしっかりしていて、非常に政治力があります。ボクたちは、例えば、入札制度とか、公園の在りようとか、ホームレス支援や障がい者雇用にしろ、釜ヶ崎や西成のまちづくりにしろ、重要な政策課題に手を突っ込んでいるし、一定のポジションを得てもいるんですが、いかんせん力不足です。正しいことを言っているから、やっているからというだけでは、社会的企業ではない。社会派というか、協同派というか、実現力を高める戦略的志向は欠かせないと思います。

——協同の政治への役割、とてもおもしろかったけど結局日本はヨーロッパと比べて、協同とか労働観とかいうところでアメリカ型に足をすくわれているというのがあるじゃないですか。そういう現実の中でどうやって提案し具体化していくのでしょうか。

　一つは政治へのスタンスだと思います。ボクは民主党の中に社会的企業志向のグループを作るべきだと思いますね。法律を作るには、やっぱり政党を使わないとできない。チャンスがあったら民主党に入ってやるべきではないでしょうか。外からいくら言ったってなかなか埒があかないですよ。それは韓国やイギリスを見てつくづく思いましたね。与党にも野党にもどっちにもガンガンやる人がいて、法律が通った。政党に対してもはっきりしたスタンスを出すのが早道で、公明党、自民党、社民党、共産党がいても全然問題ない。ただ、ある程度どこかが真ん中にならないとあかん、というと民主党になるんでしょうね。民主党政権の時代で社会的協同組合とか、社会的企業とか、協同労働のための協同組合などの法制化などというのをある程度まとめて、入札制度の在りようなども描きながら、めざすべき日本型の第三の道を、政治の世界で政党と絡みながらやる。ボクらではロートルだから、若い人たちをバックアップするほうがいいと思います。出し惜しみせず、がんばって応援したいですね。それ

から、社会的企業に固執しすぎて自滅しないことですね。市場に傾いたグループ、政府に傾いたグループともうまくやりながら、湯加減のようないい加減のスタンスが良いと思います。無理せずにゆるやかな関係を作っていくという努力をしていくのがいいのではないでしょうか。ボクも長いこと社会運動をやってきて、反省も込めて、最近こういっているんです。「斜に構えず、覇を競わず、地域に溶けていく」。

　もう一つは地域社会（ガバナンス）へのスタンスです。自治体や地域で、あるいは業界で、こんな風にしたらいいというモデルをつくることです。ボクだったら西成やビルメンテナンス業界です。町内会の人も、商工会の人も、政党の人も、われわれのグループも、でしゃばらず、うまく調和をとりながらやっていく、そんなモデルを地方、地域でつくるということです。「新たな公」が提唱されて、いわば官モデルとして「地域福祉」が推進されてきましたが、ちょっと型にはめ過ぎです。NPO釜ヶ崎支援機構というのは、社会福祉協議会や町会の役員、社会福祉法人にキリスト教関係者、部落解放運動（ボクはこの立場で理事になっていますが）、そして社会運動や労働運動関係者がうまくまとまっていて、これまでにはなかった、ある種のガバナンスを形成していると敬服しています。また、エル・チャレンジも最近では大阪ビルメンテナンス協会との関係がうまくいってて、俄然、全国からの注目が集まりだしています。ボクは、コツは「いい加減」だと思っています。障がい者やホームレスの人たちの主張が響きあう社会、適当に批判されたりしながら切磋琢磨できる社会というものをめざすということです。あまりに卑近な話かもしれませんが、ボクは、いま、釜ヶ崎の真ん中に高齢者や障がい者、低所得のためのコミュニティハウスというか、マンションを建設しているんですが、ここで問題になっているのが町会費なんです。もうほとんど町会機能が喪失したまちで、ボクたちはどうコミットするのかです。ボクは、入居者と支援者（NPOや作業所）と事業者（ボクたち）で「PTA」をつくって自治活動を支えて、町会にも参加していくということを企画しています。小さなことですが、孤立しない、排除しないまちづくりへの社会的企業のコミットの在りようを考えています。そうした日常がガバナンスを形成していくと真面目に考えているんです。

　三つ目に、これが難しいのですが、「働く」ことへの評価ですね。これまで

の日本社会は相対的に高い賃金だったから、公共性も社会性もそれによって担保できた。労働運動が社会的な課題に目を向けて行動するのも高い賃金があってのことだった。部落解放運動が戦闘的だったのも、確かに生活が良くなっていくという手応えがあってのことだった。それがそうではなくなる。ビルメンテナンスの賃金は低い。介護事業の賃金も低い。ましてや社会的企業やNPOに専従する職員の給与も低い。それでいて高い倫理、社会への貢献を求める、しかも特定のイデオロギーを排して。これはなかなか大変だなぁと思います。そういう意味では、働く価値を、ある意味独立させて探求していく労働運動、労働組合、または、労働者協同組合みたいなファクターの役割は重要だと思いますね。しかし、これまでの延長線での労働運動、労働組合の再生ではついていけませんね。「働く」価値の再発見から、「働く」ことを通じた社会的統合をゆっくりと描いていく営みが必要ですが、それを賃金の下降化、生活の質素化を受けとめながら描いていくという忍耐ですね。社会的企業は、ある意味、ガマンする組織論ですから、逃げないで、社会の改革はまた組織の刷新、個人の自己変革でもあることを課題にしなければならいと思います。それが「一人一票制」ではないかという考え方も知っていますが、西成の実際に照らすと、ボクには、まだ、もうひとつピンときません。もっと量的な広がりがないと活路は見えない気がします。

誰も野宿しなくていい社会を

NPO法人釜ヶ崎支援機構事務局長　**沖野充彦**
（2008年11月11日実施）

> ※ NPO法人釜ヶ崎支援機構　http://www.npokama.org/
> ＊設立　1999年
> ＊事業内容
> 　・就労機会提供事業
> 　・就労自立サポート事業
> 　・福祉・生活・健康サポート事業
> 　・寝場所提供事業
> ＊年間事業高
> 　・受託事業収入　8億5千7百万円
> 　・その他の事業収入他　5千万円

──事業所の簡単な歴史から伺います。

　NPO釜ヶ崎支援機構は、1999年に設立されました。その母体は釜ヶ崎反失業連絡会です。この団体は93年秋につくったと思いますが、私自身は95年くらいからしばらく抜けていて、2002年に当機構の職員として戻ってきました。正式名称は、「釜ヶ崎就労・生活保障制度を求める連絡会」という長い名前です。
　略称が「反失業連絡会」となっていますが、それは労働者にわかりやすいようにということが理由です。93年というのは、釜ヶ崎で日雇の仕事がなくなって、現役層も含めて路上に投げ出される事態があり、これは失業問題だろう、ということでそう押し出していきました。
　しかし、当時直面していたのは緊急の失業対策ではありましたが、根本的には一時的に仕事があればなんとかなるだろう、建設日雇の仕事があればなんと

かみな飯を食べていけるだろうという事態ではすでにありませんでした。当初そもそも80年代でバブル経済のときから、歴史の流れでいえば、バブルのような経済の活況があったあとでは、必ず大不況がやってくるだろうと予測ができた。ただ、ここまで構造転換が必要なほどのものかはわかりませんでしたが。そういうときに今後の将来というのは、建設日雇があればいいということではなくて、労働者も高齢化していくし、抜本的に釜ヶ崎の労働者が野宿しないですむような就労保障と生活保障という両面での制度を、しっかりつくっていく必要があるということで、正式名称は「就労・生活保障制度を求める」ということにしたのです。

　わたしが釜ヶ崎にかかわりだしたのは、大学に入学した1979年からですから、釜ヶ崎の運動の歴史は、山田さんのほうが70年代実際にやってきているのでわかる話ですが、「釜ヶ崎日雇労働組合」を土台にしていて、釜日労ができたのが76、7年だった——私はそのときはまだいませんでした。そのときの一つの前提というのが、当時、釜ヶ崎の就労過程というのはいわゆる暴力業者というのが支配しているということがあり、それに対する現場の労働者の闘いがありました。さらには73年のオイルショックで突然仕事がなくなる。それについて公園で炊き出しなりテントをはって生き抜くという闘いをしてきていました。いわゆる労働条件の改善ということと反失業を一体でやってきたという歴史があります。

　当時の労働者層は、20代30代が中心だったと聞いています。70年の万博にむけて関西を再編成するということで釜ヶ崎の街も再編成され、その中心に、当時は炭鉱閉山にともなう産業構造の変化で、九州から港湾労働・建設労働をもとめて大阪に来た若い労働者が多かったからです。そのなかで、当時一般社会では普通に働いていれば普通におこなわれたようなこと、例えば現場でケガをしたら労働災害の申請がなされ、働いた分はきちんと賃金が払われるということが、釜ヶ崎ではまだまだ労働者の権利として確立していなくて、文句を言えば業者や手配師に暴行される現実がありました。実際に殺されるという事件もあった。まずそこを正常化しないと問題は解決しないということで、野宿問題より労働条件の問題がやはり最重要の課題でした。

　74〜76年くらいは仕事のない時期で、現役層も仕事がなかったようですが、

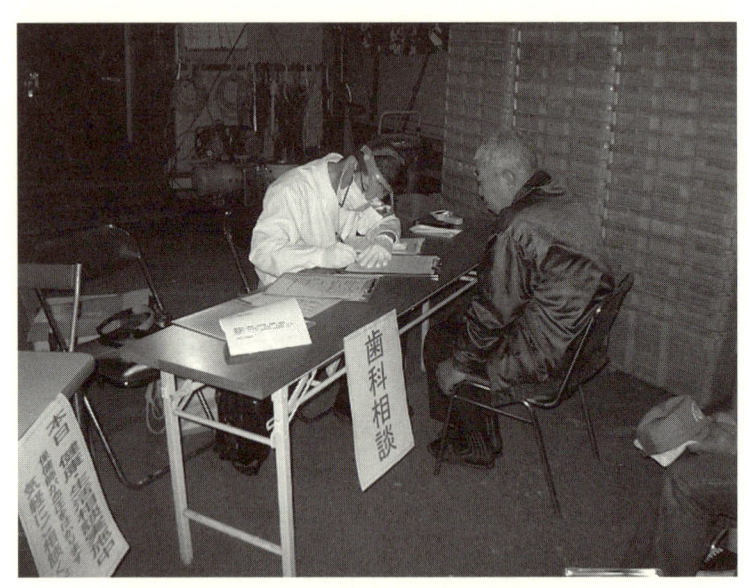

シェルターでの生活相談での歯科相談の風景スペース

集団で野宿して闘うというかたちで、いまのような野宿行動ではなかったと聞いています。80年代初頭期あたりからは、労働者のなかでも年をとったり、現場でケガをしたりして障がいをおったり、(「高齢・障害・病弱」といっていましたが、) 底辺の労働者層というのは、一部が恒常的な野宿層に転化していっていました。83年だったと思いますが、横浜の寿町の近くの公園で、野宿している人たちが少年に襲撃されて殺される事件があって、当時、マスコミなんかは「浮浪者襲撃事件」という「浮浪者」という言葉を使って、報道していたのだけど、そういう問題も他方で出てきていました。それについては年末年始の越年の活動であるとか、医療問題、病院の問題なんかを通してとりくんだり、反差別というかたちで取り組んだりしていました。日雇労働者の使い捨ての結果として、そういう問題があらわれて、それに対して対処はしていきながらも、やはりまだ主力というのは、労働条件なり、普通に働いて普通に生きていける状態をつくっていくことでした。

ところが90年代以降、状況が一変して、もう仕事がない。たくさんの労働者が路上に放り出されたのだけど、一時的な現象ではなくて、今度はそれがど

んどん恒常化していく。しかも70年前後にきていた労働者の主力は年を取ってくるし、当然、建設業でずっと仕事がなくなっていくのと同時に、労働者の高齢化が顕著になっていく。いわゆる基本的に屋根と仕事、そして高齢者対策。「高齢日雇労働者」というのは55歳以上と規定していったのですが、それは特に50代になってくると、肉体労働の世界なので、同じ技術をもっていても若い労働者のほうを使うようになってくるから、どんどんはじき出されていく。というわけで、とくにその高齢労働者に対する対策、屋根と仕事というのを中心にすえて、93年以降やりはじめたのです。

　その過程のなかで、一つは、94年から、当初は季節限定、3ヶ月くらいだったと思いますが、21人くらいで、大阪市と大阪府が特別清掃事業をしていくと。それに反失業連絡会のほうからスタッフをだして、労働者の仕事を先導する指導員というかたちで、協力体制もふくめて、だんだんつくっていっていました。それが99年の段階で、一つは、98年にNPO法ができて、もう一方では99年から国の当時の雇用対策の一つの地域雇用対策特別交付金かそういう制度だったと思いますが、それを全国自治体、都道府県に出すということになりました。それにともなって、大阪府と大阪市が、特別交付金の一部をつかって、特別清掃を拡大するということで、それについては今まで反失業連絡会が実質上、労働者と接してやってきたのだから、要求をするだけでなくて、実際、自分たちがその事業の受け皿になって受託をうけて、労働者に返していこうと。当時の行政的な流れというのは、いわゆる直営方式というのがどんどんなくなっていて、ただたんに「行政にしろ」と言っているだけでは、実質がとれないから、そうであれば、行政から金を出してもらって、自分たちでそれを受託して、労働者に返していく。そのためには法人格が必要だということで、NPO法人を設立した、という経過なわけです。

　流れとしては、80年代までは、現役の労働者が大多数を占めていたから、そこでの普通の労働条件、社会的な労働条件をつくっていくということが主力でしたが、90年以降、建設業の衰退と労働者の高齢化という構造的な問題の変化で、野宿から抜け出すための支援に中心が移って行ったというわけです。

——ホームレス問題の現状と釜ヶ崎の未来像について聞かせてください。

　1999年以降も、一方ではNPOであいりんシェルターという寝場所の提供事業と、特別清掃事業という就労事業を事業受託でやっていく。他方で反失業連絡会は行政要求をしながらそれの拡大をはかる、という両輪でしてきたわけです。しかし2004、5年以降、反失業連絡会の動きが少なくなってくるというか、いわゆる要求闘争というのは後退していかざるをえない部分が生じ、実体上、釜ヶ崎支援機構での事業活動というのに中心が移ってきたというわけです。それは一定、釜ヶ崎への対策が制度として固まってきたという部分もあって、制度の量としては不十分ですが、一つの形ができあがってきたからです。

　それと関連して、2番目の釜ヶ崎の未来像というのにもかかわってきますが、ホームレス問題というのは大きく言えば3つの段階、もっとさかのぼれば4つの段階があります。

　第一の段階は90年代以降、先ほど述べた状況です。いわゆる日雇、特に近畿圏においては寄せ場の日雇労働者がまず仕事がなくなって路上にあふれる。ということで野宿の問題が非常に大きな問題になっていきました。その前段階というのは80年代初頭から、日雇労働力としては廃棄、使い捨てにされた労働者層が恒常的野宿者層になっていましたが、それはまだ問題の一部でした。それが90年代以降、現役労働者層が大量に野宿に投げ出されて、しかも高齢化が進んでいったことで、ホームレス問題として浮上し、第一の段階に入っていったのです。

　第二の段階はおそらく97、8年くらいから。建設業の衰退に加えて、プラス日本規模での雇用構造の転換なり産業構造の転換が進む。その中で、リストラされた中高年層なり、中小零細企業が中心だったと思いますが、そういう中高年の労働者層が仕事を失ってホームレス化していく。それが加わる形で、どんどん増えていきました。日雇の仕事はでてきそうにないので、みんなどうやって生きていくかというと、アルミ缶を集めて生計をたてていかなくてはいけない。アルミ缶を集めようと思うと、狭い地域にたくさんの人間がいるとシェアの奪い合いになるということもある。もともと日雇労働者は、仕事を求めて飯場という建設会社の寄宿舎に入ったりしているから、姫路とか、奈良とか、京

都とかふくめてみんなよく知っている。よく知っているから、そういうところまで広がって、河川敷や公園にブルーテントをたてていく。それに、中高年層の失業者も合流してくると。そういうかたちで、97、8年以降ホームレス問題が社会的に顕在化していきました。

　今度、小泉改革の末期あたりくらいから現れだしてきたのが、若年者で不安定就労で働いてきた、あるいは不安定就労層のなかでも、ある程度、軽い領域ではあるけれど、知的障がいを持つ、精神障がいを持つ、発達障がいを持つという若年層のなかで、ホームレスになっていくという人たちが現れ始めました。そこも層として加わってくるというところで、今、その意味では、第三期に入っていると思っています。

　だから、その釜ヶ崎の未来像といっても、生活保護か就労か、という二者択一的なパターンというよりも、いわゆる就労支援と福祉援護の一体化をどうはかっていくか、というところが一つのキーポイントなんじゃないかなと。生活保護については、一定程度、高齢者に対してはホームレス状態や野宿から脱却する方法として定着してきています。そこの層が就労過程にはいっていくのは、どちらかというと生きがい就労の領域になります。

　他の年齢層では、やはり「就職による自立」が行政施策の中心に置かれています。もちろん、それに向けた努力を支援していかなければなりません。しかし、障がいなどをかかえていても、今までは何とか派遣や非正規雇用で食いつないできたけれど、それもかなわなくなってしまったという人たちについては、現状ではやはり生活保護を土台にするしか使える施策がありません。過労死や成果主義、効率優先がいわれる正規雇用には、入り口が狭いだけでなく、入れたとしても続けることが難しかったという現実は、当機構の「若年不安定就労者調査」や日々の相談活動の中で、聞くことが多いからです。そのことが社会的に改善されることなく、ただ「すぐに就職して自立すべき」だと決めつけていったとしても、ふたたび「正規雇用」というものから排除されて、より悪い状態へと追い込まれてしまう可能性が高いからです。

　ですから、就労支援と重ねて生活保護をとっていくことが、野宿からの脱却の一つの重要な手段であるとは考えています。生活保護で生活できる土台とかかわりをまずつくり、そこから徐々にアルバイトなどから就職活動に広げてい

く支援をおこなっています。ですが、それはどちらかといえば強いられた現状であって、別にあえて生活保護制度じゃなくても、就労支援プラス他の社会保障制度があって、それを使って野宿生活から抜け出して、ふたたび野宿におちいることなく生きていくことができれば、それはそれでいいわけです。

　一つのスタンスとしては、就労支援と福祉援護を一体化させながら、使える社会資源をつかって野宿から脱出していくということが重要になってくるけれど、根本的には、派遣や非正規であっても野宿におちいることなく生きていける就労保障と社会保障の制度こそが、必要なんじゃないかなと。

　「まちづくり」というところも、釜ヶ崎で今まで注目されてきたのは、労働者の高齢化にともなって、高齢者に対する福祉をどうするのか、という点です。これは引き続き大きな問題です。認知症のホームレスがあらわれてくるという現状もでてきているので、それは引き続き取り組んでいかなくてはいけない。しかし、最近の若年者の問題とも絡みますが、今まで、というか昔は、釜ヶ崎の日雇労働がセーフティネットになっていたので、日雇労働を求めて、最後に行き場がなくなればここにやってくる、ということだったのですが、最近の動向は日雇労働さえも、来てすぐつけるわけじゃない。でもやってくる。それはなぜかというと、そういう日雇労働者の街、つまり不安定な暮らしを強いられてきた人たちの街として釜ヶ崎は形成されてきたから、そこに一定の社会資源が集中しているからです。あいりんシェルターもそうだし、特別清掃事業もそうだし、炊き出しであるとか、大阪市の福祉政策も一定ここに集中されています。そうすると、社会的に行き場がなくなった人たちは、生きるためにここに最終的にやってこざるをえません。そういう事態が進んでいっているので、それに対して、ここまで来なくてもいいように予防策を社会的に作っていく必要があります。と同時に、ここに来ざるを得なかった人たちについては、この街で社会的な援護をしていけるようなかたちにもっていくしかない。というわけで、そういう機能を持つような街づくりも必要になってきているということです。

——**社会的企業についてお話しください。**

　「社会的企業」、この言葉のリアリティというのは、私にはよくわかりませ

ん。「社会的企業とはなにか」もよくわからないのですが、釜ヶ崎支援機構自体が社会的企業であると言われれば、たぶんその通りだろうとしか言えないわけです。釜ヶ崎支援機構の基本的な目標は、誰も野宿しなくてもいい社会をつくろうということであるわけですけれど、それの手法というのは、事業形態、支援事業という形でしていくことです。

　そこでは三つの大きな領域があって、一つは公的資金による社会的支援という領域、もう一つはいわゆる半官半民の資金による支援、三つ目は民間資金による支援です。一つ目の公的資金における支援というのが、当機構の事業内容の中でとくに前面に出ている高齢者特別清掃事業とか自立支援センター入所者所内所外作業、技能講習事業で、あと夜間宿所運営事業、住居喪失不安定就労者支援事業とかいうような領域です。半官半民による支援というのはどういう領域かといえば、技能向上就労確保事業、内職事業提供事業、というような領域。民間資金による、民間努力による支援というのは、NPO独自での就労提供事業、福祉相談生活サポート事業、そのほか、ここに書かれていないけど、公園管理の共同事業であるとかそういう領域というように大きく三つに分かれています。

　特に「社会的企業」というところでは、重要視しているのが二点目の半官半民方式です。当然、公的資金による部分は重要な土台をなしますが、かといって民間資金による社会的支援というのだけでは日本の現状からして、成熟していない部分も感じるし、それだけではほんとに小さな形でしかできない部分があると思います。特に、当機構が実体上やっていて制度上目指しているのは、基本的な経営基盤の部分、つまり例えば場所であったり、建物であったり、というような部分と、その事業をつくっていく職員なり指導的スタッフについての人件費、こういう部分については官がきちんと出してください、そこに従事している人間の人件費なり運営経費の部分なりは、民の努力で拡大していって、飯食える状態に近づけていく、というように、上と下を官が支えて、真ん中の部分を民の努力で拡大していくというモデルを一つ考えてすすめています。

　それが技能講習事業を土台とする自転車リサイクル、内職事業提供、園芸講習なり公園事業のための作業などです。最近ではエコバッグの生産であるとかも含めて、一つの重要な要素としてそういうスタイルをとっています。全体と

しては、そういう社会的な就労という部分に対する事業的な拡大ということと、ここの地域なり、ホームレス支援で欠かすことのできない福祉サービスや生活支援サービスなどといった領域に対する支援事業の部分。それを重ね合わせる形で、全体として総合的な支援事業体となっていけるかたちを考えています。それを全体的に社会的企業と呼んでもいいのかな、どうなのかな、という感じです。

あともう一つ、今後重要になるのは、協働事業の部分で、今現在、住之江公園と住吉公園で指定管理者のJVをつくって民間企業と一緒にやっていますが、そういう領域もふくめて、官とも一緒にやるし、他の民のところとも一緒にやる、あるいは他の支援団体とも一緒にやるという部分も含めて、いわゆる協働形態というのを追求していきたいというような感じですね。

——企業という言葉の限界でしょうか。

日本の企業というと営利的なものを連想しますが、営利、非営利問わず、企業という概念で捉えると、そこは就労面と事業拡大をして資金を得ていくという部分だけに目が向きがちです。だが、他方で介護サービス事業や福祉、障がい者の作業所というのもあるし、そこから考えれば、福祉援護、生活支援に関わる事業というのもそこに含まれていていくのだろうから、そこを全体で社会的企業といえるのかなと。

私のイメージは一般の考え方と少し違って、社会的企業にしろ社会的事業所にしろ、労働時間である8時から5時、あるいは9時から6時であったり、そこのなかで包摂するだけでは、ホームレス問題は成り立たないのです。障がい者支援にしろ高齢者支援にしろ、だんだん地域の機能がさがり、家族に負担がかかる、でも家族自体に支える機能がなくなっていっています。24時間どう支えるのか、生活領域も含めた支援事業や社会的企業の役割がでてきます。介護サービスなどは必要なものですが、断片的なものでしかありません。結局、家族制度が支えますよ、それに対する補足を介護サービスや障害者自立支援法で支えますよ、という今までの制度ではもたなくなっています。24時間でやってきた病院や施設が収容主義から地域へ、となればなるほど、社会的企業・社

会的事業所というものが自分のところで、支援サービス対象の時間だけじゃなくて、働きに来てくれている人の生活、精神状態、病院受診もふくめて、連携とりながら、視野に入れて支えなくてはいけない。社会的企業なり社会的事業なりの固定したイメージで果たしていいのかという気がしています。

　現場によってイメージは違います。24時間どうかかわりを持っていくかプランをたてて、そこに就労や医療を組み入れていくという設計をせざるをえないので、企業なり事業所なりの表現だけでは物足りない。地域に総合的に網をかけている地域共同体みたいなもの、事業所＝地域共同体。就労、福祉援護、生活サービス。一人の人がそれらを全部利用して生きていけるシステムが結局ないと。

　コミュニティビジネスといえば、コミュニティビジネスですが、どちらにしろ、まず事業所があって、そこがサービスやビジネスで雇用創出しますよという概念であって、そういう意味では、家族がいなくても一人で生きていける支援をどうできるのか、という感じとはちょっとイメージが違います。ホームレス問題の場合は、家族も地域もなにもない。そこをどうやってもう一度支えながら、人とのつながりもそうですが、家族でも地域でもないけれど、その人が生きていけるような地域の共同体というか、事業所の連合であるのかもしれないですが、そういったものをどうやって作っていけるかが重要な課題です。就労と福祉、医療との間で、それぞれの事業体があったり、公的機関があっても、役割が限定されると、かならず隙間が生じます。せっかく野宿から抜け出しても、隙間があればそこからふたたび野宿に戻らざるをえなくなったり、孤独死したりせざるをえません。その隙間をつなぐようなコーディネートをする事業体も必要になります。

——ここに関係しているメンバーの自主的な活動は？

　そこまではなかなか。うちは、何重かの構造になっていて、有給スタッフ、会社で言えば従業員。そして、そういう事業に対して従事していくばくかの収入を得るスタッフ、そして就労事業や福祉サービスを受ける側、つまり内職作業やリサイクル・園芸作業などに従事する人、福祉相談で金銭管理、服薬管

理、病院付き添いなどをうける人などです。それより広い範囲では、当機構がやっている公的事業にやってくる人、特別清掃、夜間シェルターに泊まる人。今度はそれらにぜんぜん入っていない人もいます。対象自体も何重にもなっています。

　少しでも関わりのある人は、4～5000人規模になります。特別清掃だけでも2270人。シェルターで毎日700～800人。食堂に食べにくる人や憩いの場を利用しに来る人は、一日、2～300人。福祉部門の新規相談で年に400人。お仕事支援部に年間新規500人くらい。下手したら、1万人規模に。

　その内側の、名前が分かる範囲になると、うちのスタッフで、100人近くいるので、一人のスタッフが顔と名前、場所が分かる人を全部集めれば、400～500人の規模でも少なく、確実に1000人以上の規模にはなります。

——公的な福祉の現状の問題点なり、どう改善していったらいいのか伺います。

　問題は大きく言えば三つです。入り口が狭い。もう一つはそれぞれの縦割り施策の幅が狭すぎる。三つ目はトータルに継続して援護するようなシステムがない。

　一番目の問題というのは、単純な話、生活保護の運用だけで考えても、稼働能力が問われない65歳以上とか、あるいは60歳以上であれば一定の就労努力に加えて生活保護があるが、それ以下の年齢層では医療的援護が必要とか、就労面でも病気や障がいで就労能力が劣ると判定される、とかがないとなかなかつながらない、という入り口の狭さです。もう一つのそれぞれの幅の狭さというのは、高齢者の介護ヘルパーにしても、介護保険だけでは対処できない。障害者自立支援法のサービスでも当然そうだし。それ以前に療育手帳や障害者手帳を持っていない人が多い。まずもつことを支援しなくてはいけないし、もってサービスが使えるようになるまで誰が支援するか。もったあとにその隙間、足りない部分をどうするかという問題が出てくる。そういうところでの狭さ・使いにくさがあります。

　継続的な援護の部分というのは、それぞれ分割されていて、生活保護申請だけなら弁護士はしてくれるが、それ以外は知らないと。福祉事務所は受理して、

ケースワーカーによっては熱心にしてくれるが、その容量の問題で、ケースワーカーの人数の問題も含めて、給付事務中心になってしまわざるを得ない問題もある。そこに介護保険業者が関わっていても、単発で終わってしまう。その人に何かあったとき、どこかへ行って支えられる、対処してもらえるというのは、民間団体が負わざるを得なくなっています。そこらへんがなんかうまいこと、ならないかなと。制度自体は予算措置があるから縦割りに当然なるでしょうが、縦割りの幅をそれぞれ重複するような部分をどうやってつくれるかということと、縦割りサービスをコーディネートして当人を支援できるサービスというのが、公的なものであれ、民間への委託であれ、公的支援の中に位置づけられる必要があります。福祉もそうだし就労もそうだし、それらをコーディネートできるような制度が必要で、どう権限もたすかという問題もあります。

——今の公的な補助金の事業の中心はホームレスに？

　公的な事業や補助金は、就労事業と就職支援が中心で、福援援護や生活支援での入り口相談やアフターフォロー、そこには公的な補助金が下りてこない。それは日常的な金銭管理・服薬管理や生活相談・公的相談窓口や医療受診の付き添いなど、野宿段階から野宿を抜け出した後にも一貫して続けなければならない欠かすことができないものなのに、です。
　福祉行政はどこまでいっても窓口行政なので、窓口に来た人に対処する。窓口にたどり着けない人がたくさんいる。たどり着いても別の窓口に自力でいけない人も多い。そこを支えるサービスが必要ですが、民間資金で支援せざるをえないのが問題なのです。

——失業への方針は？　もともとは反失業でやっていたわけだから。

　単純な話なんです。いわゆる失業対策事業と、生活保護というのがある程度フルに機能すれば問題の半分はそこで吸収できる。残りの半分は、それにともなう制度だけでは支えられない。支えられる人は自分で何かできる人。障害者施策でつないだり、総合的に継続的に支援しなくてはいけない人がいる。それ

は制度だけではダメだけど、最低限、生活保護制度と失業対策事業、戦後の制度には、ある程度合理性があった。昔に戻ることはないが、そこが機能すれば問題の半分はそこで吸収される。ただ、それはストレートにいっても、世間でも通用しないし、お役所にも通用しない。

　大規模にすれば、一定、内職作業なりちょこちょことした園芸作業でしか就労できない人も、一応就労できる。特別清掃もそうなんだから。その収入を土台にして事業なり医療なり精神的フォローなりをしてつなげばいい。公的あるいは社会的な就労制度がドーンとあると、その周りにいろいろな福祉援護を組み合わせていけます。社会的企業も、そうした社会的な制度をつくる土台になっていく必要があると思います。

誰もがそれなりに働いて、生きがいをもてる社会の実現を

釜ヶ崎反失業連絡会代表　山田實
（2008年12月16日実施）

——反失業連絡会が新しい運動に取組む事情からお伺いします。

　釜ヶ崎総体が社会的に排除された、余剰労働力も含めて、そういう人たちの集積地として形成され、治安の側面から管理されている。その仕組みは、違法といわれている労務供給装置（手配師・人夫出し制度）を通して、安価な日雇労働力として使い捨て、野垂れ死にを強いるもの。そういう中で運動が起こって、いろいろとやってきたけれど、従来の運動の延長線上ではなかなか解決し難い、押し上げられないという段階になったのが、バブル崩壊だったと思う。それまでは違法であれ、なんであろうが、その労働・生活環境の改善、労務支配の打破をめざして人夫出しや、手配師に対する闘いを軸にやってきた。行政施策に対してもそうだが、それらを押し上げていく運動として、個別の課題を巡ってやってきたが、そういう状況では間に合わない、構造的な問題として、完全に生存権、生き死にをかけて取り組まなければならない状況に至ってしまった。

　基本的には、資本制生産の一つのくびきの枠から逃れられないんだから、それに対して仕事保障とか、生活保障を要求するのは当然のことだが、それを民間の企業にお願いしたところで、元々余剰労働力という形で捨てられた階層なんだから、いくらいいべべを着て頼みに行っても、受け入れてもらえない現実がある。その限界を踏まえ、社会的に資本の論理に左右されない新しい働く仕組みをどう作らせていくか、そういう領域にいかざるをえなかったということ

2009年2月21日シンポジウムの様子

です。野宿として具体的に現れている現状を社会的に押し上げて、突きつけていく。そこで新たな仕組み、制度を引き出していく。そういう運動に転化していった。その中で、部分的には、高齢者の就労対策などは形としてはできたが、やっぱり今の営利企業を軸にした一つの社会のあり方、この壁を突破することはできなかった。補完する形で細々とやらざるを得ない状況になってきている。いずれにしろ、これだけ爛熟した、腐敗部分も含めて、働く仕組み自体の綻びが見え始めている、今の資本主義社会。この中で雇用の安定を求めても、基本的には無意味だろうとずっと思っていた。それを当面は補完する、取って代わるような仕組みはいきなりは無理だろうから、当面は補完する形にならざるをえないが、その既存の雇用制度の枠外で新しい社会的な就労の場を作っていくことができるかどうかがポイントかなと思ってやってきた。

　国の施策にしろ、社会的な観念にしろ、企業あってのものだ。政策的にも企業にお金を投資して、企業が雇用を生み出して、失業問題とか、いわゆる雇用の調整拡大を図る。そういう政策ですから、あくまでも資本主義的な企業を中心とした雇用の施策でしかない。それをやっても今の時代、雇用そのものが機械的に増やせない。これだけ生産の縮小をせざるを得ない現状では、いくら政府がお金を投入して企業に雇用を守れといっても、企業の仕組み総体が、ガタ

がきて維持できないのじゃないか。そういう風な矛盾をきたしているわけだから、企業の枠外で社会的な仕事・雇用をどう作っていくかがポイントになる。企業を中心とした雇用の発想から、人間が生活する上で、人が人として生きていけるような人間を中心とした雇用を、という発想も含めて切り替えていかないと。新たに安心して働いて生活できる仕組みが模索されねばならないと思う。それを推進するにあたってどういう仕組みがいるか。いろいろと、協同組合とか事業団みたいな方式とかいろいろ模索はしてきたが、とりあえずNPO法があるのでNPOを活用しようという形で釜ヶ崎支援機構を立ち上げた。

──社会的企業というもののイメージはいつからお持ちですか？

　社会的企業とは思っていなかったのだろうけど、要するに営利企業の論理に包摂されない、どういう仕組みがいるかというところで考えてきた。1973年くらいから、実際にはバブル崩壊後、どういう新しい仕組み、端的に言えばここでは手配師、人夫出し制度にとって代わる新しい働き方、雇用の仕組みをどう作っていくかを模索してきた。それまでは、手配師、人夫出しはだめといっても、それにとって代わるものは無理だったから。労供組合でも作ってやろうかなと考えていたことも70年代後半からあったが、この地域に大臣認可を受けている団体が、西成労働福祉センターと大阪自彊館の二つ、おまけに職安機能もある。この地域にそういう機能が三つも四つもいるのかと、国に相手にされなかった経験もあった。具体的に不安定就労を強いる、手配師、人夫出し制度に取って代わるような新しい仕組みのものを考えてはきたが、現実的には難しいというより不可能な状況でした。
　バブルがはじけて、手配師、人夫出し制度そのものが排除の機能としては役に立つが、新しく人を包摂して安定さすような方向では全く機能し得ない。そういう仕組みを使って釜ヶ崎を維持してきたシステム総体が崩れてしまった。それが92年の暴動、それ以降続く野宿者の運動として体現された。そこで要求されたのは新しい社会保障制度を作っていく。ただ単に企業に依存してもだめだ。社会的に国レベルで新しい就労・生活保障制度を作らせていく。ただいくら制度として作って、予算化して事業を確保しても、それをこなす仕組みが従来

の営利企業のやり方では多分上手くいかないだろう。一部の人だけがおいしい目をするとか、そういう形になりかねない。社会的就労は必要とされているけど、それをこなすような器も育っていない。その中で今で言う社会的企業のような受け皿、非営利の公益性を持った社会的ミッションを持った、事業体を作っていくのは大きなポイントだと思っていた。失業者や労働者自身が自らの生活をかけて責任をもってつくっていく、そういう自覚や受け皿なしに、例えば就労対策をやれと言っても、なかなか行政も動かないのが現実ですから、実験的にでも自らがやっていく、そういう形で普遍化させていこうという発想はあった。

——日本でも失業者がどんどん出てきて、ソニーとかトヨタもお金儲かっているのに大企業が予防的に首を切るという、という事態が進行している。企業からお金をとって、民で失業対策をやるということにならないか。

　そうなればいいのだが、現実の社会の仕組みでは無理だろう。企業が失業対策をしなければならない義務はないし、国は、第二次失業対策はやらないと言い張っている。そうするためには、いろいろと社会制度を変えないと。15年前、野宿問題が煮詰まったとき、ゼネコン業界に失業・野宿の責任を取れと迫ったが、「うちは営利団体、ボランティア団体ではない、日々使用の責任は法的に果たしている、行政に云いなはれ」の一言だった。
　戦後の施策はわしが作ってきたという労働官僚上がりの与党の議員さんなんか、就労対策の必要性を分かっておられたが、キチッとした受け皿がない。国が支援するに足りる受け皿がないということを2000年頃言われていた。日本の政治状況を見ると、自分たちが食えるという、そこが集票マシーンになるとか、何らかの選挙基盤にならない限り、議員総体として動かないのが現実。必要性はあるが自分たちが食えないというところでは、必要だけどやらない。そういうのが現実的に働いていて、それも一つの要因だったのかなあ。失業・貧困の問題となると、直ぐに生存権＝生活保護の形で流されてしまう。問題は下からそういう対策の、新しい仕組みづくりの意識性を持って、どれだけ上に押し上げていくかがポイントだろうが、働く側にはそういう意識性がほとんどない。特に仕事の面では皆無に等しい。

いい悪いは別にして人間は働いて生活せなあかんという形で教育されてきたせいで、労働者としての誇りはもっている。国鉄民営化の時だって、清算事業団に行かされた人たちが嫌がらせも含めて、自主的に辞めさせるために草むしりをさせられて、彼らにしたら労働に値しないような見せしめ的な労働をさせられて、苦痛で自殺した人がいっぱいいるという話は聞いた。それなりに自分がやっている仕事に価値を見出している。その裏返しとして、見いだせないものは蔑視する。野宿していく失業していくのは努力が足りないからだとか、怠け者だからと。そして、そういった怠け者には人権などなくて当り前だ、何で権利保障されるんだという論理が働く。基本的には労働者の意識は二つの側面がある。社会の一員として労働を通じて役割を果たしている側面と、逆に、それに参加できなかった人、自分の水準よりも一頭劣る人たちは蔑視する、差別する、無視する、蹴落としていく側面。そういった二つの側面。それが資本主義の論理と上手く合致して動いてきたのだろうが、そうではないような新しい働き方の価値観を見出して行く、作り出していかないと、たぶん資本というお釈迦様の手のひらの上で、堂々巡りになる気がしている。

　まずはみんな生保へ、そしてどうしてくれるんだという形で仕事保障へ、という形かな。99.99％の人は企業社会あってのものだと、企業社会の発想から抜け切れない、それが当たり前になっている。その世界観を抜けられないところで絵を描くから、なんでおれたちは非正規で惨めな派遣とかさせられるんだ、俺たちも正規にさせろという押し上げしかできなくなっている。突きつけは突きつけで、過程というか戦術的には必要なんだろうが、本来は、もうちょっと違う意図を持って押し上げられるべきものだろうと思う。そういう形で働ける者・働けない者を格差を設けて分断して、上手くやってきた、効率よく富を作ってきた社会ですから、そういう仕組みの限界を見据えた運動、企業の論理にとらわれない、それに取って代わるような新しい芽を持った社会的な働き方をどう作っていくか。そこらへんをずっと考えてきた。

――社会的企業を促進してどういう社会を作るか、ということについて伺いたい。

　一般的な働き方には、自営か賃労働か。賃労働は、公務員か民間企業での従事

しかない。その働く場所には入れない人やこぼれ落ちた人は「非正規」など、ダメ人間と蔑まれてきた。そのこぼれ落ち階層がこれからも増えていく。これらの人たちを全部包摂して、みんなで働きあえる、支えあう社会の実現が鍵だろう。

　社会的に働く場をつくっていかないと、今の市場原理とか、競争原理の企業社会で、参入して勝てっこないというのも前提だけど、そこでは堂々巡りに、おしくら饅頭。国民総体がそれなりの実情にあった、高齢者は高齢者なりに働けるような新しい仕組みを、そういう発想で新しい働く領域を作っていかないと。働く領域は国が直轄して作るだけでなく、民意で創意工夫して新しい社会的に必要にされる事業を生み出して、雇用も生み出していくことが模索されるべき。そういう事業体総体に対する社会的な支え、それは制度として韓国並みに法律を作らせなければと思う。労働者の協同組合法もその一つの要素がある。

　一つの仕組みができたらそれに馴染まない、入りきれない人たちが生み出されるので、そういう人たちも包摂できる受け皿がいるのではないか、と。一つの制度を設けると乗っかれる人・乗っかれない人が出てくるのは当たり前やからね。そういった人々をも実情にあった形で包摂する社会的企業。

　福祉もただ単に医療、住宅、介護の問題、そういうだけでなくて、働くというか労働というかそういうものを軸にした、まずそれありきということで考えていかないと。労働という概念をすっぽりはずしたところでの福祉とは何ぞや、成り立つのか、成り立たないと思う。ただ本当に体が不自由になって、通常言われている労働が無理ということはあるが、基本的にはそういう人たちも社会的な役割として働いているという位置づけ。社会的労働という概念をしっかり位置づけていかないと、温泉、ゲートボール、遊戯というのが福祉だという発想でやられると、みなのっかれない。ほんとに誇りある生き方が貫徹されない。一つには、働いてきて高齢化して体が動かなくなる、そういった人に対しての見守りなどは当然出てくる。社会総体として、みんなが助け合って働き合う社会があって、歳をとったらご苦労様、といってゆっくりしてよという形の福祉は成り立つ。だが、そうでない人が余りに多い。最初から押しのけられて、病気になって、そういう人たちが誇りある老後を送れるかといえば、ほとんど送れない。

　結果としての老後のケア、サポートは必要だろう。ただそうなる前の支援策が制度的には充分に講じられていない。完全に病気になって働く能力が奪われ

た後でしか、福祉制度に乗っかれない現実だから、そうなる前にどう包摂して、できるだけ医療福祉にかからないものにしていくか。これは社会的な負担だから、税金として跳ね返ってくるから、そういう仕組みを充実させないと。結果として企業が使い捨てして、健康な人も病気に追いやってしまう。高い医療福祉費を投入して、養っていかないといけないというのは、そういう福祉国家は本当の意味での福祉国家ではないだろうと思う。体動く間は、年をとっても働いて、自分なりに収入を得てやっていけるようなそういう福祉社会のあり方。困ったときにはフォローしてもらえる。そんなのが模索されないとね。

　例えば、今、大阪府の公募型指定管理に手をあげて、住吉とか住之江公園を働く場所として確保しているが、うち単独ではできない。専門的な分野は民間の株式会社が担っている。そういう連携とかジョイントとか、コラボレーション。その中で一つの公共施設を、ただ管理するだけという形だけではなくて、障害者の就労支援の場として活用したり、ホームレスの人たちの就労訓練、働く場所として活用する。そういうのを組み合わせて、旧来にはない質で維持していく、それを媒介にして地域住民と繋がって、野宿問題や障害者の方の理解を深めていくとか。そういうのは試みとしてやっている。当然、いろいろな団体とうまく繋がっていけたらいいかなと。例えばどこかの障害者団体と連携して、高い所などは、まだまだこっち側の労働者がやってしまうよ、とか低い所とかいろいろな場所は障害者の方でやってね、といった、それぞれのできる領域があるので、うまく組み合わせれば、新しい事業・仕事とかも単なる賃労働ではない形でけっこうおもしろくやれるのでは。それぞれの人々が実情に応じて働き、支えあう社会が実現できたらと思う。

――なんで釜ヶ崎の現実がここまで永続してきたのか。

　時代に応じて、活用の仕方は変わるが、一般的にいうと、社会から排除された人たちを管理していく場所として、政策的に残された地域。ここに閉じ込めて、一方ではそれをもう一回安価な労働力として経済界に送り出して利用していく。高齢化するとか病気で労働能力を喪失すると後は野垂れ死を強いる。社会的な調整機能を持たされた、便利な整理する場所。当然ここは一般社会と同

高齢者特別清掃事業

じようにはならない。ここのシステムの本質が知られては具合が悪い地域なので、そうだから個人の問題、怠け者、反社会的といったレッテルをはって、一般市民に違和感をもたせ、無視するような構造を作ってきた。そうやって覆い隠してきたが、結局失敗してしまう。90年代のバブル崩壊以降は、封じ込めていた問題がここの範囲を越えて、社会に出て行った。その時点で釜ヶ崎の役割は逆に言って終わらなくてはならないんだけど、まだそうはなっていない。当面は、姨捨山的な機能はずっと残されていくのではないか。日雇い労働市場としては廃れていく。今度は逆に煩わしいから生活保護を適用して福祉で包摂して、また隠してしまえという街になりつつある。最後はそれしかない、高齢化もしていくし。いびつな町として存続させる可能性は極めて高い。

——そういう中でここをどうするかという基本的な見通しは。

基本的にはそういう全体の社会の仕組みの中で、日雇い労働力の供給地としての機能はなくなってきつつあるが、高齢化した人たちや社会的に排除された人たちが集まってくる。そういう人たちが単身でもそれなりに生活できるような、働いていけるような仕組みをここに取り付けて、どう矛盾を解消してい

くかが仕事だろう。現実的には他府県、けっこう広域から、かつては社会的入院という形で、病院に包摂されていた方々が、地域で受け皿が整っていないので、こっちに排除されてくるという現状がある。一般社会が面倒を見切れない、市民社会にとって不都合な人たちを、一箇所に集めて管理するような、檻こそないが施設として利用されていく可能性が大だなと思う。

　社会的に各地域で受け止める仕組みを作っていってもらわないといけないのだけど、国が率先して、予算縮小の点から社会的入院をやめて、地域で面倒を見てくださいということになったが、それぞれの地方も含めて受け皿が充分できていない。そこまで高まっていない。核家族化した市民社会で許容できない、そういった人達がここに集められる。これは江戸時代も、どんどん食いっぱぐれて、江戸、大阪、京都もそうだと思うけど、地方からどんどん流れ込んでくる。当初は送り返していたがきりがない、できない。どうするか。それなら寄せ場を作って、そこで管理してしまえ、囲っただけではだめだから、雨風をしのげ、飯を食わせる仕組みだけはつけてやろうという形でやってきた。そういうのは当分まだまだ続いていく。たまたま60年代高度経済成長、70年の万博の時に労働力不足で、巨大な日雇労働市場として歪な形で再編された。そういう近代社会が生み出す都市パリア、「賤民」を集める場所として作られた。そういう役割はまだまだ続く。社会的企業とか、地方での全国的なセーフティネットが形作られて、その中でこの街は解消されていくのかな。それまでは集まった人たちの人権をどう保障していくかが課題。住環境をいじったり、働く環境を整備したり。

　一つは安定した雇用をどう仕組みとして確立するか。正規、非正規、派遣などいろいろ問題になっているが、企業の論理に左右されない、景気の変動に左右されない、人が人として生きていけるような新しい働き方、雇用の場をどう作っていくか。もう一つは違う側面から排除されてくる人たちを各地域社会で受け止めるような福祉資源と雇用をどう拡充していくか。それとの兼ね合い。全国の地域で受け止められるような、社会的企業、人材育成。そこらが高まっていくと釜ヶ崎の解消に繋がっていく。今までは地方でそれをやろうとするとお金がかかって邪魔くさいし、営利企業中心型の差別的な発想が抜け切れていないため、だめになった人はおらの村には住まわせないと全部排除してきた。そうした帰結がある。そういったやり方をやらさない、しなくてもいい社会が作られない

限りは、釜ヶ崎はなくならないと思っている。それに向けての発信だろう。

――福祉先進地域の釜ヶ崎で何かモデルを作れないかな。

　まあ三畳一間型の密集モデルを作ってもね。救護施設や老人ホームめいたものをやっているところも一杯あるし、炊き出しや、特掃仕事や、シェルターもあるが、先進地域というには、程遠いと思う。三畳一間で共同炊事・共同トイレで4万2千円取るようなところで、現実的には、7000弱の人が生保を利用し、ひしめきあいながら生活している。路上での孤立が、三畳一間の孤立へと変わったにすぎず、生きる気力を失い、アルコールなどに依存し、自殺する人も多い。他方で、地域の自営業者は、一所懸命年金を納めてきたが、年をとって事業もうまくいかない、小売店もばたばた潰れていく。年金しかない。その年金で生活できるかというとできない現状がある。逆に生保の人に対するねたみが生まれて、依然として差別の構造が逆転していくだけで解消されていない。そういう問題も含めてどうやっていくか。年金の問題も、一所懸命40年も掛けて、生保以下の水準しかもらえないのはおかしい。そういう人たちについては最低生保水準になるように補填するように制度を変えていかないと。かといって払っている人と払っていない人と同等にというとまたもめるのだろうけど。生保水準をベースにして、年金を払っている人はそれに上乗せされるとか、そういう仕組みだといい。いずれにせよ、年をとってもそれなりに働いていきがいのもてる生活・生き方をどうつくっていけるかだろう。

　現実的には高齢者だけが押し流されて来るのではなく、若年層も含めて押し流されてきている。高齢者の就労確保と同時に若い人たちの寝場所を確保し、就労、生活訓練を行い、それなりのスキルを高めて社会へと送り出していく。そういう事業もやらざるをえない。今年あたりから集中してやっている。結果として落ちてきた人をフォローするよりは、落ちない仕組みをどう社会的に作っていくかの方が非常に大切だと思う。結果に対して、現実的にはそういう形で対処しながら、どんなに困っても、まず働けて、生活を確立する、野宿しなくてもいいようなセーフティネットづくりを、今後とも、訴えつづけていかなければと考えている。

第3章

社会的企業家聞き取り記録（2）

　関西の聞き取り調査を終えた後、運営委員会で、共同連以外は皆釜ヶ崎に関連した事業所ではないかということで、それ以外の事業所の聞き取りを計画することになりました。関西の生協が、07年に生活クラブ連合会に加盟していたこともあり、ワーカーズ・コレクティブ・ネットワーク・ジャパン代表の藤木千草さんと出会う機会があったので、聞き取り調査についての協力を依頼したところ、関東のワーカーズ・コレクティブの紹介をしていただけることになりました。たくさんの団体がありましたが、社会的企業家の聞き取りという課題ですので、事業高とミッションを検討し、介護保険関連の事業所は原則として除外させていただいて、東京、神奈川それぞれ2団体を二日で訪問する日程を組みました。

　この章は訪問順ではなく、子育て関連の事業所二つを先行させ、NGO的活動をしている団体を続け、中間支援組織的活動をしている団体を最後に配置しました。キッズルームてぃんかぁべるは世田谷区の委託事業で、一時保育事業です。さくらんぼは横浜市の委託事業で保育園ですが、前者が事業委託の話が先行していたのに対して、後者はまずワーカーズ・コレクティブをつくった後で委託事業に挑戦したという違いがありました。どちらもニュアンスの違いがありつつもワーカーズ・コレクティブという「もう一つの働き方」に誇りを持って事業を続けていっておられます。

　WE21ジャパンは、イギリスのNGOをモデルにリサイクルショップを展開していますが、剰余を第三世界の貧困解消と人々のエンパワーメントに役立てたいというミッションが自分たちの生活の見直しに繋がり、またショップも地域の溜まり場として機能しているということで、財政基盤を持ったNGO活動として今後もますます活躍していけるでしょう。

　アビリティクラブたすけあいは非常に特異な団体で、生活クラブ生協東京を土台としつつも、それから距離を置いたたすけあいワーカーズ設立と中間支援組織としての活動が成功を収めている事例で、非営利・協同セクターを構成する団体の目的意識性の重要さを教えてくれます。

　これらの事例は協同組合地域社会という構想が夢物語ではなく、現実に実現可能な目標であることを示していて、日本における社会的経済の先駆だと実感しました。

一時保育施設のモデルケース

──ワーカーズ・コレクティブの強み

企業組合ワーカーズ・コレクティブ　キッズルームてぃんかぁべる前代表　**水町由紀子**

（2008年12月20日実施）

> ※企業組合ワーカーズ・コレクティブキッズルーム
> 　てぃんかぁべる　http://www.wnj.gr.jp/
> 　＊設立　1999年
> 　　メンバー12人（組合員）専業理事8人・雇用従業員18人
> 　＊事業内容　一時保育　事業所　2箇所（三軒茶屋、下北沢）
> 　＊事業高　2,539万円（04年度）
> 　三軒茶屋は世田谷区の文化施設に併設された一時預かり所で
> 　行政からの委託事業、と独自事業。

──事業所の簡単な歴史をお伺いします。

　事業所は三軒茶屋と下北沢の2か所にあり、世田谷区民のための施設です。
　三軒茶屋の施設は、もともと他団体によってパブリックシアター観劇者対象の託児のために開設されたのですが、それだけでは利用者も少なく、この広いスペースを空けたままにしているのはもったいないのではないか、という意見が行政から上がりました。
　その解決策として、生活クラブ運動グループ地域協議会に、一時保育（シアター託児を含む）をする団体はないか、という投げかけがあり、ワーカーズの関係者などが奔走し、有志を募って、いろいろと研修、実習などをおこなって、1997年11月に準備会を発足するに至りました。
　1999年3月にワーカーズ・コレクティブ　キッズルームてぃんかぁべる（以下"てぃんかぁべる"と記す）を設立し、行政との委託事業と補助金事業の契約には法人格が必要だったため、一番私たちの働き方に合っている企業組合と

いう形式をとりました。
　1999年7月に東京都から申請の許可がおり、世田谷区との契約が成立し、同年10月より事業を開始しました。運営状態はまずまずで、中小企業団体中央会からも第2第、第3の"てぃんかぁべる"を視野に入れるようにと指導があり、その方向で進んでいました。

　そのうち、2002年8月の地域協議会で、COS下北構想が立ち上がりました。一つの家で、地域に根ざした活動をしようという集まりで、私たちに保育室として参加しないか、というお誘いがありました。これについては、理事会でもずいぶん話し合いました。次期代表に決まっていた私は、当初自信がなくて積極的ではありませんでしたが、前向きの組合員の後押しと協力を得て、参入することになりました。2003年7月にはNPOのCOSFAが設立され、2004年8月には世田谷区に提出した下北開設補助金申請の許可が下り、同年9月に"てぃんかぁべる下北"が第二保育室として活動を開始しました。この補助金申請が許可されたということは、三軒茶屋での実績に対する行政からの評価と感じています。
　一時保育専門なので、コンスタントに利用する人もいれば、一度限りの人もいて、満室でお断りしたり、定員に満たない時もあったりで、波があって油断できません。
　三軒茶屋は場所が良く、駅を降りてから雨にぬれずに利用できるので、2ヶ月先まですぐ満室になりますが、月ごとの利用料金の銀行振り込み期限には、キャンセルと申し込みが錯綜して、事務作業が大変です。
　下北沢の方は、一昨年から昨年と利用者が減っています。小田急沿線に世田谷区主導の一時保育預かり施設がいくつか立ち上がったためかもしれないし、駅から歩いて五分なのでちょっと不便なのかもしれませんね。
　保育スタッフは、若い人（20代前半）から子育て終了者（60代）までと、年齢的にも幅ひろく、経験豊かな者が多いので、リピーターや口コミでの申し込みが多く、利用者には安心して預けていただいているのではないでしょうか。以上が簡単な歴史です。

——資金調達については？

　三軒茶屋を立ち上げた時は、共同出資だったと聞いています。
　下北沢の場合は、ワーカーズを介して労金から400万円を借り、順調に返しています。
　平成19年度の出資金は322万まで達しましたが、組合員による出資金のばらつきを調整したため、年度末は242万となりました。税法上、同族会社の扱いとなるのを避けるためで、平成20年度に入ってから増資しています。

——普通は出資というのもなかなかわかりにくいと思いますが。

　私自身の場合は、会社勤めの経験がなかったので、（企）組合員として参加することは出資を伴うのだと、漠然と理解していました。現在は、組織の仕組みと出資の必然性を、新規参入の（企）組合員に、周知しています。

——メンバーは生活クラブ生協の組合員ですか。

　立ち上げ当初は全員生活クラブ生協の組合員だったようですが、現在は代表以外の（企）組合員の中には加入していない者もいます。前の代表も当初は生活クラブの組合員ではありませんでした。私自身も同様で、今に至るまでワーカーズについての勉強中です。

——意外ですね、そういうことがあると思っていなかったので。

　私たちの事業体は、（企）組合員とパート従業員で構成されています。保育従事者も託児利用者も生活クラブ組合員であることについてはこだわりません。今の（企）組合員は、監事以外全員パートや縁故で参入しているので、ワーカーズの仕組みなどについては、全員が勉強中です。
　私自身学生からすぐに家庭に入り、30年近く専業主婦でいたので、他の会社との違いが分かりませんでした。ただ、なぜ企業組合という法人格を選んだ

かは、設立条件などが私たちの働き方に最も適していたからということと、理解しています。企業組合は、一人一票の平等な議決権を有するなど、いろいろな意味でワーカーズの働き方と合致するような法人格だと思います。

——行政との関係は？

　行政からの提案を受けて、全国で先駆けの一時保育専門施設を立ち上げたので、常に行政との連絡を密にしています。世田谷区が一時保育施設を拡充した時、私たちがモデルケースとして、運営についてのアドバイスをしました。
　先日その中の或る施設で不正があり、補助金の減額に加えて違反金が科せられました。
　私たちが誠実な運営をしていることに、厚労省も注目しているようで、19年度は10数名が見学にみえました。

——世田谷区でここが最初で、それ以外にどれくらいですか？

　よく分かりませんが、一時保育単独型は少ないと思います。ホームステイも受け付ける緊急預かりが二箇所くらいでしょうか。今、区立保育園の民営化という構想が進められている中、預ける方が毎日いるとは限らない一時保育のみというのは、なかなか難しい事業だと思います。

——預けられる母親の家庭ではどうしていますか？

　就労のため一時保育に預ける家庭は、ほとんどがパートです。ですから、週1回から3回までの預かりとなります。ただし、行政の保育園待機児童をゼロにという目的に協力して、正規で勤務する人に対しては、入園が決まるまでの数ヶ月間、毎日預かることもあります。

——駆け込みの人は多くないですか？　渋谷のすぐ隣なので。

　急病など緊急の場合は、できる限り受け入れるようにしています。以前、DVの方から問い合わせがありましたが、結局行政が解決してくれたようです。また、家庭状況によっては、子どもの取り合いになることもあるようなので、引き渡し時には特に気を遣います。

——99年以降そういうケースも増えてきている？

　少し増える傾向もあります。でも、それほど預かる期間は長くありません。基本的に稽古や交友など、私的事由が多いですね。就労も最近増えています。あとは、出産のため上のお子さんを預かるのが、今年度で4件ほどあります。障害のあるお子さんについては、面接をしてお互いに納得した上で、年間1〜2名ほど預かっています。

——事業の具体的内容ですが、朝から夜までのどういうことをしているのですか？

　朝9時から受け入れ、10時半から11時半の間に散歩をし、12時半までがお昼ご飯、15時から15時半がおやつとなります。また、子どもの体の状態や保護者の要望に合わせて、お昼寝の時間も適宜とります。そして、当日の子どもの様子を見ながら、遊戯や読み聞かせや工作などをします。
　こちらは一時保育なので、タイムスケジュールを決められるのは、お散歩、お昼、おやつの時間くらいです。従って、年間行事の計画は立てられません。
　保護者が預ける理由もさまざまです。交友のため、上の子どもの学校行事、保護者や兄弟の通院や勉強、短期就労、介護、出産などで、こちらに要望することも異なります。ですから、保護者が事業や行事に関わることには、発展しないようです。

——定員は？

　三軒茶屋が1、2歳児、下北沢が1～3歳児が対象となります。原則として午前午後10名ずつとしていますが、状況に応じて11名になることもあります。4時間利用が多いので、入・退室時間が交錯する時間帯でも、13名以上にならないよう努力し、子どもの人数に合わせてシフトを組んでいます。子ども10名にスタッフ3～4名です。

——去年の事業は？

　プラスです。委託事業のシアターからの収益が多かったので、プラスとなりました。補助金事業だけではマイナスなので、もしもシアター託児が入らなければ、人件費を抑えるなど、質を落とさなければならないでしょうね。

——スタッフの労働条件などは改善されてきましたか？

　パートの時給を上げました。資格の有無で差があります。（企）組合員とパートの間でも時給に差があります。
　パートは900円ですが、有資格者は950円で、良いほうだと思います。今年はちょっと赤字になりそうですが、それは（企）組合員が増えたためです。それでも、この時給を維持するつもりです。時給の低さは、モチベーションを下げる原因ともなるので、仕事に対する誇りとやる気を保つためにも、この方針で進んでいきます。

——運営は全員で？

　（企）組合員13名のうち運営は7名で、幹事が1名です。運営の中に代表も含まれます。運営による理事会が月一回。全員で集まるのは、年に1～2回の全体会と総会の時です。総会は、どちらかというと企業組合のやり方です。
　（企）組合員は殆んどご主人がいて、その扶養控除の範囲内の年収を希望し

てぃんかぁべる下北沢

ています。そして、パートも同様の働き方を希望しています。

　また、補助金を受けているため、行政が定めた利用料金を変えることができませんし、実際問題として、4時間1,500円という低料金での預かりでは、大幅に収益を上げることは不可能です。特に、三軒茶屋の保育室は、世田谷区の施設を無償で借りて運営しているため、設備の改善一つにも行政からの許可が必要になっています。

　いろいろな働き方があるのが、ワーカーズなのかもしれません。

——東京の企業組合連合会との関係は？

　中小企業団体中央会の担当者とは、相談のため年に何回か顔を合わせていますし、そのつながりで勉強会などにも参加しています。また、協同組合の関係書類の様々な書式などについて、いろいろ助言いただいています。

――企業で働くのと違うと思っていたが、主婦の方が多いとお聞きして、やりがいっていうのはありますか？

　子どもからもらうパワーがけっこう大きいことと、子育て中には見えなかったものに気づかされたりしています。また、自分で時間を選べる働き方ができることに、幸せを感じています。女性だけの職場ですが、人間関係が良いので、とても楽しく、大いにやりがいがあります。
　4〜6時間のシフト制なので、一日中一緒にいるわけではないことと、みんなが適当な距離を保っているのが良いのかもしれませんね。

――若いお母さんの子どもを育てにくい状況があるが、こんなことが気になるとか、ここは新しい世代いいなというところとか。

　私だけの印象かもしれませんが、子どもとの関わり方があっさりしているようですね。愛情不足ではないのでしょうが、母親が仕事をしているなど、他にもやりたいことが多すぎて、子どもに割く時間が減っているのかもしれません。ただ、一生懸命子育てをしているお母さん方がほとんどです。
　それから、母親との信頼関係を築いてからでないと、子どもに関するアドバイスをするのも難しいですね。行政からは、虐待の問題などがあればすぐ連絡するように、という通達が来ています。今のところ虐待などはありませんが、親子の関係もそれぞれ違いますので、家庭の中まで踏み込むことの難しさを感じています。

――まる一日よりも、短いだけに濃密な時間がというのはあるのかも。

　そうかもしれませんね。スタッフ会議を2ヶ月に1回開催していますが、ほとんどのパートが参加してくれて、子どもたちの状態を共有しています。
　母親への助言の仕方なども、会議で良く話し合って工夫しています。子どもや親に対して配慮が必要な場合の情報伝達には、メールも活用しています。

——今はなにかあったらすぐ責任追及する風潮ですが。

　いまのところ、大きな問題は生じていないので、そうした傾向はみられません。小さなトラブルについては、時系列順にきちんと説明して、私たちの責任を明らかにしてお詫びすれば、誠意は通じるようです。

——ミッションがメインになった事業体とみていいですね。

　そうですね。もちろん行政からの指導や要望はありましたが、目標は子育て支援です。ワーカーズという働き方を選んで、母親と子どもをサポートしています。

——一人一票制で運営が難しかったなどはありますか？

　それは感じませんでした。結論が出るまで時間がかかるというデメリットはありますが、みんなの責任で決定して行く過程が必要です。
　それぞれが積極的に意見を言い合って、きちんと話し合いをすると、自分の意見が通らなくても、こだわりを持たないのではないでしょうか。ですから、決定事項をスムーズに推進することができるという、大きなメリットがありました。

——最後にメッセージをお願いします。

　幼児を持ちながら社会参加したいと考える女性や、就労のため技能を修得する時、あるいは高齢者の介護、緊急時の対応、子どもとの関係のリフレッシュなどの子育て支援を目的に、保育経験者が中心となって"てぃんかぁべる"を設立しました。
　ワーカーズ・コレクティブの事業が、営利を第一の目的にしないことや自主性を重視した働き方を推進してきた歴史を踏まえて、私たちの保育事業が広く社会に理解され、他の地域にも仲間が増えるよう希望しています。

安定した保育園経営を土台に、地域づくりと障害者雇用にチャレンジ

NPO法人ワーカーズコレクティブさくらんぼ理事長　伊藤保子

（2008年12月21日実施）

※NPO法人ワーカーズコレクティブさくらんぼ
http://www.sakuranbo.or.jp/
＊設立　1997年4月
　　　　2002年　NPO法人格取得
　　　　2005年　知的障害者職場体験実習の受け入れ
　　　　2006年　福祉就労協力事業体となり、1名雇用。
＊事業内容　横浜保育室事業、子育て支援事業　メンバー12人
＊事業高　1億6,100万円

――事業所についてお伺いします。

　私は、ここのNPO法人さくらんぼの理事長もしていますが、それ以外の活動もしています。こういう法人が集まって、社会的企業としてワーカーズが存在しうるのかという、新しい可能性や方向性を探ろうと設立したNPO法人ワーカーズ・コレクティブ協会（以下協会と略します）の副理事長もしています。私たちの法人も生活クラブ生協の組合員がワーカーズ・コレクティブとして起業し、保育事業をメインに10年間ほどやってきましたが、ワーカーズ・コレクティブがそろそろ違う社会的価値を持ってもいいのではないかということで、協会の活動に参加して5年になります。

　その中で共同連の斎藤さんにも来ていただいてお話を伺いました。3年くらい前から障害者とともに働く組織として、ワーカーズ・コレクティブ（ワーコレ）が持っている可能性があるのではないかと考えたのです。神奈川県の「障害者就労訓練委託事業・トライ」を受託し、神奈川県に200団体あるワーカー

ズ・コレクティブ団体を訓練先としてコーディネートしています。県のトライ終了後、より就労に近い状態で働くチャレンジ訓練につなげるなどしています。今16名ほどアルバイト雇用やメンバー加入して働いています。障害が重く就労に結びつけることができない場合で訓練生の希望が強い場合は、社会参加の窓口としてボランティア参加をしていく人もいます。作業所や一般就労だけでなく、その中間に私たちのところがあるのではないかと考えています。協会はそのコーディネートをしながら事業を開拓してきました。

いまは知的障害の人だけではありません。ニートなどの若者たちで社会参加が困難な層もいます。そのような若者を支援するために横浜市がNPOと組んでやっている若者サポートステーションがあります。ひきこもりの若者が相談に来れば、臨床相談をしたり、学習や体力づくりをしたりする場を提供しながら最終段階の体験実習や就労実習などを協会のほうでやってくれませんかと依頼があり、若者の就労訓練コーディネート事業も加わりました。それもいい効果を出しています。

それで今年は、ワーコレならその子たちが挫折せずにけっこう元気に働けるのはなぜか、ということを分析しましょうということになっています。このように、社会的経済というような活動は、協会としては意識して活動しています。私は協会とさくらんぼの両方に関わっているので、協会で見つけた可能性を自分の法人のなかで探ってみたり、事業体のなかで出てきた問題をまた協会に戻すようなことをしています。

社会的企業の位置づけとしては、ワーコレの外の一領域として社会的企業があったり、なかにはコミュニティビジネスととらえているような事業体もあったり、認識はばらばらですが、要は事業をして経済活動に参加しているけれども、どんどん大きく成長するのを望んでいるのはなくて、何かそこに価値を生み出そうとしてやっています。価値として感じようとしている何かを、ワーコレ運動として言語化しないと発信していけないし、価値を強化できないので、いまそれがかたちになっていませんが学識経験者をお招きして学習しながら、自分たちの優位性の言語化をしてきました。

その契機となったのが参加型システム研究所が2004年に企画した福祉研修ツアーです。ヨーロッパのアソシエーションやイタリアのB型の社会協同組

合を見て歩きました。フランスの農場、イタリアの社会協同組合B型、これはワーコレに近いと思ったので、都留文科大学の田中夏子さん、立教の大学の藤井敦史先生、共同連の斉藤さんなど道標となる学習をしながら今日まできています。そこに可能性があるのではないかと。韓国の方からも、法律ができて取り組みが始まっていて、実体としてワーコレの広がりを知りたいと見に来られたり。協会はワーコレ運動のリーダーの卒業生がつくっているものなので、自分たちが一生懸命働いて社会参加して、自分は充足しているところからもう一歩先を見ようとしたことが、あまりはずれていないなと思っています。神奈川全体としてはそういう方向を探そうとしています。

——協会は神奈川のワーコレ連合会とは別ですか。

　ワーカーズ・コレクティブ連合会とは別組織です。連合会はたとえば個々のワーコレが保育をやっていれば保育の課題が何か、何で困っているかなどを探って対応する、お互いの力量を高めていく研修や、新しいワーカーズ・コレクティブ設立支援など事業者連絡会の色が強いです。本来はそのことと、社会のことと、ワーコレのような協同組合、非営利協同の組織がどういう価値があるのかを探ることを、車の両輪のようにやる必要への気づきは以前から連合会としてあったと思います。しかし、人も時間も限られていて、毎年遣り残しになっていた部分がありました。連合会の理事は交代制となっています。だから、連合会の理事長や理事を経験した人たちが中心となって協会を設立し、ワーコレだけですべてが解決できるという世の中ではないので、外へ向けてというか、同じような活動をしているNPOや労協とつながったりしながら、何か違う可能性やアピール性みたいなもの、自分たちが価値を感じる動きをワーコレのなかに戻していこうというものです。まだ新しくて5年ほどです。最初はNPO法人ワーカーズ・コレクティブ連合会という、似たような名前でしたし、連合会の事務所に間借りをしていました。わかりにくいと指摘をうけ、ワーカーズ・コレクティブ協会と名称を変更し、事務所も独立させて、有志が集まってやっているところです。

　協会とは違って、私たちのNPO法人ワーカーズ・コレクティブさくらんぼ

保育風景

は、生協クラブ生協とは事業上は関係がほとんどありません。組合員だった主婦たちが自力で起業してはじめています。ワーカーズ・コレクティブという組織体を選択しましたし、連合会に加入していますが、他のワーコレとは少し違うのかもしれません。生活クラブの運動グループだけで解決できることは限られています。生活クラブの組合員層は、私も含めて食べるのにそれほど困らない層です。そこと違う問題を実際のNPO活動でやっていると、事業をやっても、高齢者の問題とか、われわれの感覚では絶対にわからなかった現実が、現場で見えてくることがこの地域にもあります。その問題は生活クラブの手法だけでは解決できなくて、やはりNPO活動へのシフトが必要になってきています。それがうちの法人の現在の状態でもあります。

　ちょうど10年経ったので、記念誌を出版し、最初のほうに経緯などをまとめています。

――障害者の就労の受け入れについてお聞きします。

　先ほどの話の続きで、神奈川県からの紹介での職場体験実習は協会のコーディネートによるものです。NPO法人ワーカーズ・コレクティブ協会で、職場体験事業が取り組まれています。市の担当者から知的障害をもった人は比較的働く意欲が育っていない。働かなくてもいいと思っているし、親も働かせなくていいと思っていて、社会に出ていこうという意欲がいちばん薄いと。自立支援法になって少しづつ地域で働く方向が出てくるようになったけれど、家にいたり、作業所にいっている人が参加するきっかけをつくりたいということでした。横浜市が職員から企画を募り、何点か取り上げて、新しい仕事を任せてやらせるということをしました。その一つに、知的障害者の職場体験事業があったんです。1年目はその目的でつくられた育成会が、掃除業務、水耕栽培をするルッコラの農場、そういうところで受け入れていましたが、神奈川はワーコレが多くて、17業種220団体あったので、毎年10名ほどのコーディネートならできるだろうと。いままで私たちはB型の可能性は頭の中で探ってきたので、実際にどうなるかをみんなで体験したほうがいいということでそれに手を挙げました。協会としてコーディネートができるし、決まった仕事ではなくていろいろできますと。そこで調理と福祉の2業種で受け入れました。すると保育園はそれまで選択肢にもなかったし、調理の現場でお弁当をつくって店頭に立てることもなかったので、すごく殺到してきたんです。

　それで10人を受け入れました。最初は10人で、参加団体が協会関連の事業所でやったので、4、5団体のみでした。結局私たちがそこで再確認したのは「できるじゃん」ということだったんです。特にうちの保育園に最初に実習に来た人は、保育園に来てまったく生活が変わってしまって、夜型でひきこもってほとんど物も食べなかったのに、毎日ご飯も食べるようになったと。

　その人はいま思えば知的障害というよりも、対人障害みたいなところがあって、大人が怖くてしゃべれなくなるけど、子どもには本当によくて、保育園が見過ごしてしまう子どもをその人が受けとめてくれるようなところがあったんです。黙々と掃除をしながらやっていく姿を見たし、字も書けないかと思っていたら、頭で考えていることを字にできない、気持ちを出せないだけ。最初の

うちは絵でコミュニケーションができるようになって、いまは文字でもOKです。本来は字が書けるのに、そこに何かさせないものがあったんです。私たちはその人が初めてだったということと、出生が近くだったこと、彼女が暮らしているグループホームからも、ここで終わってしまうとまた昼夜逆転の生活になるからボランティアでもいいので行かせてくださいと頼まれたので、3ヶ月ボランティアで来てもらったんです。

そうしたら、保育園が発見することが多かった。それは保育士がいつも忙しく動き回っていて、止まって子どもを見られなくなっているということ。その人が来てから、赤ちゃん帰りをした子がいたんです。その子は2歳まですごくしっかりした子だったのに、その人の前で赤ちゃん帰りをした。それを実習先の保育園では「赤ちゃん帰りが今できて本当によかった。彼女は、その子どもが赤ちゃん帰りをしたい気持ちを受けとめる仕事をしてくれた」と。私は、そういうことに気づく保育士集団もすごいなと思ったし、その人がいることでそういう気づきがあるのなら、それは職業にできないかと。それで最初にその人を雇用したんです。ただ、お金が上がっていく体験をしたいということで、2年間は最低賃金除外申請をして、50円ずつ上げていって、いま780円になりました。仕事ができれば上がっていくよということをしながら、3年後にここにいたいのか、それとも他にいって働きたいのか決めましょうという約束で入れました。彼女は継続したいということでした。それがスタートです。その人から多くを学んだことが、私たちが躊躇しなくなった一つの理由です。

それから毎年保育の職場訓練や実習に来られてますが、困ったことが一度もありません。何人も来るのだけれど、みんなそれぞれにまったく性格も違っているけれど、とても楽しそう。こんなに幸せそうに働くということを私たちは忘れていた。忙しくて、この次いつ休めるのということになっていたのに。10年前に私たちが専業主婦からスタートした時、こんなふうに楽しかったわねと思い出します。いまはこちらに2人、瀬谷に2人が就労しています。1人はどうしてもここに来たいという人がいて、ボランティアで謝金として交通費などを払うかたちですが、いま就労移行訓練のところにいっていて、彼はそこになじめないでいる。そこに4日間行ったら、こちらに1日きてもいいよということで働いてくれています。だからいままで4人がきていて、それが普通になっ

ています。斎藤さんからは「受け入れる、というのは傲慢だろう」と指摘を受けたことがありました。そのときわれわれはスタートした時だったので、無理して言葉だけ「一緒に働く」と言っても……と思っていましたが、3、4年経ったいまは普通のことで、その人たちがそこにいてちょうどバランスがいいかたちになっているので、このことを言っていたのかなと最近思っています。

——親御さんとの関係をお尋ねしたいのですが。

　最初私たちがやった時は地域に使い勝手のいい保育園がまったくない状況でした。「わけのわからない人たちが保育園をつくるらしい」と思われていたのかも知れません。実際、自分たちも不安でしょうがない気持ちでした。私たちも子育てを経験していたので、保育園を親の視点でつくりました。たとえば、幼稚園児の母親はふだん家にいても、何も持ってくるものがないのに、保育園児の母親は忙しいのに布団を持っていかないといけない。それはおかしいわね、というような、素人の発想ですよね。自分たちが事業をするのだから、どうすれば子育てをいやにならずにできるか、自分たちができることならばそれをやっていこうと。

　私たちは最初に横浜市保育室事業として助成を受ける形でスタートしたので、他のワーコレと比べるとびっくりするくらいの余裕のあるスタートでした。そこで助成金として入ったお金を、ある程度は人件費にしながら、親が負担する部分に充てたりしました。それから、プロじゃなかった強さというか、いまでも当時の親とは同志的なつながりがあります。よくあんな恐いところに預けてくれましたね、みたいな。いまは私たちも大分プロになってきたというか、保育園らしくなってきたのかな。でも、今の保護者はそういう深い関係を望まない層も若い人のなかに増えてきて、最小限度で関わってくれれば、あとは契約関係でいきたいと思っている層も増えています。昔はそういう親との関係があったし、私たちも専業主婦だったので、保育園に預けることを知りませんでした。保育園を運営しながらそれを学んでいく。だから、どっちが先生かわからないみたいな。たとえばなぜ昼寝をしないと困るか。寝かさずに遊ばせておくと、夕方ぐずって大変だから寝かせてくださいとか親から言われて、そ

うなんだと。恥ずかしい話、一つ一つを教えてもらい、実状を聞きながら。ほかに行くところがなかったからかもしれないけれど、関係が切れずに、あの保育園は私たちが育てたという思いを、たぶん親たちは持っていると思います。そういう関係だから、私たちも素直に学んだし、私たちも親に言いたいことを言う。1カ所だけ小さな保育園をやっていた時のほうが協同して一つのことをやっているという感覚は強かったと思います。

――地域づくりという問題とはどう関わってきましたか。

　保育園は2カ所です。1つ目がすぐいっぱいになって、次の年にすぐ2つ目を始めました。保育園をやりながら、保育園の機能にないものがいますごく必要とされている、これだけでは足りないと感じることが多かったんです。税金をもらっている保育園は制度のなかにあって、ある程度対応できるケースが決まっています。保育園は入れる要件がないとだめだけど、私たちは自分たちの子育ての時に、一時的に預かってくれるところがなくてすごく困ったので、最初の確認として、一時保育をしましょうと。一時保育をやって、その人たちのニーズに応えましょうと。

　一時保育の必要な人たちのなかには、深刻な状態を抱えた人がたくさんいるんです。でもそれに対応できるのは、一時保育しかない。恥ずかしくも、それを事業の中で始めて気づいたんです。親に対しても子どもに対してもそうで、保育園に来られないけど、保育園に来て育ったほうが絶対にいい子。母子がカプセルのように密着している子は母親が仕事をしていないので、絶対に保育園には来ません。だからその子を集団のなかで預かりたいと考えても、保育園ではできないことに気づいた。だから、そのできないことを事業化しようと。そこから保育園以外の子育て支援事業を広げてきたんです。

　最初は親子ルーム。保育園を開放して、そこに親子が来て過ごす。財団法人福祉医療機構の全国部の助成金を得て、相談員による相談機能を充実させてスタートしました。68件ほどの利用者がいて、深刻なケースは1件だけあって、行政につなぎました。ほかは、なんのこともなくて、いかにお母さんがそれを表に出せないのかがわかりました。

それなら相談機能をつけずに、保育園みたいなものを自費でやればいいだろうということで、泥んこ遊びをする教室を6人くらいからスタートしました。すると、発達に障害がある子どもの親が来て、言葉が遅いとか、友だちをすぐ泣かすとか言われて、3歳で保育園に入れるか入れないかをどこに相談したらいいかがわからない、保健所であなたのお子さんおかしいですよと言われるのもいやだと。そこで、みんなで遊ばせてくれて、ちょっとプロの人が指導してくれる場として地域に落ちていった。だから自閉症と診断された子も泥んこ遊びができるかもしれないし、様子を見てくださいと。皮肉なことに、相談を必要とする人がそちらに来るようになりました。だからそこに相談機能をつけました。お母さん同士が同じ地域なので、その子に発達障害があっても同じ学校に行く場合は、お母さんも同じ仲間として育っていくきっかけになればいいと。終わった後に親同士で自由に話せたりとか、親子で何かをするのも入れながら。いまも話す場は8年くらい継続しています。いまは振り分ける傾向が強いというか、だんだん早くなってきたというか。
　以前なら3歳児はいろいろいて当たり前で、3歳くらいから変わる子はけっこういる、うちの子もそうだったよと言われて安心していたんだけれど、いまはそういうことを言ってくれる場がないのだと思います。
　だからそういう活動や、赤ちゃんが来る広場事業をやりながら、家庭に行かないと解決しないことには派遣サービスを始めたりしています。派遣サービスは全然儲からないけれど、核の事業になっています。相談機能もつけていて、コーディネーターに立ち上げた時の人が入っているので、保育園の一時保育を一日参観してみてはどうですかと、私たちの支援サービスに振り分けるようにしています。逆に、私たちでは収まらない深刻なケースは、派遣事業から行政につなぎます。虐待や障害児の育児放棄などは家庭に入るからこそ感知できることがあります。自分たちでできるサービスがいろいろあるから、一時保育は税金も入ってくるから親の費用負担もいちばん少ないので、それに結びつけたり。相談相手に来てくださいといった人は、親子の広場に誘い出して、広場でお母さんと交わって、復職したら保育園に預けることを。一つ一つのサービスが分断しないという、なんでもいいように派遣サービスがなっていますが、それをやったりしています。

去年は病児保育を立ち上げました。病児保育は派遣サービスでやっていました。ところがいまは、親が病気の子を保育園に預けて仕事に行きます。ちょっと熱があります、38度になると預けられません。公務員や教員は休めることもあるんですが、子どもをおいて仕事に行く人は、正職員ではないんです。これ以上休んだら、せっかく見つけた職がクビになると。行政がやっている病児保育制度はそういうパートの人にとって使いにくい。正職員でもある程度時間的にも立場上も余裕のある人には使えても、突然の事態には使えない。そういう病時保育制度はなんだろうかと私は思ったんです。ちょうどうちのワーコレに看護師が入ってきて、その人は病院よりもワーコレで自分の技量を生かしたいと。看護師ならもっと稼げるのに、うちでいいということで働いてくれています。その人に病時保育担当をしてもらえれば、医者とのネットワークもあるので、困った時は病院に頼れるからやりましょうということで始めました。

　このケアルームが使われることを望んでいるかと言われたら、あまり使われたくないんです。リスクも高いし、子どもの病気の時くらい両親のどちらかが休んで面倒を見られる社会をつくるのが理想なのに、必要悪のようにケアルームをつくることがいいのかという意見もあったんです。でも、現実に仕事を辞めなくてはいけない親も両方の園に出ているでしょうと。その人たちが辞めないで乗り切れたら、学校にいけば、もっと長く働けるところに進めるのに、0～2歳の段階でできなくなるのは、やはり社会的に不公平なのだと。できる限りやりましょうと。それは東京のフローレンスというNPOのやり方を本で読んで共感し、互助システムにしました。フローレンスは月会費が8,000円くらいですが、うちは4,000円と1,000円の互助システムに。だから月平均2,500円の会費を毎月払っていれば1回は無料です。そのほかは、いちばんひどい時はお母さんが休まないといけないかもしれないけれど、今日は休みますという手配をするだけのところは保障しますと。それ以降は派遣サービスと同じ費用がかかりますが、困るくらいに利用が多い状況です。病気の子がこんなにおいていかれていいのかなと。だからわれわれが思っているように親は思って利用してるのかと疑心暗鬼にもなりますが、利用する人がいて、あってよかったという人もいるので、とりあえず3年は検証しながらやっていくと。連携している小児科がいまはケアルームから離れてるんですね。もっと提携する小児科の

近くにできれば、小児科の先生にとっても地域に患者が増えるということで、そういうところを探していこうとしています。

　私たちの保育園は低年齢児が中心で3歳児までになっています。そこで、幼稚園前後の預かり、保育園から幼稚園へ通うということを開園当初から始めていました。それをもっと一般開放して、幼稚園の子や学童の子が遊べる場、幼稚園以降の子どもの拠点を持とうということで、去年から新しい場として、学童保育とか野遊び塾をやっています。いま、横浜保育室もちょっとプロとなり、地域の評価も受けていると感じています。ほぼ年間定員がいっぱいでの状況で保育園事業をやっていますが、そこは若い保育士や雇用している人が増えてきていて、子育て支援活動に設立メンバーがシフトしてきています。

　横浜保育室というペイされる仕事場と、子育て支援活動というボランティア精神の必要な場が、一つのワーコレのなかでは組織が大きくなって、できなくなっています。ここ2，3年は無理ながらやってきたところがあったので、これを分割しようと。組織編成のプロジェクトを立ちあげて、今度お会いする時は「ワーカーズ・コレクティブ」を外していると思います。保育園はワーカーズ・コレクティブとして動いていく。それらが連携しながらNPO法人さくらんぼとして地域をカバーしていく方向を探っています。私たちは、ぽんとできた保育園から、必要なサービスをつくりながら線でつないできました。これを地域で面にしていくには、さくらんぼだけではできなくて、他の団体が入ってきたり、地域の子育て支援ネットワークや地域の人が入ってきたりしながら大きくしていくには、働くメンバーだけで方向を決めていくワーカーズ・コレクティブという組織のあり方ではできにくいねということになりました。NPO活動をするNPO法人と、事業の採算性や継続性を考えていくワーコレを分けて考えることがほぼ決まって、来年の総会で名称変更する予定です。

──社会的経済、社会的企業促進といった問題意識はありますか。

　協会の機関紙、『SEN』を渡します。ソーシャル・エンタープライズ・ネットワーク、すごいでしょう。ですから協会としては相当関心があります。今回は、B型モデルの事業所をすぐそこにオープンするんです。そういう現場もつ

くろうと。

　イタリアを見た時も、協同組合の基本法があるので、B型もできるし、アソシエーションも盛んにできるし、いろんなことができるんですね。それがないなかで、障害者雇用を協同労働の形態でやるということは、障害者の問題に取り組みつつ、国の制度の隙間を適当に上手に使えばいいんですと、斎藤さんは言っていました。そういうことをしながら、とりあえず成り立っているようなかたちにしかならないんだろうなと。

　私たちはワーコレをまったくの任意団体でスタートして、1億規模を越えた時に法人格がほしくて、ふさわしい法人格をさがす時に、企業組合をとるか、有限会社はそろそろなくなるかもと言われてNPO法人は雇用になるけど、NPO法人でやろうと。その時は「借り着」と言っていました。ワーコレにとってNPO法人は借り着で、私たちワーコレにふさわしいものがないから、それぞれが借り着を着ていると。その借り着がけっこう本着になってしまうんです。なじんできているというか。事業系NPOと言っていいのか、それが福祉経営みたいな、福祉もある意味経営してきちんとやっていかないといけないことが発信されることが少ないので、銀行法もあるけど、資金繰りをするときにいつも銀行から借りられなくて、身内やNPOバンクから借りたりしています。うちは一回だけ県のコミュニティビジネス認定を受けました。ここに移転する時に3,000万くらいかかったので、そのうち500万くらいを信用金庫から借りています。それをちゃんと返せているので、信用金庫の支店枠で。だからそこまでいく10年間は、自分たちがお金をもらっても、また何か事業を展開したい時に夫に頭を下げるのはいやだから使えないと。それでみんな100万くらいをもって自前銀行みたいにしています。

　いま中小企業が困った状況で、いつもその状況にあるわけだけど、どの銀行も貸してくれない。だから経済をある程度担っているNPO活動は、活動はNPOだけれど、経済活動もちゃんとしているところがネットワークされると、違う動きが外に見えてくると思います。そういう動きがもう一方であって、NPOのバンクがちゃんと位置づけられていったり、ほかのところにも貸したり、両方をやらないと。NPO団体はどうせお金も借りられないからと言って、NPO活動でずっと自己満足を続けていくだけで、自分たちの経済性や経済基

盤などを考慮しないでいってしまう。

　ここは保育の好きな人たちが集まってやってきました。ここで子どもを育てきった母子家庭は4家族になりました。最初はまだ中学・高校生をかかえながら、びっくりしたことに健康保険も入らない無保険でした。保育士資格を持っていたので、ここに勤めて。その母子家庭のいちばん下の子が今年短大を卒業しました。そういう場を地域の中につくれたことが、私たちの一つの価値だと思っています。そういう働き場があれば、遠くに行かなくても、地域のなかで経済活動して、なおかつ効率性とか大きくなることを望まない事業体があれば、そこで働けるではないかと。だから最初の世代は、母子家庭とか途中離婚の人がだんだん増えてきて、ペアで家庭生活を営んでいる人との割合が半分くらいになっています。

　そういう人もここがあったから働けてきたし、障害のある人もそうですね。ふつうは家にいたり、作業所に行っていた人が、ワーコレのような働く基盤が地域にあったから社会に出て働ける。ここでカンボジアの人が働いていますが、カンボジアの人も日本社会から疎外されずに働いています。そういう場所を提供できただけで、自分たちがここに起業した価値が十分あったと。でもそういうふうに、みんな思えないですね。だから、それだけでも価値があると思うよ、と仲間うちで言っています。それがなければもっと大変な生活をしていた人が一緒に働いているから、こういう働き場を維持してもっと増えていけば、この地域社会は、特に強い人でなくても、外に出て勝負していける人でなくても、子どもを育てながらとか、年寄りをみながらとかしながらでも働けるんだよねと。かけ声だけはかけつづけています。

WEショップ：自前の事業を持ったNGOの海外支援と地域のコミュニティの場の形成

NPO法人 WE21 ジャパン理事長　**郡司真弓**

（2008年12月21日実施）

※ NPO 法人 WE21 ジャパン http://www.we21japan.org/
* 設立　1998年　厚木に1号店を開く。神奈川県で54店舗
  2000年　WE ジャパン、法人格取得
* 事業内容　社会的貢献を目指したリサイクルショップ
* 事業高　2億8千万円（04年度）、3億2千万（07年度）
  海外への支援金　1,600万円（04年度）17カ国61地域への支援。
* その他
  組織　WE ショップ54店舗の経営は35の地域 NPO。ショップのマネージャーはワーカーズ・コレクティブ WEing に組織
  中間支援組織・シンクタンク・NGO としての WE ジャパン
  三種の組織の連携

——事業所の簡単な歴史をお願いします。

　ショップ事業は草の根からの社会運動と捉え、世の中を変えていく手段の一つと考えている。私自身、社会的企業の分野にこの事業が入るのか何時も疑問があり、そこ入るのも違和感がある。

　WE ショップのシステムを考えたのは生活クラブ生協神奈川の理事長であった横田克巳さん。それは草の根からの参加型の市民運動をつくらないと日本の市民社会は良くならない、ということでスタート。現在10年目になった。

　最初の構想と違う点は以下の2点である。1点目として、当初は、WE21 ジャパンという一つの組織をつくり、ショップで提供された物品を販売し、世界の弱者（主にアジア地域の女性）の自立支援をする組織形態を考えていた。

しかし、その後WEショップを運営している地域組織がそれぞれNPOを形成し（現在35の地域NPO）ネットワークする組織になった。そのような参加型組織では、いかにして多くの人を各組織の決定の場に参加させることが、問われる。その基本は、自主管理と地域NPOの自己決定権を担保することと、女性たちが自分たちで決めたことを自治することであると考える。

　2点目は、ショップは物を販売するだけと考えていたが、実際は地域のコミュニティの場になっている。これは、考えてもみなかった。また、支援については、お金を送るだけでなく、私たちの価値観を変えていくことが重要であり、それが当初思い描いていた支援とは違った。

　現在、神奈川県下で54のショップを運営する35の地域NPOがネットワークしている。WE21ジャパンは地域NPOが活性化するようにコーディネートする役割で、この形態は、日本のNPOでも類のない参加型組織である。モデルもないために、課題だらけであるが、その都度みんなで討議しながら、対策を立てている。

——地域NPOはお店を運営している人がNPOを？

　それぞれの地域のメンバーがNPOを作っている。当初は一つのWE21ジャパンの構想であったが、税金の問題が大きく、対案として各地域が独立してNPOを作った。現在のNPO法には問題があり、今後は事業の視点をNPO法に加える必要がある。国としては、自発的な市民活動（NPO法人）は利益を出してはいけないと考えていることが大きな問題である。支援金を生み出すための事業は収益事業となり、それに税金がかかって年間約1500万円支払っている。いろいろなNPO法の円卓会議でも課題を訴えているが、国は理解しない。NPO＝非営利＝営利してはけない、という考えである。これを変えるには、WE21のように事業型が増えないと、声にならない。

——地域NPOの設立の手順はどのようにしますか？

　お店を作りたい人5、6人が店の準備をすすめ、同時に地域組織をつくる。

設立準備会で半年くらい事業をやり、半年か一年のあいだに NPO 法人とる準備をすすめる。ノウハウは WE21 本部がサポートする。手をあげて、不動産を見つけてくれればできる。

――お店の開き方、他府県でも可能ですか？

　他県から見学には来るが、なかなか広がらない。横田克巳さんから、WE21 ジャパンのネーミングなのになぜ日本中に広がらないのか、と指摘をうけるが、神奈川で広まったのは生活クラブ生協や地方政党の NET の活動が盛んであり、そこで活動している女性たちはリスクを負って自分の運動をボランティアで体現する習い性があり、体に浸みこんでいる。ボランティア、社会貢献、地域社会のためなどのために地域資源（人、モノ、金、智恵）を提供しようという女性が神奈川にはたくさんいることが、他県とは違う点である。神奈川県と比較して、他県では女性が市民運動に触れて人材が開発される機会が、まだ少ないと考える。神奈川県には、自己に目覚め、自覚している女性が多い。ぜひ他府県でも進めて欲しい。ただ東京では、WE21 に研修に来て、環境問題に特化したリサイクルショップ（7 店舗）があり、太陽光発電事業に支援している。東京の生活クラブ生協や東京生活者ネットが意識して設立した。

――WE21 ジャパンとマネージャー、地域 NPO の関係は？

　地域 NPO がショップ事業に責任持つが、店に 1 人か 2 人のマネージャーを配置し、そのマネージャーがワーカーズ・コレクティブ（WEing）を組織して自分たちの事業委託内容について点検をしている。いかにスキルアップするかが課題であり、教育研修も実施している。マネージャーは地域 NPO の中のメンバーである。WE21、地域 NPO とは「理念契約」を結んでいる。マネージャー、地域 NPO、WEing は業務委託契約を結んでいる。
　この 10 年間は、中心に WE21 があり、地域 NPO はそこに参加するような形態であったが、地域 NPO が年々、NPO 法人として自覚を持つようになり、独自性を発揮するようになってきた。今までは、WE21 に依存するところも

多かったが、今後は地域NPOでの決定権を尊重し、独自性のある多様な活動に発展できるように、2009年度から組織を変える予定である。WE21は地域NPOの力を高めることと、国内外のNGOとネットワークを築くこと、35の地域NPOの力を一つにまとめて社会的にダイナミックな運動として示していく役割になる。つまり、情報・広報の戦略と、平和を築くネットワークづくり、そして政策提言の3つが主な活動。アフガンやイラクなどの海外支援をどうするかは、地域が独自に決めている。しかし、WE21の理念から外れないように研修を積み重ね、また統一キャンペーンなどの企画を提示し、地域NPOの共感を高めている。例えば、10月17日の世界貧困撲滅デーには、ショップでその日の売上を直接支援事業に充てるというキャンペーンを行う。どこに支援するかは地域NPOが決定し、独自のポスターやニュースなども作成する。そのためには、3・4ヶ月前から研修をして、気持ちが一つになるように働きかけ、達成感を共有している。

　WE21本部の理事は13人。私も含め、地域代表、マネージャー、会員で構成。スタッフは常勤が3名、非常勤が6名。日本のNPO・NGOに厳しいのは人件費が捻出できないこと。人件費が捻出できないと、NGOの活動は縮小していく現状がある。自前事業は人件費を優先的に配分でき、事業を発展させる意味では大変有効である。

　しかし、事業は広げれば広げるほど、コストがかかる。3億2千万の事業高の6割は経費である。事務所や大和の倉庫に月約200万円、また53の店舗の物流の運輸業を担っているワーコレへの委託料などで、約6割は消える。それでも、4割は自己資源として使える。

――地域活動の資源としてのお店の可能性が開けていますね。

　一般的に資源循環型社会という「資源」は形があるものと考えられがちであるが、私たちは「地域に住む人のもつスキル・お金・モノ」を含めて資源と言う。ショップは地域にある全ての資源に価値を見出して、循環する役割である。

WE ショップ

――そう考えると、地域づくりのモデルケースとして提案していく。こういう風にすると町おこしできますよ、など。

　地域づくりとしては、行政からの商店街の活性化などのプログラムに参加し、地域の商店街を活性化する例は多々ある。
　地域づくりを意識している店が街に複数あると街づくりが違うと思う。また、ショップがあるとみんなが集い合うことができ、今まで地域資源を結集する場がなかったということも痛感している。ショップで集い合う人たちが仲良くなり、食事や遊びに行く、また他のショップを見学に行くなど、ショップを通して繋がっている実感がある。また、女性たちは資源（スキル）を持っているが、それを発揮する機会が少ない。
　相模原の4号店は多目的の拠点をつくり、学習会や報告会のほかに、地域の人たちの音楽会、フェアトレード販売、リメイク品（全て提供された衣服は売れるといいが、売れないものがあるのでそれをリメイクした作品）を作り、販売している。ショップでは、リメイク品は100円や200円の品に埋もれて目立

たないため、多目的な拠点において価値を見出して販売している。

　平塚の3店舗目は、リサイクルショップでなく多文化共生の拠点づくりとして、2009年2月に開設する予定である。外国籍の市民と共に、ケーキや珈琲のカフェや、外国語の講座、学習会などを行う。自前で事業をやるということは、夢を描くことができるのであり、着実に夢を実現している女性たちのエンパワーメントは凄いと思う。

　ショップの利益は、普通なら人件費で分配すれば簡単であるが、われわれはそれを払わないで次の夢に蓄積する。だから、その余剰に対して税金がかかり、識者からは税金を払わないためには人件費に充てて、それを寄付すればいいといわれるが、敢えてそうしない。堂々とやっていく。この10年間、景気に左右されず継続してこられたのは、WEショップへの寄付や買う行為（金額）が、世界と繋がっていることを明確にしていることと、その価値を理解し、地域の人のコミュニティーの場として、生活の一部になったことによると思う。

――ミッションについて伺います。

　日本のNPO、NGOはなかなか自分たちのビジョン・ミッションを端的（150数字くらい）に明記していない。フィリピンのNGOに行くと、どんな山奥の小さな住民組織でも、ビジョン・ミッションが示されている。リサイクルショップは、毎日の目先のことに捉われがちで、目的や理念は後ろに置きがちとなり、単なるリサイクルショップになってしまう不安がある。WE21のビジョン・ミッションを明確にして、私たちは何者か、何を目指しているのかを明確な文章にして、折に触れ振り返りをしている。

　WE21のミッションは、地域の市民にショップを通して、マスメディアでは報道されないNGOからの様々な情報を発信して、世界の構造や平和などに関心をもつ市民をつくり、自己決定権を行使して行動を起こす市民をつくることである。そのような市民が、市民社会のコアになり、市民社会が豊かになると考える。世界で起こっていることに関心をもつには、現地で起こっている問題を私たちの生活にひきつけて情報を発信すること。お金をあげて支援して終わ

りではなく、現地の出来事の背景を調べて私たちとの関係性から、私たちの生活を見直すことも支援あり方であると考えて、地域市民に発信している。

――他団体との関係作りについてはどうですか？

　基本的に地域NPOは地域の中でいろいろな団体とネットワークを築いている。WE21は、国内外のNGOや企業などと連携を作る。そのためには出かけていくことが重要であり、これは私や事務局長の仕事と考えている。いつも、同じ場にいたのではネットワークは作れない。また、関心があるイベントなどにも積極的に出かけて知識を得て、ネットワークを築いている。出かけていけば、何かの手ごたえはある。

――NPO法のいまの現状を変えなくてはいけないといわれたが、見通しは？

　わからないですね。公益法人の改革があって、その後NPOがどうするか見通しがたたない。行政に組みいられないように事業性でも独立できるようなNPOの形態をつくることが課題と思う。また社会的企業については、社会的制度がない段階で、それがどうフィットできるのか疑問である。イギリスはブレア首相が制度を作り、そのうえで社会的企業が機能している。日本は、税金の循環もなく、NGOでは低賃金のスタッフ（食っていけない）人がたくさんいる。人件費確保などの制度の基盤をつくった上で、社会的企業がないと、また外観は作ったが、人材育成やお金はどうするのということになる。

――中間支援組織の人がNPOをボランティアだと思っている。

　中間支援組織は現場のNPOやNGOが力を発揮できるために、制度を作る、また制度を変えるためにロビー活動や政策提言をする、また企業や行政から権力や資金を獲得して分配するのが仕事だと考える。今後、WE21ジャパンはWE21地域NPOの中間支援組織を目指すことを考えている。人材開発と専門知識を高め、調査能力やロビー活動をして権力と資金の還流を図りたい。そこ

なくして、中間支援組織や社会的企業の形だけつくられても、非常に困るなという感じがする。韓国は法律つくるのは早いが、これが本来の目的の育成に繋がっているかは問題であるが、地域の福祉事業の育成の役割は担っていると思う。

――社会に発信していきたいことについてお願いします。

　それぞれが自分でやれるところで、力を出すことが重要であり、力を発揮する機会を作るのがNGOやNPOの役割。大変でもやらないよりは、やったほうが良い……と自分たちに言い聞かせてやっている。社会に発信したいのは、10年間やって女性のスキルはすばらしい、ということ。まだまだ眠っている女性の資源は多い。3億の事業で、日本女性のエンパワメントが図れ、多くの女性たちの自信に繋がったことは自信をもって言える。10年も開設していると、事業的に厳しいお店は、短絡的には閉めようということになるが、そんな時には「ボランティアに聞いてみなさい」と投げかけている。そうすると、「ここが社会との接点なのだから、なくなると困る」「週1回だったけど2回はいるから、何とかしよう」など、対策がどんどん出てくる。すでにショップは、ボランティアの生活（生き方）の一部になっている。そのような崖縁のショップほど、女性たちのエンパワメントが高まる。女性たちが力を発揮する場が日本社会でまだまだ少なかった。このような草の根の参加型ショップが日本国内に広がれば、そこで女性のエンパワメントが図れ、地域社会も変わると思う。10年やってきた実感である。

――若い人たちは関わっていますか？

　常勤スタッフ2名は20歳台だが、お店に関わるのは40〜50歳台が多い。日本社会を反映しているのは、夫がリタイヤして、家にいると息が詰まるからこちらにという人も見られる。またずっと働いてきてふと振り返ると身の置き場がないという人もいる。時間に余裕があり、金銭的にも余裕がある50〜60歳台が店を支えているのは疑いないこと。しかし、人生経験もある中年層の女

性たちは、お客のいろいろな話しを聞くことができる。現場には中年層の女性が適している。一方、組織を持続するため若い人が必要である。いま大学からの問い合わせでインターン参加が増えている。その後、就職を選択する際に、WE21の活動を通して、環境系企業にいったり、教育が重要ということで学校の先生になったり、そういうインターンで若い人が意識を変えていくというのはうれしい。また直接運営に関われないとしても、大学のサークルの学生が訪ねてきて、外国籍の市民の課題などについて話を聞きに来たり、われわれが出向いていったりして、コーディネートするなどもしている。無理に若い人を組織に入れようということではなくて、若い人とネットワークを結んでいれば、互いに相乗効果がでてくると思う。

――WE21の場合は、生協理事経験者が多いですか？

　現理事は生活クラブ組合員が多い。ただショップの現場は、生協や地方政治に関わらない人もかなり多くなっている。新しい人が入るのは良い事だが、どこまで運動論を語れるのかが問題であり、運動論を理解しないと活動は疲弊してくる。この間、マネージャーの継続が難しかった背景には、ショップの運営のみに終始し、地域の資源を活用して運動を体現するためのマネージメントという認識が薄かったことが要因と考えている。10年経ち、現実を踏まえて組織を変えていこうと考えている。お店をやる人はショップスタッフとしてワークを明確にする。運動のマネージメントする人は事務局として役割を分業していく。代表はマネージメント責任者である。このように組織を明確にしていて分業と協業を図る。また、協同組合論、市民社会、日本の現状、WE21の運動論などの連続講座を春と秋に予定し、運営を担うメンバーは必須とする。
　今は、WE21だけでなくどこの組織も現場のワークが忙しく、運動論が欠落している。しかし、私は市民社会を形成する基本は、協同組合論と考えているので、それを語り、私たちが地域経済と市民社会を作り、それがグローバル経済に対峙する連帯経済を作っている、というつながりを明らかにして運動論を語っていきたいと思う。協同組合について、理解はなかなかしにくい。教育の現場で、協同組合について学ぶ場や機会が全くないことが大きな問題である。

生協組合員のリーダはある種理解しているが、普通の組合員や店舗組合員だと理解できにくい。

　横田克巳さんは神奈川県内にいろいろな運動を作ったが、全て活性化しているとは言えない。その反省から、WE21は常に原点に戻るようにしている。そのために、生活クラブ生協や市民社会の原点であるグラムシ論について学ぶ機会を、丸山茂樹さんや横田さんを招いて、月一回学習会を開催している。その場には会社を退職してワーカーズに参加した男性たちや、横田さんの本を読んで参加したいという男性が数人参加している。議論する場が、今ではどこの組織もなくなっている。それが大きな問題でもあると思う。

　WE21は、自分たちの組織を常に点検し、ビジョンやミッションに沿って、次何をやるかを議論していく場、また自発的なサークルなどを作るようにサポートしている。

――WE21は社会的企業というより、市民社会をつくるシンクタンク的なものですね。

　来年（2009年）11月初めに、アジアの連帯経済フォーラムが開催される予定。2006年、マニラで第一回が開催されPARCや北沢洋子さんらと一緒に参加した。アジアのなかでも先進国と途上国があるため、マニラのフォーラムでの主なテーマは、マイクロファイナンスやフェアトレードであった。WE21でスタディツアーに行ったときに説明するのは、生協の話をする。現地の人は産直と結びついているところを、新鮮に感じている。有機農業でやってもマーケティングのシステムが作れずにいるために、産直の現地を知りたいとカンボジアやフィリピンからWE21に来るが、その時に生活クラブ生協のシステムを紹介する。

　このような体験から、私は連帯経済のフォーラムの企画会議で、テーマに協同組合を入れてほしい、と要望した。まだ市民社会が確立されていないアジアのなかで、日本の協同組合運動の役割は大きいと考える。

〈ACT〉：地域のたすけあいワーカーズ支援から社会的企業を構想する

NPO法人アビリティクラブたすけあい〈ACT〉理事長（当時）　**香丸眞理子**
NPO法人アビリティクラブたすけあい〈ACT〉専務理事（当時）　**加藤昌雄**
（2008年12月21日実施）

※NPO法人アビリティクラブたすけあい〈ACT〉
　http://www4.ocn.ne.jp/~tokyoact/
＊設立　1992年
＊事業　たすけあいワーカーズ支援事業
　メンバー34団体
＊事業高　2億201万円
　他にたすけあいワーカーズ34団体、約10億円

——事業所の簡単な歴史について伺います。

加藤専務理事：生活クラブ生協東京が今年で満40周年。ちょうど、20年たった頃に、「共済制度」という組合員同士の助け合いの組織があったのですが、委員会活動でいろいろと勉強することをした。その中で日本社会の急激な少子・高齢化の問題がわかってきた。組合員同士の助け合いを否定するわけではないが、それだけに満足していては、社会問題を解決する運動に影響を与えられるのかという議論になった。当時、生活クラブ生協は、たかだか都内で5万人くらいの組織だったので、もう少し地域・社会に広げたものが必要ではないかということになった。共済委員会から生活クラブの理事会に提案をして、新たな地域での助け合いの機能を生み出そうという運動方針が長期計画の一つの項目として策定された。生活クラブ本体が5万人でやるということではなくて、新たなものを（仮称「たすけあい生協」といっていたが、）新たな組織を地域

の市民が主体となってつくり、地域を巻き込んで自治し地域の中で助け合いを行なう。その構想に基づいてできたのが、アビリティクラブたすけあい。

　たすけあいの社会化という長期計画のテーマに基づき、同じ時期に社会福祉法人悠遊を東京の生活クラブ生協がうみだした。当時の社会福祉法人は社会福祉事業法で様々な規制があり、福祉自体が行政による「措置」の時代で、行政か行政から委託を受けた社会福祉法人かのどちらかしか福祉サービスができなかった。生活クラブは社会福祉事業法の中に市民が参画し、法に縛られた福祉の社会化を図るという意味で、法を市民が主体的に変えていくというチャレンジとして取り組んだ。ACT は 1992 年 9 月に設立されたが、社会福祉法人悠遊は同じ年度の 1993 年 3 月に立ち上げた。市民が社会福祉事業を営む機能と、市民がたすけあいのまちづくりに取り組み、地域福祉の推進を図るという新たな機能を、生活クラブが同時期に生み出したという経緯がある。当時は、福祉というものが、行政の措置という時代で税金で運営されており、福祉で採算を取るのは極めて難しいという判断があった。いろいろな調査をしたが、福祉公社や社会福祉協議会など、ボランティア活動としてあったが、われわれとしては社会運動としての発展を目指すために、ボランティア活動のレベルではなく、事業として継続が図れる体制が必要不可欠だと考えた。ACT は自立援助サービスという福祉サービスを媒介として、市民同士のたすけあいによる福祉のまちづくりを主眼としたが、そういう採算性の確保が難しいという、在宅福祉事業とまちづくり運動を行なうために、経営基盤が必要だろうということで、「アビリティ共済」という自主共済を大切な事業の柱の一つとして行なった。これは市民が地域でお金を循環させ有効に運動に活用する「お金のたすけあい」と位置付けた。人とものとお金のたすけあいをリンクして三位一体で、市民主体の運動展開をしようという構想だった。

　これはこれで後に保険業法が改正され、千人以上の自主共済組織は、少額短期保険業登録するか、他の保険事業者に契約者を全て契約移転するか廃業するかしなさい、ということになって一時は判断が難しく右往左往した。しかし、いろいろ調査し、議論を尽くした結果、最終的には契約者 2,400 人ほどの規模だったので、契約者である ACT 会員を他の保険会社に契約移転で放り出すことも、廃業で保障を中断することも ACT の存在意義にかかわる、ということ

で登録にチャレンジをする決定をした。そして、2008年5月29日に関東財務局の登録を得て6月2日から事業開始した。NPO法人での少額短期保険業登録と非営利市民事業を兼業で行なうのは日本で初めてで、他はすべて株式会社で少額短期保険業のみを行なっている。

香丸理事長：もともとNPO法人で2006年4月1日以前より共済事業をやっていた団体は、兼業で少額短期保険業ができる。その特例措置を最大限活用して、共済理念にのっとり契約者を守るためにチャレンジした。自主共済の時と全く異なり、保険業法の規制・監督下に置かれて行なう事業になるので、これは大変な事業となった。

　92年に設立された当時はまだ措置による福祉の時代。95年の阪神・淡路大震災のあと98年にNPO法ができ、さらに99年高齢者の公的制度として介護保険制度ができた。設立当時は介護保険制度なるものができるとは思わなかった。ACTは地域の会員同士が相互扶助の精神でたすけあう自立援助サービスを主たる事業として行なっている。ACT会員の利用者とACT、たすけあいワーカーズ三者による契約制度になっている。措置による福祉制度に対して、市民が自ら必要と感じて中負担中福祉の自費サービスの契約制度をつくってやってきた。任意団体での限界もあり法人格取得のために検討プロジェクトを2回たちあげたが、広く一般に公益性を掲げる市民活動を非営利事業としてやっていくための法人格がなかった。生協法人、社会福祉法人など検討を経て、98年に創設されたNPO法人格をとった。今後の市民運動の可能性に期待し矛盾もあったがNPO法人格でいくことを決断した。たすけあいワーカーズも現在、33団体のうち29団体が、NPO法人で活動している。介護保険制度への参画も法人格が必要になる。たすけあい活動で得た経験・知識をもとに獲得した訪問介護員2級や介護福祉士、介護支援専門員（ケアマネジャー）資格などを生かしながら、介護保険制度への市民事業の参画を図った。非営利の民間介護事業者であるが、利用者の視点と市民運動の視点をもって制度への提言や要望をまとめながら、厚生労働省や東京都など基礎自治体に、政策提言、予算要求など行なっている。生活クラブ、生活者ネットワークなどと連携しながらやっている。

――それは「福祉生協」を作るという時代だったじゃないですか。

加藤：たすけあい生協という福祉生協を作ろうとしたがネックになったのは、自主共済事業。共済の保障額が、当時の生協法で、100万円までは都道府県知事認可でできる。もともと生協法で5万円以内ならOKだが、100万円超えると厚生大臣の認可が必要。われわれの共済は重度障害で500万円保障だったので、厚生大臣認可が必要。当時は全国生協連と、全労済という全国規模の共済が2つあったので、東京都内限定で、共済生協をつくるなんて話にならず厚生大臣認可の可能性は全くない。それもあって任意団体でいくこととした。

――事業高の内訳ですが、会費というのが、ありますね。

香丸：会員は約7200名です。ACTが設立したときは10年後には1万人にすることをめざしていた。たすけあいワーカーズも50団体という目標があったがまだ達成できていない。任意団体の時は出資ということで成り立ったが、NPO法では「出資」が禁止されていて、会費制になってから会員の拡大が進まない理由と言える。出資金と年会費では全く違う。NPOとしては、地域で公益性ある社会貢献活動を積極的に行ない、おおぜいの会員による年会費と市民からの寄付を集めることが重要なテーマであるが簡単ではない。

加藤：会員の拡大がなかなか進まない理由として、介護保険制度が2000年からスタートしたが、会員にならなくても公的制度なので利用できるようになったことがある。さらに、その後、立て続けに新しく公的な障害者支援の制度、子育ての支援制度ができてきて、われわれが自立援助サービスとして公的制度がないときにやっていたものが公的に制度化されてきたのも一つの理由。社会のニーズに対応して公的制度が充実してきた。公的制度が形成されていく中で、市民が年会費を出して主体的に運営する事が簡単ではない。

香丸：会員が、自立援助サービスや共済給付を利用するユーザーとならなくても、ACTの会員としてたすけあいの地域づくりについて賛同と共感ができ帰属意識を感じてもらえるようになりたい。ACT会員であることをステータスと感じられる事業や広報活動の課題がある。現状自立援助サービスを利用する

人たちが、サービス理由がなくなると会員をやめていくことを何とか解消しなければならない。公的制度が充実し福祉においても消費サイクルがある。コンセプトは違うのに、福祉事業も経営や効率化の流れが、たすけあいワーカーズ組織の中に浸透しつつある。残念ながら公的制度の影響力は大きい。市民が主体的に行なうたすけあいのまちづくりの運動への広げるための推進力や広報力が不足している。

――介護保険の制度はこの 7 箇所ですね。

香丸：訪問介護サービス系はやっておらず、居宅介護支援事業のみ。他の介護保険事業を併設していないので経営的には厳しいが、本来その形が望ましい独立型居宅介護支援事業所としてケアプランを立てる事業を行なっている。

――たすけあいワーカーズは、それぞれ独立の NPO ですか。

加藤：NPO 法人を取り、介護保険制度に市民参画する際、いろいろと議論した。はじめは、ACT が NPO 法人格を取得し、東京都知事の指定事業者となり、たすけあいワーカーズは ACT の営業所みたいな位置づけでもいいのではないかという意見もあった。議論する中で、介護保険の保険者が基礎自治体と明確に位置付けられ、今後の福祉のまちづくりの運動を継続していくことを考えると、基礎自治体単位でそれぞれのたすけあいワーカーズがしっかりと主体を確立し、地域に根を張って活動するためにはそれぞれが独立して法人となり、都知事の指定を受ける方がよいだろうという結論に至った。ACT とたすけあいワーカーズ 33 団体の関係は、自立した組織が水平に連携・ネットワークするという関係である。事業収入は、たすけあいワーカーズも合算して全体で 11.1 億円、うち ACT が 2.3 億円。

——ACTと個別のたすけあいワーカーズとの関係について、一つは個別のたすけあいワーカーズがどうできたか、そこでACTがどう関係しているのですか。

加藤：生活クラブ生協の長期計画のなかで、地域の中での主体形成が運動テーマとしてあった。自分は1990年当時生活クラブ生協で共済委員会を担当していた。全支部・全センターをまわって、日本全体の福祉に関する情報を提供して、これからこういうことが予測されるので、ぜひ一緒に、国や自治体に頼るだけでなく、地域で市民が主体的にやっていくのが地域をよくしていくために必要になるだろうと問いかけた。3年ほどいろいろな支部や地域を周り学習会を積み重ねて行った。そうこうするうち、組合員、共済委員、支部委員のなかで、自分が親の介護などをした原体験があるので、これが必要だなと考えた人たちや、これは自分が生涯をかけてライフワークとしてやり続けるのにふさわしいテーマだと考えた人たちが学習会の中で出てきて、たすけあいワーカーズづくりを呼びかけて手をあげてもらい、仲間を集めて核を作り、だんだんひろげ15人から20人でたすけあいワーカーズ設立へと。生活クラブ生協からACTに移った後も、いろいろなサポートをしながらたすけあいワーカーズ作りを行なっている。

——中間支援組織的な活動ですね。勉強会ばかりやっている組織もありますが。

加藤：なかなか中間支援組織の形態もいろいろで、向こうが企画して投げてくるものもあるが、われわれの場合は、「自治する」「自立する」のがキーワード。会員から自発的に問題を提案していただいてACTがサポートするということに。
　主体形成と自立するということと、連携ネットワークというものがACTとして大事。自分のところだけが大きくなっても、大きく見ると意味がない。意味がないわけじゃないけど、いいものができたら他の地域にも波及させるということを、意識的にやってきた。92年にできていたたすけあいワーカーズが一個二個と出てくるが、代表、理事長と、ACTコーディネーターという三役を重視して、それぞれの代表者会議、事務局長会議、ACTコーディネーター会議というのをそれぞれ16年間ほぼ毎月やってきた。法人格をどうする、介

護保険にどう参画するか、という重要な議題は三役が集まって、都庁の会議室で、それぞれのたすけあいワーカーズの三役が集まり、午前・午後にかけて大討議を100人規模で行ない合意形成をしながら結論を出した。
香丸：それぞれのたすけあいワーカーズが代表者会議に意思決定してもってくるが、それぞれ異なる役割を持つ3人の問題認識がけっこう違ったりずれがあるので、どのように一致点を見出すか合意形成プロセスが重要。

——ある種の連合的組織でしょうか。

加藤：そうですね。上下関係ではない。ACTの理事会案と代表者会議の案を出し合って、一致点を見出す。一般的な連合組織の場合は、理事会が決定すれば、あとは従うが、ACTでは常に対等に。水平のネットワーク組織で合意水準を高めていくことはすごく難しい。

——連合会機能がありながら、理事会がないというかたち。たすけあいワーカーズの話し合いが理事会と同じような機能を果たしていると理解できますね。

加藤：33人の代表者会議の枠の中で、10人のACT理事候補者を推薦してもらっている。ACT理事会推薦の10人と代表者会議推薦を合わせての20人という形で理事会を構成している。
香丸：たすけあいワーカーズがいろいろな形で連合する。中間支援機能を持つACTと地域で実践する33のたすけあいワーカーズが総体として同じ理念のもと連携・ネットワークしながら運動と事業を行なっている。東京ワーカーズ・コレクティブ協同組合の「てぃんかぁべる」とはその点が違う。

——そうですね。世田谷区の保育は補助金でやっているので、横のつながりは見えていないといっていた。

香丸：地域密着の家事・介護などたすけあいの自立援助サービス事業や介護保険事業など働く場をつくりながら、剰余は新たな地域ニーズに応じた社会資源

づくりに回している。東京という都市の中で、市民が地縁・血縁でないたすけあいのネットワークをつくり自治して安心のまちづくりをすることを仮説として実践をしている。たすけあいワーカーズは「ワーカーズ・コレクティブ」の組織運営で行っている。

加藤：中には「NPO です」「介護保険事業者です」という人もいる。

香丸：たすけあいワーカーズは、誰でも参加しやすいように、一人の出資金も少なく、週一回、月一回なら活動できるわ、という人も含めて志しある人が集まってできた経緯がある。子育てしている人から高齢者まで働き方を選べる緩やかな組織として 20 人以上 40 人程度のたすけあいワーカーズが多い。介護保険制度ができ事業参画して、緩やかな組織から、公的制度の管理下になり法令遵守に縛られる事業体へと環境が変化している。

加藤：設立当初は東京ワーカーズ・コレクティブ協同組合の方もワーカーズ・コレクティブとしてはみてくれなかった。自立援助サービスだけの収入もとても少なかったので、当時のワーカーズ連合会の会費も支払えなかった。傍からはボランティアのように見えてしまったと思う。それが介護保険で事業収入が急に増え大逆転した。一気に事業体になってしまった。

香丸：たすけあいワーカーズは NPO 法人格を持ちワーカーズ・コレクティブの全員参加による経営責任を持つ組織運営をしながら、公的制度では管理・命令という縦の構造があるという矛盾の中で運営をしている。ACT は 33 団体のたすけあいワーカーズ代表会議と常に対等な話し合いを持ちながら、たすけあいワーカーズ間の連携ネットワークの強化とたすけあいワーカーズ組織研修や人材育成など後方支援体制によって、連携のネットワークの糸は構築されている。

加藤：事業自立ができればもう ACT はいらないということになる。そのような例が 2 つあった。ACT に「拠出金」というかたちで、活動資金を集め、たすけあいワーカーズ相互サポート事業をやっている。それぞれの事業収入の 1％弱を出し合い、33 が助け合いを行なう。運動や事業に必要な研修をしたり顧問弁護士を確保しいろいろな問題解決や苦情・トラブルへの予防を行なっているので安心して活動ができる。大きい事業収入のところは年 80 万円拠出している。設立して基盤整備しているたすけあいワーカーズは基本拠出金 1 万円でいい。このような相互サポートのしくみを継続するには、とにかく合意形成

が大切で話し合いが不可欠。そうしないと、相互サポートの意義や理念が風化・形骸化してしまう。「こんなにおかねを出してもったいない。自立して収入もあるから連携・ネットワークはもういい」ということになりかねない。

──卒業する？

加藤：ある種民主主義の学校でもある。最初は弱小からはじまって、先輩からいうことだが、大きい団体には今度は支える側に回ってほしいという思いはある。東京全体でネットワークして大きくしていくということがなければ、ややこしいこと、お金かかることは無駄だから、ということになる。連帯意識が低下するのはある意味自然現象といえる。連帯する意義や理念の問いかけなどをどう日常の中でやっていくかが必要。

──ACTの会員のメリットと役割について伺います。

香丸：認知症のかかわり、健康づくりなどの公開講座に無料で参加できる。総会議案書の決算関係資料の裏に昨年度行なった公開講座や研修の一覧が掲載されている。地域に出向いて、たすけあいワーカーズと共催で行なっている。他にも隔月で発行している「ACT通信」。会員が3人いれば地域の人も巻き込んだ「いきいきサークル」が自由につくれる。1万円の活動助成が出る。もう一つは、住まい・居場所づくり活動助成金制度を創設した。会員、たすけあいワーカーズが行う地域に様々な居場所のしくみを作る活動への助成、一団体に100万円を上限に3年間継続助成するもの。

加藤：たすけあいワーカーズをつくって、組織体として強固にしていくのはACTとしてやっているが、それにより地域で安心して暮らせるという大きな安心感を共有できる。安心をみながお互いの関係の中で感じられるように。いざというときに安心してサポートを受けられるというのが目に見えないメリットと考える。

――助け合いをやった人は無理なく助けられるといいますね。やったことのない人は大変。

香丸：広報戦略が課題。「会員のメリット」という言い方に少し抵抗感があって、そういう風に宣伝しないとだめなんでしょうね。助成金もあるし、つくって見せる。如何に地域の市民を惹きつけられるメニューにするかということですね。

――生協との関係、地域づくりの展望ということで、地域協議会とのかかわりは。

香丸：生活クラブ生協・東京とACTは定期協議会を行なっている。各地の地域協議会とは、たすけあいワーカーズがメンバーなので、自分たちのたすけあいとしての活動の切り口で地域協議会に関わってもらっている。ACTという組織のことはほとんど語られない。地域協議会には、たすけあいワーカーズとしては、地域協議会のメンバーとして様々な政策提言に関わっていくよう話している。設立して16年が経過する中、ACT自体がACTを生み出した生活クラブ組合員にも見えない、よくわからない組織になりつつある。

――韓国の社会的企業育成法などについてどうですか。

香丸：小手先じゃなく社会的脆弱者階層は広がっているのだから、対象は誰でも、株式会社でもOKというのはおもしろいかなと。社会的貢献というのなら別の団体つくりなさいということに。自分たちの活動や事業がまさに社会的経済セクターを担う社会的企業と考えていい。法制度を成立させ拡充していく動きに注目したい。

――住みやすい地域を作るため社会に何を発信していくか。ミッションだけではなくて、それをどう社会に発信していくか。社会的経済のような考え方や社会的企業のような仕組みがないと今の社会は成り立たないのではないでしょうか。

香丸：いまの日本の社会では、福祉より医療が主軸。医療もいま大変な状況で

すが。基本的に、在宅シフトの理念はあるが現実的な政策は打たれているのか疑問であり、現場では感じ取れない。当事者自身が発信していく力がないと、われわれサービス事業者から言っても受け入れが困難。如何にその必要性のある一般の市民やユーザーと結束できるか。その仕組みや他団体との連携ネットワークする運動を ACT は考えなければならない。

加藤：7,000 人の会員組織をどう有効に使えるか。今までの ACT の第一期は主体作り、たすけあいワーカーズの形成と基盤強化がテーマ。第二期は ACT 会員の主体的な運営への参加と会員主体の地域づくりがテーマ。第一期は、たすけあいワーカーズによるまちづくり。第二期はいかに会員一人一人の主体的行為を引き出し連動させるか、それによって社会発信をどう良くするかというのが大きなテーマである。

香丸：社会保障制度がだんだん貧困になっている現状。介護保険も財源問題で利用者のサービス抑制や介護人材の確保ができない報酬価格など問題山積で制度が揺らいでいる。命と生活を保障するセーフティネットが綻びかけている。国民は安心して生活できない。持続可能な社会保障の切り札として「地域力」の活用を行政はアピールしているがその理念は賛成。ボランティアも大切であるが、社会的企業を育成し社会的経済が発展するしくみ作りが必要。多様な社会的企業の設立を支援する中間支援組織や連合組織への支援制度もこれからの重要なポイントである。制度及び経済的な支援策が課題になる。

第4章
誰も切らない経済を地域に創る
（6.28 シンポジウム報告）

共生型経済推進フォーラム　2009年度　総会記念　シンポジウム

ひとがつながる、まちをかたる！
〜誰も切らない経済を地域に創る〜

●基調講演
「包摂」から「共創」の地域づくり
〜イタリアにおける社会的企業の広がりとその課題〜
　　田中　夏子さん（都留文科大学　教員）

●パネルディスカッション
「サードセクターの社会づくりデザインを探る」
〜NPOや生活協同組合、労働組合など非営利・協同セクターの地域づくりを共有しながら、地域経済の担い手である地場企業も含めた相互連携等を通して、サードセクターの社会づくりのデザインを探ります〜

パネラー
　河崎　豊彦　さん（生活クラブ京都エル・コープ専務理事）
　矢野　孝　さん（矢野紙器（株）代表取締役）
　山口　勝巳　さん（自治労大阪府本部執行委員）
　中村　順子　さん（NPO法人コミュニティ・サポートセンター神戸理事長）
　福田　久美子さん（（株）美交工業　専務）

コーディネータ
　法橋　聡　さん（近畿ろうきん地域共生推進室　室長）

2009年
6/28（日）
13:30〜17:00（受付 13:00〜）
参加費 500円（資料代）

場所：近畿ろうきん　大正支店　4階会議室
大阪府大阪市大正区三軒家東1-19-13（大阪環状線大正駅下車 5分）

主催：共生型経済推進フォーラム
協力：近畿ろうきん地域共生推進室

　アメリカ発の金融危機が世界を覆い、格差・貧困・環境破壊・雇用不安の進行など社会の底が抜けつつあるなか、人間に近い、体温のある経済が息づく、21世紀の社会づくりのデザインが待ったなしで求められています。
　この間、私たちはヨーロッパの社会形成に大きな位置を占める社会的経済や連帯経済に学んできましたが、今回のシンポジウムでは、生きにくさを抱えた方々を包摂するイタリアの社会

さらに、パネルディスカッションでは、地域現場で社会的事業を進める多彩なアクターの皆さんに登場いただき、日本型サードセクターの現実を創り出していくための、非営利・協同セクターの連携などを探っていきたいと考えています。また、現下の雇用危機に対してNPOや労働組合などが連携してスタートさせた「大阪希望館」の取組みも報告いただきます。
　ぜひ、多くの方々のご参加をお待ちしています。

参加お申込は　　　＊お名前・ご所属を明記しお申込ください。

「包摂」から「共創」の地域づくりへ

―― イタリアにおける社会的企業の広がりとその課題

共生型経済推進フォーラムシンポジウム基調講演（2009年6月28日）

都留文科大学教授　田中夏子

映画「Si puo fare」に見るイタリア社会的協同組合の特徴

　みなさん、こんにちは。今日はイタリアの話を中心に「包摂」から「共創」の地域づくりについて紹介させていただします。

　日本で例年五月に開催される「イタリア映画祭」で、今年は、昨年イタリアで公開された《Si puo fare》（邦訳　やればできるさ）が上映されました。この映画、心病む人たちによって運営されるB型の

イタリア映画「やればできるさ」の紹介

社会的協同組合が題材となっています。様々な社会的協同組合が創設期に経験するであろうエピソードがたくさん盛り込んであって、とても共感を呼ぶ、感動的なものでした。

イタリアには、精神科医フランコ・バザリアによる精神医療改革運動の中で生まれた法律180号（1978年5月13日）、いわゆる「バザリア法」以来、段階的に閉鎖病棟廃止に踏みきってきましたが、そうした流れにあって、協同組合が、精神障害の人々の病院外での暮らしと仕事を支える重要な場として機能してきました。上記の映画は、バザリア法施行後30年を経て、心病む人々の労働のあり方を切り開くべく奮闘する協同組合の姿に光を当てたものであり、イタリアでは、この映画を通じて、社会的協同組合の存在が広く知られるところとなったといいます[1]。

ところでこの映画に登場する協同組合は、実在の協同組合をモデルとしている。精神医療改革運動の中心地トリエステと同じくフリウリ・ヴェネツィア・ジュリア州の西部に位置するポルデノーネという町にある「ノンチェッロ協同組合」（Noncello）がそのモデルです。1981年、ポルデノーネ市の精神保健センターによって、精神病を生きる人々を中心に、清掃・建物管理の協同組合が設立され、事業目的として「排除された市民、剥奪と失業にさらされた人々に対して、社会参加と機会を提供すること」が掲げられました。映画では、この協同組合の設立時を中心に描いているため、組合員総数は11名という想定ですが、2007年の同協同組合の年次報告書[2]によれば、その構成人数は計710人[3]、事業高12,659,096ユーロ、人件費支出10,115,165ユーロとなっています。一人当たりに対する賃金支出で単純に割ると、215万円程度の年収があります。215万円を自分たちで稼ぎ出しているわけです。もちろん公的な補助金や自治体との委託契約も入っていますが、ほとんどは自分たちで営業もし、一般市場から仕事を調達してそこから得たお金でなっているかと思います。

このなかでいくつかおもしろい場面があります。その一つが、キーワード「リユニオーネ」（ミーティング）です。映画の中では、事業や人間関係が行き詰まるとすぐにミーティングをするわけです。ミーティングの多さは行き詰まり多さを示していますが、そのミーティング開催中の、みんなのいきいきした表情（映画だからそうなっているんでしょうが）、いろんな場面で叫ばれる「リユニ

オーネ！」が協同組合運営のあり方の象徴になっていると感じました。とにかくみんなで決めてみんなで動かしていくんだ、みんなで仕事を担うんだという、素朴ながら本質的な社会的協同組合の出発点が出ている映画と受けとめました。

なぜ「包摂」ではなく「共創」なのか

　ところでイタリアの協同組合を見ていくと、「社会的包摂」という言葉よりも「社会的排除との闘い」の担い手として自己を規定する傾向にあると思います。「包摂」と「排除との闘い」は、同じ言葉のようでその含意は異なります。その違いを検討するに先立って、映画のモデルとなった協同組合の、実際の「社会的収支報告書」（2007年度）の中から、「包摂」よりも「排除との闘い」の要素が強いこと、それが地域における「共創」を志向していると見る根拠について考えていきましょう。

　第一に、協同組合のミッションとして、社会的協同組合法第一条に掲げられた「人間的発達に寄与する、コミュニティの普遍的利益」の探求が挙げられていますが、これは当然のことでしょう。この規定に続いて、この協同組合では自らのミッションを「それを可能とする諸活動」を展開すること、その活動は「周辺的な位置づけにある市民の社会的排除のリスクを取り除く」ものであることなどが示されています。つまり、排除を生み出す社会構造に介入することで、リスクの予防的回避を重視しているわけです。「包摂」は、ある意味では排除の対象となる人たちに対する「線引き」をどこに設定するか、「線のこちら側」に誘導する行為ですので、「線」の存在自体は問わない傾向にあります。

　それに対し、「排除との闘い」は「線引き」自体を不断に解消する志向性を持ち、そのためには、線のこちら側の人々も、自らのあり方を問い直すことが求められるわけです。「排除との闘い」は「排除を生み出す社会」との闘いでもあり、そこには「排除を生み出す」われわれの意識と行動を問うことも含まれます。

　第二の着目点としては、こうした取り組みが社会的協同組合法（法律381号 1991年）に規定される社会的ハンディの保有者に留まらず、この協同組合が存在する州が2006年に制定した州法20号（社会的協同組合に関する規定）[4]で定めた、より広い範囲での社会的ハンディを射程に入れて組合運営を行って

いる点です。その結果、691人の労働者のうち、27.06％にあたる187人が社会的協同組合法による労働者、また5.79％にあたる40名が州法20号による労働者、その他、67.1％にあたる464人は社会的ハンディのない労働者となっている。社会的ハンディの所在は、それに直面している当事者が決定していくものであり、国の法律の先を行く社会システムのあり方が、地域ごとに模索されていること、その地域ごとの模索をリードしていくのが非営利・協同陣営の社会的役割であることなどが見てとれます。

　また、第三の特徴として、排除と闘う当事者の社会再参加が可能となるよう、協同組合（あるいはそのコンソーシアム）はもとより行政関係者も含めたプロジェクトへの取り組みが挙げられます。プロジェクトは、就労支援など労働関係の権利保障のみならず、様々な局面で社会との関わりを拡充することを目的としています。例として2007年度には、①協同組合ネットワークを活用した住居保障、②家族関係の修復支援など、身近な人との社会関係改善や法律相談、③刑余者の社会復帰に際して排除と再犯との両者を回避するための就労・社会支援などが重点策となっています。

　以上、いくつか特徴を列挙しましたが、ここに通低する考え方について述べておきましょう。一つ目は、生きにくさを抱える当事者だけなく、その当事者とともに社会を構成する人々を担い手に据えようとの考えです。「担う」とは、物理的に安心できる環境を提供、ないしは共に作り出すと同時に、自らの置かれた状況や、その状況の受け入れ方あるいは状況との闘い方について、自分たちで定義をし、その定義の共有を社会に求めていくことも意味しています。

　フォーラム前半のお話の中で、幾つかの社会的協同組合B型を紹介しました（具体例の紹介は省略）。B型社会的協同組合にも多様なタイプがあります。もっぱら就労訓練や実習、職業紹介を経て、一般労働市場に労働者を送り出す側に立つ協同組合もあれば、ここを最終的な着地点とみなし、ここを働く場として充実をしていく協同組合もあります。またその中間的な形を取る協同組合（つまり、一般労働市場に参入するための就労支援活動もしながら、自分たちでやっている事業を高度化して、働くに足る職場にしていく）もあります。しかし共通しているのは、協同組合それぞれが自分たちの理念を大事にしながら、一定の営業力をもって仕事として成り立ちうる運営をしているということ

イタリア、トレントにあるイル・ドルフィーノ社会的協同組合。
心病む人々と地域の人たちが集いあうバールの写真

です。そしてその原動力となるのは、高度なマネジメントというよりも、当事者が中心となって「構想」と「実行」を担っていくという姿にあります。

　さらに言えば、社会サービスの提供を軸とするＡ型協同組合は、今日では国や自治体によって担われてきた基本的な社会福祉ニーズへの対応が中心となり、自治体からの「自律」よりも「協働」が強調される形となっています。また「中間組織の活性化」により、内発的に問題解決のあり方を高度化することが期待される一方で、現実的には、利用者とサービス提供者とが相互に参加する組織的なイノヴェーションへの探求は進んではこなかったといえましょう。それに対し、Ｂ型は、Ａ型が前提としてきた、ややもすればパターナリスティックな当事者観を乗り越えようとする志向が、理念的なベースとしてよりも、事業展開の中から要請されているように思います。

コンソーシアムの活用

　ところで、上記に見てきたような特徴は、個々の協同組合の運営の歴史の中から、それぞれが「発見」し、自己のアイデンティティとして重視する必要性

を認めてきた事柄ですが、これらが個別の「発見」に留まらず、非営利・協同陣営の共通の財産として意識され、拡充される仕組みはどこにあるのでしょうか。そこでコンソーシアムが登場します。

コンソーシアムとは、単位協同組合による、全国的ないしは地域的なネットワーク組織です。

どんなことをやっているか。まずは、社会的ニーズを持った人と、それを受け入れる社会的協同組合をどうやってつなぎあわせるかというプロセスを地域システムとして動かしています。それだけではなくて自治体の政策に提言をする、その提言の背景となる調査をする、大きいところでは広告や営業を共同でする、それから協同組合の構成メンバーに対する学習機会の提供、ボランティアの受け入れ。少し前までは良心的兵役拒否者の受け入れもおこなってきました。この兵役拒否は現在は無くなっていますが、それに代わる市民の人たちが協同組合にボランティアでかかわれる機会を増やそうということで、そういうボランティアのコーディネートも行います。

それから経済的な場面で重要なのが合同入札のコーディネートです。一つひとつの協同組合は20〜30人、多くても100名程度です。冒頭紹介した700名の協同組合は例外的な存在です。しかしそこも小さな事業所に小分けにして、一つの事業所は小さなかたちで運営していますので、平均で30〜40名です。その小さな事業体が自分たちで発信し、自分たちで入札に挑んだり、自分たちで政策提言するのは無理ですからそれをまとめるかたちでやっているのがコンソーシアムです。単体の協同組合を30〜40まとめています。どうも30〜40という数字にこだわるようで、直接的なコミュニケーションが可能な範囲というと、30〜40だという言い方をよくされます。だからそれくらいの数の人たちが集まって協同組合をつくり、それが30〜40集まってコンソーシアムを作る。そんなかたちでコミュニケーションを大事にした組織作りをしているという説明をよく聞きます。

コンソーシアムでもう一つ重要なのは、補助金のコーディネートです。EU、州、自治体、国からの補助金を取る時、どうしても単体の協同組合では情報を収集しきれないし、収集しても申請書類を全部揃えるのは大変です。こういうこともコンソーシアムが引き受けて代行すると言っていました。ですからお金

の手配、仕事の手配、人の手配、こういうものをコンソーシアムが担っているということです。

そうすると、個々の協同組合の実情を細やかに把握し、情報収集のみならず、全国の先進的な事例を押さえての発信をしていくなど、いろんな課題、仕事をやっていかないといけないわけですが、専従のいるコンソーシアムはほとんどありません。みんな組織の代表者が2年間は自分の組織を別の人にバトンタッチして、ここに上がってきて、切り盛りをしています。ですから現場をわかっている人が2年間、時限を区切ってコンソーシアムのことをする。自分の協同組合のことだけでなくて、自分の組合と同じ地域で活動している協同組合のために力を尽くすという構造になっているわけです。トップが上がってきている間、自分の協同組合の担い手・後継者も育っていくようで、リーダー層がコンソーシアムに専念するということは、一時はその協同組合の弱体化につながるけれど、長い目で見れば後継者ができるという話もされていました。

ここまでは、社会的協同組合とは何か、どんなことをして働いているのかという説明です。次に、個別の例を離れて、大枠でどういう特徴があるのかを話します。

社会的協同組合B型の課題

今紹介した社会的協同組合、主に社会的ハンディを抱えた人たちが働くことを中心に社会参加していくために取り組んでいるB型の協同組合について課題を整理しておきます。B型は先ほど申しましたように、もう一つの仕事場・人が大事にされる仕事場をつくっていく、あるいは一般の労働市場に送り出すためにいろんなノウハウを身につけてもらって、一般の労働市場にバトンタッチする、媒介的労働市場と言いますが、その二つが類型としてあるわけです。それぞれに困難を抱えていると思われます。まずここを理想的な職場として、働くに足る職場として組み立てるという、もう一つの職場づくりですね。

紹介した事例で言うと、農業をやっているコーパプスの例、これは人を仕事に合わせるのではなく、仕事を人に合わせる、そういう仕事のあり方を追求している。そしてディーセントワーク。人が大事にされる働き方、人を踏みつけにしない働き方を追求していくということでは、理想を追求されるパターンが

多いわけですが、そうはいっても、それは宙に浮いた存在ではなくて、やはりなんらかのかたちで市場との関係を持たざるを得ない。関係を持たざるを得ない以上は、市場的な拘束のなかで活動をせざるを得ないということです。市場との関係のなかでの活動はきわめて不安定でして、経済的な保障から見ると、小さいことが宿命的です。そこを工夫するために入札改革のようなものが出てきます。そうすると、市場的な拘束では不安定で、もう一つ頼るべきところで、公的な財源に頼るということになります。公的依存度がじょじょに高まっていく傾向があります。B型の場合は若干依存度が低いですが、A型とあわせると非常に依存度が年々高まっています。数字は後ほどお示しします。支出対象の社会サービスが限定されている、公的財源に裏打ちされた事業への依存が高まりますと、当初の「社会的排除との闘い」という理念がだんだん薄まっていって、運営的に維持をすることに汲々とするようになってきます。どうやって自律性を保っていくかに苦労されている協同組合が多いようです。それから一般企業の社会的責任の活動の一環として発注を求めるわけですが、一般企業も苦戦するなか、景気のいいときには一定量の発注が出てきますが、そうでないときはすっと引いていきます。社会的協同組合に積極的に発注しなさいという制度的な縛りはかけていますが、それもなかなか及ばない状況です。

　もう一つは、ここを恒常的な職場とするのではなく、送り出すことを中心的にやっている協同組合もあるわけですが、やはりそういう協同組合を見ますと、最近は話題となっています「ワークファスト」的な、労働市場への送り込みを中心においた協同組合が目立ってきています。人を仕事に合わせるのであって、仕事に人を合わせるのではない、と言いつつも、やはりこういう協同組合においては、送り出しを一つの成果として位置づけてしまいますので、どうしても教育する人・教育される人という区分が明確になってしまいます。当初はあったであろう、ともに仕事を作る仲間としての関係が希薄化していくことがあります。

　それから訓練事業や労働紹介事業を自治体から受託していくわけですが、発注が増えています。これが主財源になっていきますと、どうしても成果といいますか「ここへ送り出しました」「そこに仕事をつなぎました」というところに目がいって、当初にあった「人に仕事を合わせる」あたりが弱くなっていくと感じています。

人を踏みつけにしない働き方をどう合意にしていくか

　そういう課題を抱えるなかで必要とされる取り組みは何かを考えていきたいと思います。一つは、送り出した先の労働市場が人を粗末に扱うような場であっては、元も子もないわけで、もともとは外の労働市場の過酷さに耐えかねて働きにくさを抱えた人がもう一度元の場に帰った時、元の木阿弥になっては話になりません。市場をどうやって作り直すかという仕掛けがイタリアにおいても弱いと言わざるを得ません。一般企業の側の「自分たちの働き方を見直すのだ」という企業側の働く文化を見直す、そして社会的責任を担っていくという取り組みを後押しするような仕掛けが弱いと感じています。つまり一般企業側に対するインセンティブが弱い。もちろんいきなり送り出すのではなく、当面は長期間ジョブコーチをつけて、そのジョブコーチの任務は入っていった労働者を支えるだけでなくて、労働者を受け入れた職場の人たちの働く文化を見直してもらうことも含めたジョブコーチです。ちなみに、イタリアではジョブ「コーチ」という言い方はしません。ジョブの「伴走者」という言い方をします。その伴走者がするのは、当事者の職場への適合のみならず、受け入れる側の企業の働く文化をどうやって作り替えるかに主眼を置いています。

　今のところは、入札における総合評価のメリットを社会的企業に与えていて、最低価格優先の落札方式をとらず、そのほか様々な社会的指標を加えて、それが50％・50％くらいの割合で、大きく配慮しますというかたちでやっています。ただ、それも自治体によってかなり差があります。社会的協同組合が政治的な力のあるところでは、6対4。社会的指標が6、経済的指標が4というように、思い切った配分をしているところがあるかと思えば、9対1の割合でとにかく安くやってください、10％分の点数としてボランティアをたくさん教育しているかとか、働く人の再教育的な活動をどれくらい一所懸命しているか、そういうことを勘案して評価しますよという自治体もあります。自治体による違いが大きいですが、一応は総合評価制度に切り替わりつつあるということです。社会的バランスシートをきちんと作っているところにはそれをカウントして、入札時に成績をプラスしています。

　これを一般企業にも広げていく必要があると言われています。環境配慮型の

評価は、日本でもそうですが、いわゆる社会的排除とどう闘うかというところで、企業の活動を評価する、それを経済なメリットに直結させるというしくみはまだほとんどありません。したがってこのへんをやっていかないと、受け入れる側の文化は変えようがないのではないか、そういう議論がされています。

社会的認知の拡大の中で、協同組合の課題とは

　ここで視点を変えて、社会的協同組合が制度化されるなかで、非常に社会的認知が広がってきたけれど、同時に抱え込んだ問題もあるということを話しておきたいと思います。社会的協同組合は1991年に法制化されて、存在価値が高まった。しかし同時に次のような問題も抱えています。先ほども申しました、公的資金を財源とする事業高が飛躍的に高まったと。データで見ると、公共団体からもらう財源が主です。A型社会的協同組合では7割～8割くらいがそうです。B型の場合は、この比率が若干少なくなりますが、近年では労働紹介事業などの受注が多くなっていますので、かつてよりは上がっています。

　ここに新しい調査結果を持ってきました。これは、ある年金組合の下部団体の調査結果です。「自治体社会保障部門の決算額」をベースとして、それに入札の公告資料を勘案して、ある団体が出した、サードセクターの主体別受注割合です。要するに、福祉的な事業を誰がどれくらいとっているか。金額ベースです。非常におおざっぱなものですので、正確なところは留保してというのが資料にも書かれていますが、おおむねこうなっています。これは地域を問わず、社会的協同組合が7割から8割を仕事として受注しています。ほかの団体で、ボランティア団体とは有償ボランティア、他事業体とは営利・非営利を含みます。そうしますと、イタリアは社会福祉部門でほとんど一般企業の参入がない状態で、数パーセントに過ぎません。逆に言えば、社会的企業同組合、非営利セクターの独占的な市場になっているということです。

　言ってみれば、制度化することによって、これだけかっちりした地位が確立できているわけですが、地位の確立と引き替えに、どういう問題点が起きているかという話をしたいと思います。まず到達点としては、非常に幅広い社会的認知を得ることができました。そして社会的協同組合が中心になって、地域の

非営利的ないろいろな社会的資源を結びつけて、それを一つのコーディネート機能として政策提言する能力も高まってきます。そうすると、行政のほうはリストラが進みますので、行政側の能力が落ちていくなかで、市民側の政策提言能力が上がっていきますから、いきおい対等化して、ラウンドテーブルで議論ができるようになった、というのが一つの到達点です。

　しかし問題点もありまして、地方公共団体との契約関係が深まりますが、その契約関係が必ずしも安定的ではないことを受けて、協同組合の自治的な能力が低下している。これは協同組合に関係している方たちが共通して持っている危機感です。それと、どうしても事業の安定性を考えて、自分たちのとりやすい事業を拡大する。とりやすいのは高齢者福祉なんですね。そうしますと高齢者福祉に厚みがある事業配置になるけれど、それ以外のところは手薄になるということで、社会的排除の影響を最も強く受けている集団がないがしろにされて、そこが犠牲になるかたちになっているのではないかということです。

　それと、これは日本でも下請け化と言われていますが、サードセクター・非営利協同のセクターが行政による決定を執行する。構想にはいまひとつ関われず、実行部隊になっているのではないかという危惧。私たちから見ると、構想の部分にずいぶん政策提言に関わっているなという印象を持っていましたが、現場の人の感覚では、かつてはそういう時代があったけれど、だんだんとそれが形骸化して、実行部隊になりきっているというような危機感があるということでした。

問題点の克服に向けて

　まず、人間が大事にされる働き方・暮らし方とは何なのだろうという原点の取り直しが必要になってくるだろうと思います。最も犠牲になっている部分に目がいかないで、最も事業のとりやすい部分に目がいくのは、まさにその原点を忘れているのではないかという指摘があります。当事者主権に基づくニーズは何なのか。それを充たしていくのは何なのかをもう一度洗い直す必要があるのではないかと。二つ目は、ディーセントワークが可能になるような社会的条件をつくっていく。行政に対してかつてのように対等化した時代からふたたび構想と実行に分かれて、サードセクターが単なる実行部隊になりやすいという

ところを捉えて、もう一度、行政と協働の作業、とくにプロジェクトを作っていこうということ。行政関係者と一緒に何かのプロジェクトをたちあげて作っていく過程で、対等・平等な関係が広がるのだという、そういう感触、経験的手法を持っているので、こういうものをもっと増やしていくべきだという声もあります。それから市場に対しては、先ほど言いましたが、入札改革を通じて協同組合が優位に立っているわけですが、これを一般企業の経営文化に移植・伝えていくかというあたりが重要だということです。

社会的企業法施行の現状

　それを狙った一つの取り組みとして、イタリアでは社会的企業法を2006年12月につくりました。これは社会的協同組合という狭い枠組みではなく、社会的協同組合で培った経験をほかの事業体にも共有してもらい、使ってもらおうというのがそもそもの意図でした。この社会的企業法の前段の社会的協同組合法をつくるのに、十数年かかっています。この社会的企業法は社会的協同組合が定着を見てきたので、次はこれをどうやって一般化するか、社会としてどう共有していくかという課題があるということで、数年前から提唱されてきたものですが、法制化は比較的短期間におこなわれました。私たちは、イタリアの関係者も含めてだと思いますが、これをつくったら相当みんなが興味をもって、社会的企業をとるだろうと思っていたんですが、残念ながら、今のところは社会的企業法の広がりはあまり出てきていません。

　社会的企業法はどういう法律か。一つは、社会的有用性。社会的協同組合では社会的排除の憂き目にあっている人の参加・就労を支援するものという、狭めたものでしたが、対象事業を拡大したといえます。医療・福祉・職業教育などは今までもありましたが、環境保護や生態系保護、文化遺産の保全・有効活用も入ってきましたし、最近はなんでも「社会的」をつけていますが、「社会的観光」という概念がありまして、バリアフリーのまちづくりや観光地づくりに携わるのも社会的有用性と見なすことになっています。あるいは、高等教育、大学院を修了した人に対する教育機会の提供なども入っています。なるべくいろんな事業がはいるようにということで、対象事業を拡大しています。

二つ目は、社会的バランスシートを作るように義務づける。それをしているということは、総合入札制度でポイントを稼げるしくみにしたということです。三つ目は、剰余金の不分配。社会的協同組合であれば内規などで実質的に不分配とするところが多くありますが、ここではかなり縛りが強くて、間接的分配も含み禁止だということです。執行部だとか役員組合員に手厚く報酬をのせることもいけないと。四つ目は、労働者の参加をきちんと確定化、文言化するようにということです。労働現場で働いていることだけでなく、重要な意思決定に参加することを、実質的に保障しなさいという文言が入っています。
　以上のように、有用性、社会的バランスシート、つまり経済的な活動だけでなく、社会貢献活動を全面的に出しなさい、それと株主配当を目的とした事業であってはいけない、さらに労働者一人ひとりが重要な決定事項に参加できるようにする。義務的事項が並び、若干ハードルが高いと言われていました。
　それではこの法律に則って、イタリアの各都市で「社会的企業」を名乗る事業体がどれくらい出てきたか見てみましょう。施行２年後、本格的な活用が始まったのは１年半で、その時点で 480 件。潜在的には協同組合だけで８千ありますから、プラスアルファで非営利的な取り組みをしている事業所は２万や３万あるのですが、そのうち 400 件くらいしか名乗りを上げていません。名乗ったけれど、すぐに休眠したところもあります。どういうことか私もわかりませんが。難しさ、ここで強調したいのは、社会的協同組合が培ってきた経験や、それを中心に作ってきた地域的なネットワークが社会にとって一定の効果があるという認知は進んだけれども、それを一般の市場に投げかけていこうとした時に、一般の市場がそれを受けとめる素地があったかというと、まだ不足していることの証左ではないかと。
　ちなみに、地域別数値でみると、カンパーニャだけが突出して多いのは、学童保育関係の学校法人的な組織がこの地域ではたまたま 200 近く登録したということで、特殊な事情です。策定者が期待したような広がりとは違うということです。
　したがって、こういう社会的協同組合が成果を得てきたという総括を私もしてきたし、日本でのイタリアの社会的協同組合への見方もたぶん一種の先駆例としてみられてきたと思います。そしてそのモデルであることには間違いはないと思うんですが、それをさらに社会に投げていくときの課題は非常に大きい

と思っています。日本でこういう実践をやっていく時にも、教訓になることだと思っています。

　最後のまとめです。まず社会的包摂と社会的排除との闘い。この言い方をよくされますが、私自身が一つの軸にしたのは、どういうふうに私たちの経験を社会のなかに投げ返していくか。投げ返したときの社会がどういうふうに受けとめてくれる条件があるのかをもっと考えていかなくてはいけないと思っています。その意味では、単に包摂ということではなくて、包摂される先の社会をどうやって組み立て直すかということに、今後は研究課題をシフトしていくべき時期だと考えています。

　同じようなことですが、市場と行政との関係をつくりかえること。既存のルールがありますのでこの確固たるルールをどうやって作り替えていけるのか。日本国内でも大阪では総合入札制度をいち早く検討して、この作り替えに先鞭を付けておられると思いますので、逆にこういうみなさんの地域の取り組みを、私は学ばせていただきたいと思って、今日ここに来たしだいです。

　制度化されることは、動きやすくなる一方で、スタート地点にあった理念とか、その理念のなかで培ってきた自治的な取り組みがどうしても弱体化することも伴っているわけですね。ですから本来の意味での「補完性」、これは最先端の現場でできることはすべてやる。そして現場が切り回しきれないことに限って、より上位の組織が対応していくということで、その現場のイニシアチブが最も保障されることが補完性の根幹だと思っています。その保障が常にされているのかということを組織としても見直していく必要があると思います。

註
- （1）　精神病を抱える人々と、そうした人々と共に働くことを選んだ人々との日常的な悩みやぶつかりあいを描いており、日本でもこの 8 月、共同連の全国大会で上映された。
- （2）　Coop Service Noncello societa' cooperative sociale O.N.L.U.S. "Bilancio al 31 dicembre 2007" (www.coopnencello.it) よりダウンロード可。
- （3）　内訳は、組合員労働者 588 人、非組合員労働者 101 人、ボランティア組合員 19 人、協力者 2 人計 710 人。社会的協同組合としては規模が大きいが、実際は、ポルデノーネ市を中心に九つの事業所に分散して活動している。
- （4）　州法第 20 号（2006 年 10 月 26 日）。同法は、後述するイタリアの社会的企業法（法律 118 号 2005）年 6 月を受けて、その実体化を促進するべく制定された。

〔パネリストの発言〕

障害者雇用と会社経営の革新

矢野紙器株式会社代表取締役　**矢野　孝**

　矢野です。よろしくお願いします。ご紹介いただきましたように、四天王寺の南門の近くで、段ボールケースの製造をしております。二代目でして、創業58年目くらいになります。なぜそういうなかで、こういう活動をしてきたかといいますと、私の小さいときから、うちの会社で障害のある人が働いていました。現在も働いておられます。そのなかで、そういう人たちにかわいがられながら成長してきました。同時に僕の妹が重度の知的障害を合わせ持つ自閉症です。2つ違いで、僕がこういう活動をしていることはたぶん彼女と小さいときから一緒に過ごしたからだろうと思います。ただ、これを言ってしまうと、経営者仲間からは、それは身内に障害のある人がいるからそういう活動をしているのだろうと言われます。じつは僕はそういう思いでやってきたつもりはなかったです。そういう障害のある人を雇用しながら、中小企業同友会という中小企業の経営者の集まりに参加していて、そこでは、障害のある人は働くことができないと思っている経営者がたくさんいます。僕は実際に彼らが働くのを見ながら育ってきていますから、そんなことはないと。そういった、ある意味での偏見をなくしていくために、あるいは先ほどの田中先生の話にあった、社会的な排除、そういったものが自分たちの働くまわりに存在する、それをなくす活動をやってきました。

　今日は「ひとがつながる、まちをかたる！　誰も切らない経済を地域に創る」ということですが、僕は経営者としてこれが語れるのかなと、本当に切らなかったかなと思っています。幸いには、こちらから切ったことはないです。それは

ともかくとして、小倉昌男さん、僕らの先輩で『福祉革命』を書かれた方、大阪障害者雇用支援ネットワークで、障害者の雇用支援をテーマに、およびしました。そのときに500人以上の方々の前で、「リストラという名の下で人のクビを切るような人は経営者ではない」と言い切られました。すごい人だなぁと。小倉さんが生きておられたら、その話を小倉さんにしていただきたかったです。

　僕の活動は、基本的に、中小企業同友会のなかで経営者として障害者が働いていく支援をしています。障害のある人と一緒に働くと言っても、じつは、企業にとっては人材育成の根源につながると、そういう活動をしてきました。ある時から、ただ単に企業のメリット、雇用領域だけではなかなかこの発想は難しい。もっと幅広く地域のなかで根づかせたい。先ほど言いましたように、大阪障害者雇用支援ネットワークというNPO法人を立ち上げて、そのNPO法人を一つのエントランスとしたしくみとして、その下にいわゆる社会的な事業、コミュニティビジネスを配置して、多様な地域のなかでの障害のある人の就労を支えて、ないしは雇用という領域をつくっていこうという活動をしてきました。なかなかNPOが活性化ができない、同時に中小企業を取り巻く経営状況が悪いなかで、なにひとつ進んでいかない。

　じつは雇用支援ネットワーク、企業ネットワーク事業は、障害のある人と企業とをネットワークしながら、地域のなかで主体的な活動、障害のあるひとたち、啓発活動をふまえての主体的な活動をしていこうということでした。ところが、そういった企業は、雇用領域としての限界性を感じてきました。何かそれ以外にお役に立つことはないかと。それで実習の領域を広げてきたんです。障害のある人で働きたいという人たちの、働きたい場所や経験する場所を広げてきましたが、そのなかで、あることに気がつきました。NPO活動の構成メンバーで、就労支援をしている組織がけっこうあるんですが、就労支援をしている組織のなかで、「就労支援体制の構築」ということで、こういう活動に務めながら、支援の人たちとか、いろいろ活動していかれますが、田中先生が言われたように「形骸化している」、自分でプランニングができなくなっています。支援の基本的な部分はそうだと。目的はなにかというと、相談者の課題や生きにくさに向き合って、それをどう支援して、どう解決していくか。それと同時に、課題を解決すると同時に、彼らの生きる目標をお互いに了解し合っ

て、それをいろいろな手法や環境で解決していく。

　じつはどこかで制度ということがありきで、そのなかで組織を運営していきます。自分自身の目的としてなかなか選択できなくなってきています。同時に、支援する側が、専門家の資格という部分で、たとえばカウンセリングするなら臨床心理士があたるとかしますが、そうすると、相談者が対象者になってしまいます。その機能自体が障害を明確にすると同時に、個人にその障害を押しつけているという、ある意味で、支援のしくみ自体が排除を生み出しています。都合のいい相談者を受け入れますが、なかなか自分たちで受け入れることができない相談者は、その支援の対象からはずれていく状況があります。これではいけないだろうということで、先ほど言いましたように、自分たちが受け入れるという、雇用の領域としてはまだまだ可能性としては厳しい状況だけど、それをあえて補完する実践の場所、雇用に向けて就労支援されている組織が補完する、いわゆる実体験できる環境をつくっていこうということで受け入れていくわけです。

　企業のなかには、人を育てていく環境があります。小倉さんが言われているように「企業には社員しかいない」という表現があります。役割があるけれども、少なくともその役割には支援者という役割がいない。いわゆる働き手・担い手をつくっていくしくみを持っています。人材を育てる環境を、同時に、人材育成の根源であるという、障害のある人と一緒に働くことが何を生み出すかというと、そこに育つ環境という、企業風土を生み出していきます。これを合体化させて取り組んでいく必要があるのではないかということで取り組んできました。

　そのなかで、中小企業の経営は、障害のある人を雇用しなければならない、それは社会的役割だというところから始まっているのではなくて、じつはちょっとしたきっかけで、彼らが出会い、そのなかで一緒に働けることをつなげていくわけです。そのなかで、先ほど言いましたように人材育成であると。それに対するいちばん近道であるという考え方を構築していきます。それをさらに社会に広げていこうと、その就労支援のしくみを自分たちでプランニングして考えて行動します。単に行動するのではなくプランニングしていきます。

　同時に組織自体にも多様性といいますか、先ほど先生の話にもありました、組織の構成メンバーも多様な価値観を持つべきだろうということで、LLP（有

限責任事業組合)を作りました。LLPは組合ですので、自然人格を持っているメンバーで構成できます。企業、社会福祉法人、授産施設、それと支援者が構成メンバーです。NPO法人、そして第四の障害といわれている発達障害のお子さんを持つ親御さんの会のメンバーとで、LLPを立ち上げて、先ほど言った、障害のある人を排除ではなくて、人材化されるしくみとして、そういった社会的に排除されている人たちと一緒に働くなかで、構築していって、より広げていこうと。「手帳があるから」、「手帳がないから」というのではなく、就労困難な人に機会を提供していこうということでLLPをたちあげました。

このなかで、非常に実感する大きな問題があるんですが、障害のあるなしにかかわらず、若い人たちの支援に3年間取り組んできましたが、蓋を開けてみると、実際にこられた人の半数以上はなんらかの障害をもっている方です。とくに発達障害の生きにくさを持っている若者が非常に多い。その年齢構成は、就職氷河期のなかで30代後半の人たちの支援が非常に困難な状況になっていて、課題だと考えています。

もう一つ、この間新しい事業展開ということで、一般公募で職員募集をしました。1時間くらいの間に十数名から電話がかかってきて、一気に面接はできないので、とりあえず十名の方を1日で面談したんですが、一般公募の採用枠で、障害者枠ではないのに、半数の人がどう考えても、いわゆる支援対象者だと十分考えられる方が、一般の就労の職安にこられています。僕たちのしくみに来る人は、就労支援はある意味、いろんな組織からまわってきて、それなりのセーフティネット、そういう枠の中におられる方です。おとといに来られた方の話をお聞きしたら「もうお金がない、住むところもない」という状況です。親御さんと一緒に住んでいる人はまだいいですが、一人では家賃が払えない。それこそ二十カ所や三十カ所くらいの面接にいっても、全部断られていると。そういう人たちが、派遣切りが起こっているなかで、僕らの周辺におられます。新たな雇用ネットワークの取り組みの主体であるわれわれが、再度ネットワークすることによって、その人たちのセーフティネット、そういったものを構築していく課題が、僕らの緊急の課題としてあるのではないかと考えています。今回のパネルセッションをきっかけに従来のしくみをさらにネットワークすることで、そういう問題解決につながればいいと思っています。

地域社会における生協の可能性

生活クラブ京都エル・コープ専務理事　**河崎豊彦**

　こんにちは。生活クラブ京都エル・コープの河崎です。私たちの生協は1993年に設立されました、後発の生協です。現在6千世帯ほどの組合員で、設立当初から、地域づくり、働く場づくりを掲げながら活動してきました。けれども、まだ事業を何とか継続させることに、ある意味手一杯で、具体的な地域づくりの報告はまだまだ充分できないかと思いますが、今日は共同購入運動を軸にしながら、今後生協が地域でどのような役割を果たしていけるのか、ということを考えていけたらと思います。

　私たちの生協は、93年の設立当初はエル・コープと言っていましたが、2007年に首都圏を中心に展開している生活クラブ生協連合会に加入しました。そのなかで全国29単協、現在31万人の連合会組織のなかの会員生協になりました。

　私の個人的な経験から言いますと、大学に入ったのが80年代初頭で、この間、世界中に競争原理を波及させ、地域社会のセーフティーネットを壊していった新自由主義というものの幕開けの時代でした。当時、中曽根、レーガン、サッチャーというような新自由主義時代の幕開けのなかで、国内産業がどんどん空洞化していくなどの構造的な変化がもたらされ、かなり危機感を持っていました。こういう動きに対して、日常の暮らしの中で何ができるのかと考えていたときに、生活クラブ運動との出合いは、目から鱗の経験でした。といいますのは、生産と消費という日常的な場面で、資本がいちばん増殖活動する『「商品世界」への異議申し立て』という言葉が私の問題意識にぴったりきたからです。この具体的な実践を伴った異議申し立てをしながら、「新自由主義だってつぶせる」というわけです。どうしたらつぶせるのか。理屈では簡単なこと

で、そういうモノやサービスを利用しなければいい、ただそれだけのことです。けれど、それがなかなかできない。では、どうしたらいいのでしょうか。

　私たちの取組みは、共同購入という方法を通じて、市場経済が持っているカラクリを見抜いていく、そして自分たち自身が本当に必要としている材を、生産者とつながりながら自分たちで開発していく、というように、組合員自身が協同して問題解決の主体になっていく運動だと考えています。市場経済に変わる、地域で暮らす人たちが主体の協同の経済のあり方を模索しているとも言えます。おおぜいの組合員が自ら考えて行動して、特別な活動家になる必要はない。誰もが地域のなかで問題解決していく主体になりうると同時に、その「しくみ」を持っている、ということが生協のおもしろさだと思いますし、それが今後、生協の持つ大きな可能性になるのではないかと思っています。

　レジュメにあります「協同組合の可能性について」はICA（国際協同組合同盟）で30年近く前に出されているレイドロー報告の紹介です。協同組合が後退しているのには思想上の危機があるのではないかということで、改めて、世界の飢えを満たすため食糧問題に貢献する協同組合、ワーカーズコレクティブなど働く人の協同組合、産業社会に対してオルタナティブを提示していく社会の保護者としての協同組合、協同組合地域社会の建設、という4つの分野で、協同組合は今後貢献していかなくてはならない、という提案です。すでに30年近く前の報告ですが、今見ても、これからの重要な問題提起がされていると思い、簡単に紹介させていただきました。

　次に共同購入の実践例をいくつか紹介させていただきます。最初に「豚肉の一頭買い」についてです。豚肉には、肩ロースやウデ、ロース、ヘレにバラ、モモなどいろんな部位があり、市場では部位を選んで買えるわけですが、この取り組みは部位にこだわらずに、1頭の豚肉すべてをまるごと消費しようというわけです。市場の常識ではなく、自分たち自身で規格基準やルールをつくって、自分たちの経済活動をつくりだしているといえます。

　普通の市場の豚肉の販売方法は、いったいいつお肉になった豚肉なのか、わかるようには売っていません。日付は書いてありますが、それはパックされた日付

で、消費者にとってはそれがいつ屠畜されて、肉にされたのか知る由がない。それが一般の市場では常識になっているわけです。また、一般には欲しい部位が欲しい量だけ選んで買えます。しかしそうした消費のあり方が、部位の消費バランスを崩し、素性の追求ができないこと、品質の問題や偽装の問題と不可分の関係にあります。それと豚肉の規格についてですが、極上、上、中、並み、規格外5つくらいに分かれています。これらの基準は、安全とか、素性の確かさやおいしさ、そういう基準では一切ないわけです。見た目がどれだけきれいな色をしているか、どれだけさしがよく入ってるか、どれだけ歩留まりがよくて儲けにつながるか、そういう基準で分けられています。見栄えや儲けにつながる肉が評価基準になっています。食べる側にとっての価値基準ではないわけです。それから世界的な穀物市場の高騰のなかで、飼料代がかなり上がっているにもかかわらず、生産原価が転嫁できない、まったく逆ざやになってしまうこともあって、生産者にとっては本当に再生産することが厳しい。そうした市場の価格形成の問題もあります。

　そんな一般市場の問題に対し、私たちが取り組んできた一頭買いは、組合員はどこの部位もまんべんなく当たるよう、ローテーションを組みます。部位ごとにブロック肉で届く肉のセットを分け合います。g単価は決まっていますが、何gの肉が届くかはわからない不定量です。だから届くまで、価格もわからない。それを組合員が了解したうえで、豚肉を使いこなしながらまるごと消費していきます。こういう取り組みをするなかで、市場ルールに対して組合員独自のルールづくりをしながら、1頭まるごと消費することが、生産者や飼育方法のはっきりした素性のわかる豚肉が間違いなく届けられる、屠畜日がはっきりわかり、再生産が可能な生産原価をベースにした適正な価格を生産者と話し合って決めて、購入することができるようになるのです。見た目や歩留まりではない、素性の確かさ、おいしさ、わかって食べる安心、そういう食べる側にとって価値のある肉が実現できたのです。一般市場の問題点を解決できる経済のしくみをつくっていくことができます。市場の規格基準そのものを問い直していくことにより、商品性を相対化していく動きにつながるだろうと思います。組合員は市場の問題点を見抜く力を養い、問題解決の実践のなかで暮らしの自治をしていく力量を身につけていけます。京都では、豚肉の枝肉を組合員の家に持ち込んで解体する、そういう学習会活動をこの十数年で400カ所以上やっ

てきました。そうした基盤が、今の私たちの生協を支える力になっています。

　二つ目は、遺伝子組み替え作物の排除の取り組みです。畜産の飼料や食品の3次、4次原料まで、可能な限り排除をすすめるという不買運動をしています。これは安全性という問題だけに留まらず、食の主権は誰にあるのか、それを日常の食べ物を通して問いかける問題だろうと考えています。一番の根っこにあるのは、アメリカの世界戦略ですね、食糧を牛耳るのが遺伝子組み替え作物の大きな問題点だと思いますので、やはりそこへの異議申し立てを、日常の共同購入運動を通じて取り組んでいくことで「世界が見えてくる」と思います。

　三つ目のリユース（再使用）システムの取り組みも、地域で循環型経済システムを作っていくことができる可能性があるかと思います。現在私たちの牛乳は900ミリリットルのリユースびんで取り組んでいます。これは回収率が約98％あって、年間で20万本が私たちの京都だけでも利用されています。これを1本あたり50回再使用できる計算で、びん容器は年に4千本ですむということになります。「3R」というリデュース（減量）、リユース、リサイクルという優先順位がありますが、リサイクルが進んできた結果、どんどんゴミが増えてきて、自治体の財政が逼迫してくる状態になっています。リデュースがいちばん大事ですが、容器が必要な以上はリユースを、CO2削減の視点とともに、地域のゴミ問題を解決していける「しくみ」としてつくっていくことが大切だと思います。繰り返して利用しながら、洗って返すという日常の行為が問題解決につながるという「しくみ」が欠かせません。牛乳だけではなく、900ml、500ml、360ml、350mlの広口瓶、200mlの中口瓶・広口瓶、7種類のリユースびんを作って、共同購入の配達時に回収します。店舗型生協ではないので、毎週組合員宅へ配達に行くという生協のインフラが、リユースシステムに有効に機能しています。

　最後にエッコロ制度ですが、これは、生協の持っている「組合員どうしのつながり」という資源を活かして、組合員のちょっとした日常的なヘルプを受けて、たすけあう関係づくりを後押しする制度です。これも首都圏の生活クラブ生協を中心に行われている制度ですが、組合員が月に百円を出しあって、組合員活動時・共同購入時などの事故や盗難、ケア、子どもを短時間預かるようなケアを現物給付というかたちで行ないます。活動時以外でも組合員本人が入院した時のケア保障など、日常的な組合員どうしのたすけあいも対象にしていま

す。エッコロ制度は、あくまでケアという組合員どうしのたすけあいによる現物給付です。エッコロ制度から、ケアを受けた人にかわって、ケアをした人に1ケア600円の「お礼」が出るという形をとっています。

　生協のなかでも戸配組合員がかなり増えてきました。お互いのつながりが以前のグループでの共同購入に比べて、希薄になってきたなかで、こういう制度を活用し、できるだけ組合員どうしの関係を作り出していく工夫をしています。

　また、「エッコロひろば」という生活・健康・子育て・文化などをテーマに集まりを持てば、エッコロ制度から補助を出すということで、少しでも組合員どうしがつながりを深めていくようなしくみもつくっていっています。ケアの専門的な部分が必要になってくる段階になれば、ワーカーズコレクティブを積極的につくりだしていくことも考えています。

　最後に、これからの地域社会を考えるときに、生協のこれまでの活動を活かし、インフラを活用しながら、非営利協同分野のさまざまな団体とネットワークをつくっていくことが、生協の持つ可能性をより豊かに地域で活かしていけるのではないかと考えています。

知的障がい者の雇用をはじめて

株式会社美交工業専務　**福田久美子**

　福田です。よろしくお願いします。私の会社は、ビルメンテナンス業を営んでいまして、主に公共施設の清掃、たとえば地下鉄の駅の清掃、大阪市内の中小規模の公園の巡回清掃とか、その他の公共施設の清掃を請け負っています。昭和55年に設立されて、来年で30年を迎えます。私もこの業界に関わって20年ほどになります。今から8年くらい前に知的障がい者の雇

用を始めて、私自身、新しい発見とか、いろんなことがあって、これまで取り組んできた事例を話させていただきたいと思います。

「清掃業の特性と歴史的背景からみた社会的役割」ということですが、清掃業は労働集約型産業であること、人に支えられてきた産業であることが大きく言えると思います。高齢者や障がい者など、もともと社会的困難のある人たちが多かった業種だと言えます。万博のころ、昭和45年ごろから業界の景気はよく、バブル崩壊後、これはどの業界も一緒だと思いますが、公共施設物件はダンピングが行われるようになり、入札価格はどんどん下落していきました。そうすると施設のなかの品質も悪くなってきましたし、それよりもいちばん悪くなったのは、雇用されている人々の労働条件でした。たとえば最低賃金法が守られなかったり、過重労働で虐げられたり、入札による解雇が当たり前のように行われたりしてきた業界でした。

私たちは今から8年前、大阪知的障害者雇用促進建物サービス事業協同組合（エル・チャレンジ）さんと知り合って、初めて知的障がい者の方を雇用することになりました。それまで、私は障がい者雇用にはあまり気が進みませんでした。なぜかというと、企業としてのリスク管理が障がい者を雇用してできるのかという不安感と、そして障がい者への知識を得ないままに雇用してしまうと、障がい者を傷つけてしまうのではないかと。どういうふうに定着に向けてやっていけばいいのかがわからなかったからです。このエル・チャレンジは、今あまり詳しくご説明できないのですが、特に公共施設の場で、知的障がい者の就労訓練、清掃の訓練をされていまして、1年ないし2年の訓練を受けた障がい者を私たち企業に紹介していただく。その紹介をしていただく前に、まず職場のなかでどんな仕事があるかという仕事の洗い出しをして、障がい者一人ひとりの特性にあわせた仕事を探していくことを一緒にやってきました。

障がい者の方は、特に重度の知的障がいの方を目標に雇用を進めてきたんですが、やはり就労面だけではなかなか雇用定着がしづらくて、エル・チャレンジさんとの、雇用した後の連携も含めて、生活面と就労面の相互の関係を大切にし、定期的にケース会議を行って、雇用定着をはかってきました。

そうすることによって、障がい者の雇用をはじめて、誰もが働きやすい職場環境が整いました。たとえば視覚情報で得られる作業の手順書ができあがっ

たり、オーナーの理解を求めるためにケース会議に参加していただくことで、オーナーさんからもいろんな気づきなどを知らせてくださったりするところもあります。例えば、大阪市役所で、市役所の階段の表示にマークを入れることによって、障がい者の方のストレスを軽減できるんです。これができる、結局、高齢者も働きやすい職場になります。そしてたとえば日本語がわからない中国からの帰国者の方も働きやすい環境が、私たちの職場のなかで生まれてきたんです。

　私も、障がい者の方が定着していく姿を見るなかで、では、今まで私たちの会社では、働く人たちにどんな目を向けていたのかということが気になってきました。障がいをもっているからということではなく、やはり健常者にも労働集約型産業であるということも含めて、もっと人と人とのつながりを大事にしていかないといけないのではないかということで、「人と環境とのつながりを大切にした社会づくり」を理念に掲げてやっていくことにしました。ただし、企業ですから、たとえば障がい者のリスク管理をしないといけないというやり方では、継続的に雇用していくことが無理ですので、支援者と連携しながら、できるだけのことをやっていくこと。それと、あくまでも障がい者雇用という考え方ではなく、それを企業の事業活動のサービスの一環と捉えて展開していくことで続けることにしました。

　次に進めてきたのが、ホームレスの雇用です。これは大阪市内の中小規模の公園の巡回清掃を以前からやっていまして、公園のなかはホームレスのテントでいっぱいなんですね。私はもともとホームレスがすごく嫌いだったんです。汚い、怠け者だと。お叱りを受けると思いますが、とにかくこういう場から排除しないといけないくらいに思っていたんです。けれど、なかには公園で一所懸命掃除をされてるホームレスの方を見かけるんです。私たちがこのホームレスの方を雇用すれば、彼らの仕事づくりにもなり、また彼らが公園から一人ずつ自立していって、公園からホームレスが少なくなっていく。そうすれば、仕事をもらっている大阪市への顧客サービスになるのではないかということで、ホームレス雇用を始めました。これももちろん、単に雇用するだけではホームレスの方の自立には結びつきませんので、知的障がい者の雇用で得た、支援者との協働でやっていくことにしました。

　ホームレスの方は、アルコール依存やギャンブル依存の方、多重債務を抱えて

いる方などがいらっしゃいますので、その方たちの個々の問題を解決しながら、一人ひとりの自立に向けてやっていくということをしました。そうしているうちに、私たちの取り組みが、大阪府ハートフル企業顕彰制度で2005年にはハートフル大賞をいただいたりとか、去年には、いつの間にか重度障害者多数雇用事業所の認定までいただいて、今は障がい者の雇用率が30％を越えるようになってきました。これを出させていただいたのは、自慢するためではなくて、これをいちばん喜んでくれたのは、一緒に働いていた社員なんですね。社員一人ひとりがこの表彰状を自分たちの職場の詰所に飾ってほしいと。これは、私がとったのではなく、社員みんなで力を合わせてとった賞だから、表彰された喜びを、もっともっといいことをやっていきたいという意味も含めて、こういうのを社内に浸透させてほしいと言われて、今は表彰状のコピーをそれぞれに掲げています。

　大阪府さんが平成11年に、「行政の福祉化」を施策に盛り込まれまして、平成14年に大阪府庁が総合評価一般競争入札制度を導入されました。その翌年に大阪市が導入されました。私の会社は、この業界ではものすごく小さい規模の会社なんです。そんな会社でも価格だけではなくて、福祉面・環境面・技術面を総合的に評価していただくことで、大阪市役所の庁舎を受注することができました。いまは5年目になります。今年からは堺市の市役所も受注できました。

　その次の私たちの新しい取り組みとして、民間の福祉施設の清掃業務を受託したんです。私たちの社員は高齢者や障がい者や元ホームレスの方が多くいらっしゃるなかで、民間の福祉施設の利用者さんとか施設職員さんとの関係づくりがうまくいくのかという不安がありました。社員の働きやすい職場環境を整えるために、「NPO法人たかつき」という園芸福祉活動をやっているNPOと一緒に、施設へのサービスとして園芸福祉活動を3年前から始めています。その活動では、まず五感の刺激を得るような園芸福祉のプログラムをNPOと一緒に作っていきます。たとえば、認知症の方にきくプログラムとか、様々な対象者に向けたプログラムを作っていって、そして実際に対象者への効果がどうであったかを意見交換しながら振り返りを行います。その後、施設側ともワークショップを行って、お互いの情報を共有しあい、その後のプログラムに反映させながら、園芸福祉を実践することにしました。

　園芸福祉活動は、施設を利用される知的障がい者の方と特別養護老人ホーム

の方とを対象にやっています。たとえば障がい者の方には木工作業をしていただき、高齢者の方にはペンキ塗りとか、サンドペーパーでやすりをかけたりなどをしてもらっています。そのうちに参加者の知的障がい者の方がもっと活動を手伝いたいと言ってこられて、お手伝いをしていただいたりしています。これがどんどん発展してきて、今度は福祉施設と一緒に地域に向けて貢献をしていこうということで、コミュニティガーデンを開設しました。特別養護老人ホームの方も、このガーデンに出て花を摘んだり、地面に座って芋掘りをしたりと、普段はできなかったことができるようになってきました。

　それらの活動を全部総合的に集約して実現できたのが、NPO法人釜ヶ崎支援機構という西成のホームレス就労生活支援に取組まれているNPOとのジョイントベンチャーでとった大阪府営公園住吉公園の指定管理です。ここではまず支援機構さんと一緒にホームレスの就労体験事業、「公園で寝ている人から公園で働く人へ」というキャッチフレーズで事業をやっています。3年間で約300名の方に就労体験をしていただきました。

　もう一つは、公園のなかで知的障がい者の雇用もしていますが、雇用だけではおもしろくないので、エル・チャレンジさんとの協働で知的障がい者の植栽の訓練をしています。私たちの会社からはエル・チャレンジさんに技術提供させていただいて、エル・チャレンジさんのスタッフがここで訓練しています。そのうちお一人が公園に就職が決まって、今は実際に雇用されています。訓練では、いろんな工夫をしながら教えていきました。最初、プランターに花を植えていただく作業をしたときに、なかなかまっすぐに植えられない方もいらっしゃいました。そういった方には段ボールの枠組みを作ってまっすぐに植えられるような工夫をしています。花壇に花を植えるときも、数種類の花を植える場合は先に植えた花のことを忘れてしまってつぶしてしまうこともあったので、植物への愛情をどうやって感じていただこうかと。花より団子ということで、小玉スイカを栽培して、みんなで収穫して食べるという、植物に関わるプロセスを全部体験していただいて、そのなかで植物への愛情を感じていただくということをしてきました。

　公園での就労訓練の効果としては、障がい者の方へは利用者さんや公園スタッフとの関わりのなかで社会参加・人への役立ち感・働く意欲が育まれてく

ると思いますし、公園利用者にとっても障がい者の方の働く姿を見て、何か感じられるものがあったりと、公園で障がい者の働く姿を映しだせているかなと思っています。ほかには、住之江区にある公園ですから、住之江区さんと一緒に、社協・町会・老人クラブとかあちこちに呼びかけて、いろんなイベント活動に参加していただいています。イベント「すみすみ公園フェスタ」は住之江区民のみなさんがつけてくださった名前です。これは、地域の保育園や幼稚園に声をかけて、鯉のぼりの作品を作っていただいているところです。他にも障がい者の作業所さんのバザーをやったりとか、地元のフォークソング部にきていただいて音楽を弾いていただいたりしています。これはちょうど住吉公園が135周年でしたので、NPOとかと、イベントをしました。この段ボールハウスづくりは矢野紙器さんからいただいたダンボールです。

　公園の管理運営は4年目を迎えて、釜ヶ崎支援機構さんとのジョイントベンチャーでこれまで取り組んできたことを、釜ヶ崎で何かやりたいということで、公園から生まれた就労支援会社として、企業3社・社会福祉法人・NPOとの5団体で、Wac‐LLPを立ち上げました。西成の真ん中で花屋さんをしています。ここもおもしろくて、地元の方とのふれあいや西成の労働者の方との出合いがあります。

　私はこれまで事業をそれほど尊いものだと感じたことがなかったのですが、障がい者雇用をやって、こういうことをやっていける清掃業なのだということを強く感じたんです。それを業界に広げていかないと、私たちだけが特化してできるのではおもしろくないので、やっていこうということで、今は大阪ビルメンテナンス協会のなかで私も活動をしています。総合評価一般競争入札制度ができた当初の業界は、障がい者雇用という、「えらいこっちゃ、雇用しないといかんのや」という「対策」を講じないといけない状況だったわけです。それを7年8年と積み重ねていくうちに、自分たちで対策を打つのではなく、支援者と一緒になって業界のなかで障がい者雇用を広げていこうと。3年前からエル・チャレンジさんと大阪ビルメンテナンス協会と大阪府とでやっています。そのなかでまず企業が雇い入れられるだけの人材を育成していく、障がい者雇用支援スタッフ養成講座をやっています。これは去年から始めたもので、ビルメン社会貢献セミナー、大阪協会の会長や京都協会の会長、大阪府さんとかに来ていただいて、業界のなかでどうやって障がい者雇用を広げていこうか

というセミナーをやりました。これも去年から始めた、天神祭に障がい者の方と一緒に「ビルメン神輿」を担ごうと。ほかにも、工賃倍増計画推進事業への協力や、今年は初めて、清掃業が障がい者のアビリンピックという技能競技の正式種目に認定されたんです。ですので、アビリンピックもどんどん支援していこうということでやっています。

　私の話は以上です。「社会のために始めたことが会社のためになった」というのが、私の強い実感です。人と人とのつながりを大切にすることが経営に活かされて、やはり持続可能にしていきたいので、できるだけ無理のない、でも、ここまでは努力しようというラインを決めてやっていきながら、ひとり一人の人権を尊重することで企業の技術が磨かれていくと思います。

大阪希望館の取り組み

自治労大阪市職員労働組合執行委員　山口勝己

　山口と申します。大阪希望館の話をさせていただきます。2008年5月に大阪府や大阪市の支援を受けて、いわゆるネット・カフェ難民といわれる人たちの相談事業を行う「OSAKAチャレンジネット」が、開設されました。運営は釜ヶ崎支援機構や大阪労働者福祉協議会、ホームレス就労支援センターが中心になって担い、連合大阪や労働金庫も支援しています。

　その相談が、秋からの経済不況のなかで急増するとともに相談者の年齢層が若くなり、相談内容も「今日泊まるところがない」とか「数日ご飯を食べていない」とか、深刻化していきます。あるいは釜ヶ崎とつながりを持たない人たちが増えてきます。ある意味では自力で野宿するのは力がいることで、経験のない人が野宿を強いられると精神的にも肉体的にも大変なダメージを受けます。

　チャレンジネット開設から1年を経て、住まいや仕事をなくした人たちの再

出発を支援できるような、なにか緊急シェルター的なものを、釜ヶ崎地域とは別に大阪市の北部に作りたいという意見が出てきました。それが「大阪希望館」構想です。

5月に大阪市北区内に「大阪希望館相談センター」を開設しました。細長いビルの8階です。そのビルにはサラ金会社が3軒ほど入っているのですが（笑）。事務所的なスペースですが、緊急の場合に備えて、緊急の食料品や簡易式のベッド、就職面接に行くための背広などの古着なども備えているのが特徴です。6月からは、相談センターの近所のアパートの部屋を5室ほど確保して「大阪希望館支援居室」としました。住まいを失った相談者にはとりあえずそこに入っていただいて、支援していきます。

希望館に最初に訪れた青年の話です。最初に相談を受けたのはNPO釜ヶ崎支援機構のみなさんですが、こういうケースだったそうです。派遣社員だったけれど、派遣先の企業に直接雇用をしてもらえることになった。よかったと思っていると、派遣会社の寮に住んでいたので、派遣会社から住み続けるならば新たに賃貸契約をしてくれといわれ、については約14万円の敷金を払えといわれたそうです。そんな蓄えはないので出て行かざるを得なくなり、その結果、正規雇用された派遣先の会社も辞めざるを得なくなりました。しかも自己都合による退職になったということです。誰が考えても、派遣元と派遣先が口裏を合わせてその人を切ったのではないかと思われます。そういうことで住まいも仕事もなくされた方だったそうです。その人は大阪希望館に入っていただいて、その後、ケースワーカー同伴でハローワークに相談に行き、自己都合だとすぐに出ない失業手当を、公共職業訓練に通うことですぐに給付を受けることができるようにしてもらいました。今は「訓練・生活支援給付」を活用して、アパートを借りて生活しながら求職活動をされているということです。そういう話が本当に増えていて、不況が底をうったと聞きながら、むしろどんどん増えているように思います。

そんななかで、生活保護が急増しています。たしかに何の保障もないなかでは、生活保護を受けてしかるべきですが、一方、昨日も報道されていましたが、生活保護費を悪徳な業者がピンハネして本人は1日500円くらいしか渡さないといった問題が増えているのが実態です。私たちが思っているのは、国の対策には支援する「人」のネットワークづくりが抜け落ちている、それが問

題だということです。そこを市民の力でなんとか変えようということで、この「大阪希望館」をつくることにしました。

　とにかく行く場所のない人に、すぐに宿舎と食事を提供して、そこで一息ついていただいて、再出発の方向や方法を一緒に考える時間と場所を提供する。本当に困っている方はご家族との関係もうまくいっていなくて、孤立しています。あるいは一見は障害のない方に見えるけど、知的障害や精神障害をもっておられて、支援の必要な方が多いのです。従って、再出発後も継続したさまざまな支援が必要となります。そういう仕事は、地味で気苦労も多いですし、時間もかかります。相談者を直接支援する密度の濃いネットワークです。その外側に支援者や支援活動を支援するようなネットワークを作るというのが、「大阪希望館」運動の着想です。

　基本的には行政が制度を作って支援するというのが本来であると思います。担い手は公務員よりも、長年に渡ってNPOあるいはボランティアに関わった人がやるのが適切だと思いますが、行政制度としてあるべきだと思います。しかしなかなか弾力的な制度ができない。あるいは財政難のためできない。行政に対して何とかしろと言うだけでなくて、自分たちに何ができるのか、というのが出発点でした。そこに労働組合や解放同盟のみなさんや、多くの宗教家のみなさん、キリスト教系のみなさん、あるいは新宗教といわれるみなさんが、もともといろんな関わり、ボランティア活動などを背景にして集まってできたのが、「大阪希望館」の運営協議会です。7月11日に結成総会を開催しました。「大阪希望館」という名前の由来ですが、この名前は難波利三さんの小説『大阪希望館』からいただきました。先生にお願いしたところ、快諾していただきました。終戦直後に戦災孤児や復員兵、夫を戦争で失って母子家庭になった人たちが家も何もかも失って、大阪駅周辺でたむろするような状況がありました。そのとき「梅田更生館」という大阪市の施設ができます。そういう人を緊急に保護して、いろんな施設に振り分けていくような施設でした。ただ、大阪市も全然お金がない時代でしたから、館長の才覚でいろんな寄付を集めて運営していたのが実態です。その館長と梅田更生館をモデルに描いたのが、難波さんの『大阪希望館』です。

　大阪で働いて暮らしていたのに職も住まいを失った人たちを、特に若い人た

ちを、大阪の市民自身が受けとめて、次のステップを踏めるための、せめてその間の、いちばんしんどい時だけでも、市民のネットワークで支援できないか。イギリスにはチャリティーの伝統があると言いますが、大阪においても市民の寄付やカンパによってそういう事業を支えていくというような幅広い運動もいるのではないかと思っています。今日ご参加のみなさんにもご支援をいただきたいと思います。

　最後に今後の課題ですが、将来を考えますと「大阪希望館」で緊急のシェルター的な住まいと食事を提供しても、次のステップの展望がなかなか拓けません。仕事と住まいを失った人たちにもう一度仕事についていただくためには、今の経済状況を考えると、コミュニティビジネスなど新しい仕事を興していくことが大事だろうと思っていますが、その展望を切り拓けていないのが現状です。そういう意味では、このシンポジウムで先程来伺っていますパネラーみなさんの実践は、これから「大阪希望館」が考えていかねばならないところに、すでに取り組んでおられると感服しました。みなさんの実践に学びながら、「大阪希望館」に来た人が、未来に本当の希望をつかみ取れるような取り組みにしていきたいと思っています。

サードセクターの社会づくりデザインを探る

NPO法人コミュニティ・サポートセンター神戸理事長　**中村順子**

　中村です。よろしくお願いします。さて、報告のテーマ「サードセクターの社会づくりデザインを探る」ですが、一つ資料をつけています。「社会システムの三つの概念」です。これは難しいことを書いているようですが、今日の基調講演をされた田中先生のお話、ご発表のみなさんのお話も、これで全部説明がつくかと思っています。下の非営利市民セクター、これ

がサードセクターといわれているところですが、ここがすごくおもしろくなってきているのが今の社会状況です。おもしろいという意味は社会の課題が解決できるということです。あらゆる社会資源がサードセクターに収れんしてきたのではないか。NPOから企業、行政セクターに送り出し、送り込まれるという流通が起こっているのを日々感じています。このサードセクターをこれからもっと有効に働かせ社会に根付かせるよう、私たちは今日ここに集まり、さらにネットワークを拡張していこうとしています。このサードセクターのおもしろさを三つお話ししたいと思います。

一つは、震災からの特徴だと思いますが、1998年の法律にしたがって3万、4万近くNPO法人ができて、草の根の市民が立ち上がったんです。身近な兵庫県で言いますと、1,400法人が生まれています。とくに今日は経済のお話ということもありますので、経済規模を調べましたら、2007年度、兵庫県の1,300法人の総事業高が130億円くらいなんですね。1法人あたり1千万円くらいでしょうか。経済的にも基盤を形成し始め、雇用を発生させ、働きといきがいのバランスある新しい働き方を生んでいます。法人格がなかったときは無理だったことができ、それがこのように経済的にもかなり規模となり、社会の新しい価値を得てきました。

二つ目は、サードセクターの法人はNPOだけでなく、公益法人の改正により、いままで敷居の高かった財団法人や社団法人さらに税制メリットのおおきい新公益法人の改革が去年暮れにあったように、自分のやりたい社会課題にふさわしい法人を選んで社会活動に参加できるようになりました。LLPやLLCもあり、本当にたくさんの法人が参入壁なく選択できる世の中になったということです。官の独占領域に市民が参加でき公事を担える、これが二つ目の特徴です。

三つ目は、行政セクター、企業セクターという、社会を構成する巨大なセクターと密接な関わりが生まれてきており、"協働"という新しい言葉まで生まれてきました。今日ご発表の矢野さんもそうですが、企業のトップ自らNPOやLLPをつくったりして、非営利セクターに入ってきているんですね。兵庫県にもおられますが、会社経営者としての強みを活かし、同時にNPOも立ち上げて社会問題に対応している人が何人もいます。というふうに、企業だけでは達成できないような社会目的のために非営利法人を選んで、両方をうまく連

動させていく、というふうな、企業セクターからの送り出しを受けてきました。一方、NPOからは、技術の習得や能力の研修を積んで、企業に再就職・再チャレンジをする、この逆方向の企業からNPOへの道筋もあります。行政セクターとの関係でも同じようなことがあります。サードセクターは、公共という領域をカバーするゆえ行政セクターと重なり合うことが多くありますが、少なからず行政セクターには隠れキリシタンもいます。NPOの賛助会員であったり、労力ボランティアであったり、情報提供をしてくれたり‥そういう行政セクターでの応援者も多い。一方、CS神戸のスタッフが行政職員になったというような逆の送り込みもあって、人的な流通、資源の流通が双方向に活発に起こってきている現実があります。人と人が動くということは、ものすごく具体的で物事が実際に動いている証拠です。企業セクターや行政セクターでは起こりにくい変化が、事業を通じたつながりのなかで見えてくるのがおもしろいところです。

　そんな前提になる外部環境の中で、今日ご紹介する事例は、私どもの事業の中でも、旬のネットワークらしい協働事例をお話ししたいと思います。一緒にやっている仲間の、尼崎のNPO法人シンフォニーさんもいらしています。

　「サードセクターの連携による地域協働事例」ですが、今日ご発表いただいたような、働きにくさ、生きにくさを抱えた人が増えているのはその通りで、兵庫県でもそうでした。兵庫県の委託を請けた生きがい仕事サポートセンターという無料職業紹介所の資格を持つNPO法人が兵庫県に6つあります。この6つが一緒になって、今年の2月、2日間にわたって就職説明相談会を開催したら、350人が来られました。相談会以降、350人がそれぞれの生きがい仕事サポートセンター、ここに書いている6カ所で、さらに個別の相談を受けながら就職していくわけですが、本当にたくさんの人に驚きました。このような相談会はこれからも必要に応じて開催していく必要性が大いにありますね。

　この経験から、今回は、6つの生きがい仕事サポートセンターだけでなくて、労働組合という問題の渦中に位置する組織力を持ったところ、連合兵庫さんに一緒にやらないかというお話を持ちかけたところです。失業した方などに支援プログラムを企画し、支援団体になっていただき、連合中央に助成金を申請させていただきます。

この支援プログラムは７つの柱があって、一つは相談会を合同で設置し、そこでさまざまな就業や起業の相談、労働組合さんは労働相談、契約上の問題、生活相談などを行います。労働組合さんには、起業や就業の情報はないので、そういう目的で来られた方は、さまざまな求人情報を持っている生きがい仕事サポートセンターにつないでいただいて、新たに仕事を得る、このように二つの相談事業がつながることによって、相談者にとって有効な事業となります。

　二つめはスキルアップの支援講座。これは矢野さんのところもされているでしょうし、福田さんのところもされているところですが、今、介護の世界は人手不足です。そこで介護福祉士ではないのですが、２級ヘルパーとかガイドヘルパーや、今後は生活介護サポーターも各市町で展開されると思いますが、そういう福祉のスキルを身につけて、仕事に就きやすい研修をする。またどのような職場もＩＴのスキルが欠かせないので、ＩＴの入門講座。それからＮＰＯやＬＬＰを立ちあげたい方には起業講座。そして農業など職業体験もできるようなインターンシップの体験講座。さらにはマナーの入門講座。履歴書の書き方、アピールのしかたなども考えています。

　新しいプログラムとしては、自称ジョブナビ制度を企画しました。田中先生のお話でもあったように、公的支援としては手帳を持った人が就職したときにジョブコーチがついて職場定着をはかる、メンタルサポートとしてのジョブコーチ制度があります。しかし、手帳は持っていないがサポートの必要な方が増加する傾向が明らかにあり、これからは市民のつよみが生かされるようなことができる新しい支援として市民ジョブナビゲーターをつくっていきたい、略して"ジョブナビ"の創設を考えています。これは働きにくさを抱えた人が就職した際、その当事者と同時に会社にも意見を聴いたり、さまざまな提案をして、定着に向けて両方をアジャストしていく。一人の人に３ヶ月くらい付ければと思っています。そういうジョブナビです。加えて日常的な広報活動、相談活動、そのようなプログラムを一括して、兵庫県の南側にベルト状に並んでいる６つのいきがいしごとサポートセンターＮＰＯ法人と連合さんが一体になって時機を得た社会問題に対応していくという連携事業です。連合兵庫さんとは震災で２年間共に復興事業に携わってきましたが、その後は大きな連携はしていませんでした。今回またこういう状況のなかで資金提供だとか、情報のネッ

トワーク、さまざまな情報の提供力をもっておられますので、互いの強みが活かされるような連携をしていきたいと思います。

このように NPO のネットワークと、さらに別の大きなネットワークの労働組合が組んでいくということですね。大きな問題については異なったものが連携しながらチャレンジをしていくことが、今日のテーマにふさわしい地域協働の事例です。

もう一つの事例は、非営利セクターのなかでも、生協さんとか、農協さんなど別の根拠に基づいて活動をしている主体との連携による調査事業です。介護保険ではできない業務など、つまり制度に乗らないインフォーマルサービスを提供している団体との実態調査です。

これら介護保険ではできない業務である高齢者の生活支援をしている神戸市内の非営利セクターの団体が 20 団体ほど集まって、調査をしようという事業です。やっとそれぞれの団体を訪問して、みなさん方がこれはいいことだと、神戸市もぜひやってほしい、知りたいということで、基本の合意ができました。これから調査にかかっていくところですが、このような高齢者の制度に乗らない生活支援の実態が、それぞれの団体では 10 年 20 年の実績を持つ活動にかかわらず神戸市全体としては把握できていないという、ゆゆしき事態があります。今後の高齢化や介護保険の行く末をあわせて考えたとき、今、その実態を明らかにしながら次の策を練らなければなりません。

私たちはこの実態調査をするだけでなくて、これを制度としても迫っていくという考え方です。たぶんこれから介護保険は介護だけになり、生活支援はどんどん切り離さざるを得ないような財務状況です。そのなかにあって、生活支援を市民的に助け合い活動としてある程度仕組み化する必要があるので、その前段としての実態調査と位置づけています。

仕組み変更を視野に入れたような政策提言しようとすると、一、二団体がちょこちょこ動いても絶対無理ですね。同じようなことをしている団体が連携しながら実態を調べて、それで提言をしていく、そして制度に迫るという一連の連帯した動きが問われています。横につながりながらの仕事はたやすいようでけっこう困難なものですが、社会を改革していく志を持つ限り、そういう方

向に向かわないといけないと思います。

　今まで言葉では"非営利協働"といっていたけれど、NPOと生協さん、農協さんが一緒に作業することはあまりありませんでしたが、これが合同で調査するという可能性を秘めた結果となりました。

　今日のまとめとして"社会づくりデザイン"というキーワードでサードセクターの役割を考えたいと思います。
　一つは、いきがいと収入のバランスが図れる新しい働きができる受け皿がサードセクターにできてきたことではないでしょうか。週1回程度の、メンタルな問題を抱えていても働けるような働きから、本当に生活費を稼ぐためのフルタイムの働きまでの多様な働きですね。セカンドライフの20年間を過ごすのに相応しいその人のライフスタイルにあった、多様な働きのグラデーションをつくっていく、これがサードセクターの大きな役割だと思います。特にNPOではボランティアの存在が働きの奥行きを形成しており、無償ボランティア、有償ボランティア、非常勤スタッフ、常勤スタッフといったさまざまな関与があります。待遇のレベルはまだ低いものがありますが、これからサードセクターの成長に伴って、いきがいと収入のバランスが図れる新しい働きを提案して、働きたい意欲を持つ人々の受け皿を多様に創出する必要があります。第1世代が待遇向上に向けて努力し第2世代に引き継いでいくことも時代的テーマです。
　また、その働きが、社会課題の解決に寄与する、つまり、いきがいややりがいを叶えるミッション性も持っていることに自信を持ち改革をすることです。

　二つめのサードセクターの役割としては、社会改革にとって有効と実証されている協働を、誰が働きかけて、きっかけをつくって、チャレンジしていくのか、やはりこれはNPOが動きやすいですね。小さいし、個別性、即応性に富み、社会実験的なことができるという法人ですので、NPOが気づき、そして発信する、つなぐ、そういう役割をしないといけない。でも非営利セクターといっても、どうしても、縦割りを感じざるをえません。生協さんは生協さん、JAはJA、NPOはNPO。それぞれが自己完結の枠組みの中での事業展開では

発展もなく、暮らしよい社会の実現に向いません。行政の縦割りを批判するどころかサードセクターにも悪い弊害が起こってしまっています。とくに伝統的なところで、なかなかうまくいかないですね。自己増殖をしてしまうという悪循環がまだまだ抜け切れていないのですが、これを横串スタイルに変えていかなければいけないと思います。情報共有、意見交換、実態調査、研修、共同事業、協働事業と、内容やテーマにより具体的な手の組み方を模索し、非営利セクターのなかでも、法人の違いを超えて、共通の社会課題に対応していくことが強く求められています。

　お手本のない時代に突入している私たちは、前例にとらわれることなく、今より少しでもより良い社会を創っていくため、強みを活かしあいながらつながっていくことが、結果としては、新しいサービスを創出したり、制度を変革する力になっていくと思います。ネットワークタイプで事業を行うことは、従来にはないまったくの新しい働きをつく出すことでしょう。21世紀型の横串事業を創っていくのがサードセクターにおけるNPOの役割かと思っています。

第5章
社会的経済・社会的企業促進の政策提言に向けて

●共生型経済推進フォーラムシンポジウム●

だれも知らないつながり経済のあり方『社会的企業』ともにしませんか？

■**日時** 2009年 **2月21日(土)**
午後1時～5時（受付12時半から）

■**会場** 近畿労働金庫 大正支店 会議室
（大阪環状線大正駅下車5分）

■**参加費** 1000円（資料代） *終了後 交流会を開きます。
参加希望は受付時にうかがいます。

東 と 西 でこんにちは
9つの実証

今年は年越し派遣村に象徴されるように、世界金融危機が実体経済に波及し、100年に一度といわれる世界恐慌の幕開けになりそうです。このような時に、小泉新自由主義改革で進められた日本型福祉社会の解体と格差拡大によって、失業者のホームレス化、ワーキングプア層の生活苦、障害者の切り捨て、が一層のスピードで進行していきそうです。

私たちは、EUの社会的経済や社会的企業の取り組みに学び、その促進を目指して活動してきましたが、いよいよ問題を具体的に社会に提言するときが来たと判断しています。障害者以外にも雇用されない、されにくい人々が膨大に生み出されている今日、協同労働の協同組合法とともに、社会的企業の促進が求められています。従来の障害者福祉の観点からの大転換が迫られているのです。社会的企業促進を社会に発信していくため、東西の社会的企業家からのアピールの場を設けました。奮ってご参加下さい。

◆開会挨拶　津田直則（共生型経済推進フォーラム代表）

◆報告　境　毅（共生型経済推進フォーラム運営委員）
　　　　　　　聞き取り調査についての報告

◆シンポジウム
パネリスト
斎藤縣三　さん（NPO法人 共同連 事務局長・NPO法人 わっぱの会代表）
冨田一幸　さん（株式会社 ナイス代表）
沖野充彦　さん（NPO法人 釜ヶ崎支援機構事務局長）
佐野章二　さん（有限会社ビッグイシュー日本代表）
山田　實　さん（NPO法人 釜ヶ崎支援機構理事長）
藤木千草　さん（ワーカーズ・コレクティブ・ネットワーク・ジャパン代表）
香丸眞理子さん（NPO法人 アビリティークラブたすけあい理事長）
郡司真弓　さん（NPO法人 WE21 ジャパン代表）
伊藤保子　さん（NPO法人 ワーカーズ・コレクティブさくらんぼ理事長）

コーディネーター　法橋　聡（近畿ろうきん地域共生推進室）

社会的企業とこれを支える社会的金融

共生型経済推進フォーラム運営委員 **法橋　聡**

　この間、共生型経済推進フォーラム主催のいくつかのシンポジウムにコーディネーターとして関わってきました。登場をお願いしたパネラーのみなさんは、NPOはもちろん、生活協同組合、労働組合、中小事業者など多彩。活動内容もホームレス支援や介護、障がい者と共に働く事業所、ひきこもり支援、フェアトレードなど多岐にわたり、いずれも、生きにくさを抱えた人々を事業活動を通して支えていこうとする社会的な事業の担い手たちばかりでした。その営みは、膨張の一方で貧困と社会的排除を生み続ける市場原理型経済のあり様とは異なる「もう一つの経済」を創り出していこうとするもの。しかも、これらが担う経済は、オルタナティブでありながら現実の市場経済と隔絶した自己完結型のものでは決してなく、むしろ、暮らしの泣き笑いを生みながら進む現実の市場経済やその矛盾と格闘しながら、逆にこれに影響を与えながら営まれていることに特徴があります。

　これらは、シンポジウム副題でもあった「誰も切らない経済」や「共生型経済」という概念とそのイメージを同じくするものだと思っています。そして、「もう一つの経済」とその担い手たちを支えるのが「お金の流れ」ともいえます。「お金の流れ」がどこに向かうのかで社会の絵姿は大きく変わります。この意味で、社会的な事業を支える金融が社会に息づいているのかどうかは大きな分かれ道となります。筆者は、こうしたことに深く関わる金融機関に所属していますが、日々の実務を通してこれら社会的金融のあり様がこれからの社会のデザインにも大きく関わるのではないかと実感しています。

　GDPだけを幸せの尺度とし、噴出する社会課題を経済成長で乗り越えて（置き去りにして）きた時代は終わりを告げました。桁はずれのマネーの猛威が一

国の経済を一瞬にして席巻する世界経済のなかで「切り捨てない、分けない、共生する社会」のあり様を構想するとき、「もう一つの経済」のアクターでもある社会的な市民型事業の役割はきわめて大きなものとなります。本稿ではこれらを踏まえ、シンポジウムなどを通して見てきた社会的な事業と社会ビジョンとの関わり、そして、これらを支えるべき社会的金融のあり方について以下に取りまとめました。なお、筆者は、社会的金融を指向する金融機関でもある近畿労働金庫に在籍しNPO融資などに取組んでいますが、本稿で述べる内容はこれらを通した個人の見解であり所属組織を代表するものではないことをお断りさせていただきます。また、これらは社会起業家、ソーシャルビジネス、コミュニティ・ビジネスなどの言葉で表されますが、ここでは、新たなビジネスモデルとして市場での「成功者」をめざすというよりも、あくまで社会的排除や働く場づくりに向き合いながら、人々の参加や協同にも価値を見出そうとする事業に視点を置き「社会的企業」として呼ぶこととします。

1、社会的企業と社会のデザイン

(1) サードセクターの横つなぎ

　本書でご紹介したみなさんに登場いただいたシンポジウムはシナリオ無しのぶっつけ本番で、パネラーのみなさんにはご苦労をおかけしてしまいました。それでもライブなセッションを通して、パネラー間の横つなぎも少しはできたのかなと感じています。

　共生型経済推進フォーラムがめざす基本的な視点は、社会的企業を始め、協同組合、NPO、労働組合など広範なサードセクター（非営利・協同セクター）のプレーヤーたちを「緩やかに横つなぎしたい」というもの。官もタテ割、民もタテ割、お互いを知らず、ミッションを共有し得るプレーヤー同士がじつはほとんどつながっていないことが日本の社会運動の大いなる不幸。それぞれの強みを活かした連携の可能性があるに関わらず、例えば、NPOと協同組合には埋めがたい溝があります。社会変革の主体的な担い手であるサードセクターの充実と発展は、知っているようで知らない関係をつなぎ、異なる組織原理や文化を知り、違いを認め合うことからスタートするのだろうと思います。

2009年6月28日シンポジウムの参加者

　貧困、虐待、ホームレス、子育て、介護など課題が噴出する地域現場で、新しい公共の担い手として事業を進める社会的企業を中心に、「働く場」や「つながりを回復する場」を生み出していくサードセクターは、地域発・市民発でセーフティネット網を編み直していくための社会的な資源です。これらサードセクターを横つなぎの視点で捉えればその裾野の広がりと価値はきわめて大きいものがあります。雇用破壊、企業内福祉の後退、地域崩壊など市場原理型経済の暴風雨に晒されて痛んだ社会を再生していくには、これらサードセクターを「社会づくりの主体的な担い手」として明確に捉えた政権政策が求められています。

（2）現実経済に変容を促す社会的企業

　20世紀をまたがる段階で、NPO法、地方分権一括推進法、公益法人改革など多くの制度改革が進みました。これらは、終わりなき経済成長を前提にした社会システムが限界に達し、そのあり方を根本的に組み替えざるを得なくなったためのものです。こうした脈絡の中で内発的に登場したのがNPO。その生み出すものは治癒された人間ともいわれ、社会の欠陥に光をあて、じつは縦割りであった市民同士をつなぐ存在とされてきました。これらと視点を共有しな

がら、さらに、事業を通して人・もの・カネ、そして社会的価値を循環させていくのが社会的企業です。その進展は「絶えざる成長と勝者の繁栄」を基本原理とする市場経済のなかに「支え合い、協同、本物の価値」といった原理を持ち込み、働く人々や組合員、利用者など関わる多くの人に「もう一つの経済」に触れる機会を提供していきます。しかも、これらに共通するのは仕事づくり。「してあげる」と「される」ではない対等な関係を創る「仕事」を生み出しながら、人のつながりと回復をめざす存在でもあります。スモールであってもこれら「人間に近い経済」が、弱肉強食の市場原理経済の真っ只中で市民・消費者の共感と支持を得て存続することは、じつは、現実の市場経済のあり様に大きなインパクトを与えるものだといえます。

　大量生産・大量消費・大量廃棄のシステムは豊かな財を社会にもたらす一方、環境破壊、雇用破壊など多くの課題を噴出させてきました。短期的な利益に追われる株主価値至上主義の「虚構」が剥がされ、本業の価値が強く求められつつある企業は、本業の各マーケットにおいて消費者が何に価値を置くのかにより敏感にならざるをえません。こうしたとき、地産地消のエネルギー循環をめざす市民型の事業や、生きにくさを抱えた人々の住まいや働く場を創る事業など「さまざまな地域の現実」をも創りつつある社会的企業は、その提供するサービスを通して「本物指向の経済、切らない経済、連帯する経済」が時代のトレンドになることを予感させる水先案内人でもあります。社会的企業の実践を通してサードセクターが現実の経済や政治にも変容を促すような一定の規模と価値をもつとき、現実の市場経済の中に「人間に近い経済」を埋め込むことが展望できるのだろうと思います。

（3）市民の自治と循環型の地域経済

　地方分権、地域主権が叫ばれています。ぼったくりバーと揶揄される国と地方の関係を変え、より生活者に近いところに財源と権限を移すことはきわめて重要ですが、もう一つ欠かせない視点は、それらによる地域運営の担い手は「お上」ではないということです。いわゆる官僚主義がそのままであれば、財政と権限が地方に移っても、逆に「市民協働」からはより遠くなる恐れすらあり得ます。強みと特性を活かした地域運営は「市民の自治」あればこそ。そう

した市民力（ソーシャルキャピタル）を息づかせ促すものはじつはNPOという参加の仕組みであり、一人一人が主体となる協同の仕組み、さらに、福祉、子育てなど暮らしニーズを得意領域とする社会的ビジネスが地域で息づいているかどうかです。これらは地域にセーフティネット網を張り巡らせながら、さらに、埋もれた風土・文化・資源に光をあて地域をより魅力的なものとしていきます。個々にはスモールであっても、地域主権の実践プレーヤーである社会的企業が、サードセクターの資源をバックヤードにして豊かに息づいているコミュニティを創れるかどうかが、市場原理型経済の暴風雨にもへこたれない地域（経済）を創れるかどうかの分かれ道になるのだと思います。

（4）社会的企業を支える基盤づくり

　世界を見てみましょう。市場原理型経済がもたらす歪みを乗り越え、社会的企業の育成・支援を通して市民の参加を促し地域再生や就労促進などを進めていく「社会的排除との闘い」が、世界の新たな潮流としてヨーロッパを始め各国ですでに始まっています。イギリスでのコミュニティ利益会社法などによる活性化策、イタリアでの社会的協同組合法制、フランスでの連帯経済を支える重層的な仕組みなど。また、韓国では「社会的企業育成法」によって、社会的困難を抱える人たちを雇用する事業所を制度的に支える仕組みが動いています。さらに、これら社会的プレーヤーを支える民間発のお金の仕組みとして、ヨーロッパでは社会性に舵を振り切ったソーシャルファイナンス、アジアを中心に広がるマイクロ・ファイナンスが生き生きと動きつつあります。日本においても介護、福祉、子育て、農業など暮らしやコミュニティに近く雇用を生む労働集約型分野に政策を重点投下していくことが待ったなしで求められています。これらは家族・コミュニティでの相互扶助や企業内福祉などが寸断されてきた社会を、労働・福祉一体型で再生していくための基本的政策であり、加えて、その担い手である社会的企業を促進していく政策としてデザインされるべきものだといえます。

　NPO法、公益法人改革などが「器の改革」として必要なものであったとすれば、こうした器の中から生まれてきた社会的なプレーヤーたちを、より実践的なリアリティを持って支えていく仕組みを日本社会として構想し制度化し

ていくべき地点に至っています。もちろん予算のバラ撒きとしてではなく、逆に、事業推進の接点に寄り添い、これを促進するような政策こそが求められています。EU 政府においては社会的経済部局が設置され EU・国家・地方自治体を貫いた重層的な支援施策が稼動しており、イギリスでは 06 年にサードセクター庁が設置されたとも聞きます。総合評価入札制度の導入や社会的企業への優先受発注、企業セクターからの支援を促す仕組みづくりなど予算投入を押さえた施策も組み合わせることができるはず。また、分野タテ割りではなく、例えば、事業者の法人格にこだわらない、事業の社会的価値に着目した横断的な支援のための法制度もデザインできると思います。まずは基本法からスタートする、または国に先駆けて地方自治体のオリジナルな地域再生施策として組み立てるなど、いろんな進め方があるだろうと思います。

(5) 協同組合の原理を活かす、つながりを活かす

　日本でのサードセクターの広がりを展望したとき、協同組合と社会的企業との相関関係は欠かせないものとなります。日本における協同組合は、生活協同組合、農協、広義には労働金庫なども含め、じつはその社会的資源はきわめて大きいものがあります。本来、協同組合は「市場主義の双子」として、その生み出す社会矛盾をカバーするために生まれた仕組みであり社会的企業にとって多くの親和性を持つ存在です。特にヨーロッパでは、人々の主体的な参画を促す協同組合の営みと重層的な横つなぎという蓄積の中から社会的企業が生まれてきたといえます。ただ、日本ではそれぞれの協同組合がそのマーケット領域での戦いに追われてきたため、協同組合相互、または他セクターとの接点や連携はきわめて乏しい状態でした。タテ割り、囲い込み型の原理を持つ協同組合が自らを外に開き、その資源をつないでいくことがサードセクターの基盤形成にとって不可欠なものとなります。

　一方、95 年 ICA（国際協同組合同盟）のアイデンティティ声明において「コミュニティへの関与」が謳われ、共益型の協同組合であっても社会にウイングを広げることが世界標準となってきています。これを受けて、現在、協同組合は世界的な規模でその価値と役割を改めて模索し始めています。これらは世界規模でフラット化したグローバル経済に対して、サードセクター（非営利・協

同セクター）を世界規模で横つなぎして「社会的経済」や「連帯経済」の裾野を世界に広げていこうとするものです。

　社会的企業にとって、とりわけ、生協などの協同組合や労働組合は人材輩出のための「苗床」ともなり、その幅広い資源をもとにした強力な支援者ともなり得ます。また、社会ニーズのどこにでも出没し、資源と資源をつなぐ触媒ともなる「社会的金融」の果たす役割は大きく、サードセクターを金融面からサポートすることを通して日本での「社会的経済」の創生・形成に寄与していくだろうと思います。間近に迫ってきた労働者協同組合の法制化の仕組みを「社会的な仕組み」として、より多くの社会的プレーヤーが活用していくことも重要です。サードセクターの充実に向けて、協同組合間の協同、社会的プレーヤーと協同組合・NPO・労働組合の連携などを意思をもって進めていくことが、非営利・協同セクター自身に強く求められています。

2、社会的企業を支えるものとしての金融

（1）お金の流れが社会を良くも悪くもする

　ITからサブプライムローン、そして石油・穀物へと次々とバブル（投機先）を生み出しながら膨張を続けてきたマネー経済は主に90年頃から本格化し、いわば「投機マネーが主導する市場万能型経済」へと急速に様変わりしてきました。これらはマネーの暴走を制御する戦後の国際的仕組み（ブレトンウッズ体制や為替固定相場制）の解体と基軸通貨ドルのばらまきによる経済膨張をめざしたアメリカの世界戦略の結果でもあります。今回の金融危機はこうしたマネー主導型経済がサブプライムの信用収縮を機に崩壊した深度の深いものです。これまでマネー主導型経済は、BRICS（ブラジル、ロシア、インド、中国）に代表される成長経済と新しい富の集中を世界にもたらしながら、一方で圧倒的な貧困と激しい経済格差や多くの飢餓、環境破壊、そして戦争すら生み続けてきました。マネー主導型経済は実体経済を超えて新たな社会矛盾を生み出すメカニズムの要因となっており、いわば「お金の流れが世界の現実を創り出している」ともいえる状況となっています。このマネー主導型経済は崩壊したのか？答えはNON、人口暴発、耐えざる欲望のある限りマネーの暴走は止

まりません。局地バブルと次のカジノ経済ネタの設計はすでに始まっています。マネー自体の膨張圧力と金利の圧力は、環境破壊をものともしない経済の膨張を促し続けるだろうと思います。

（2）膨張するマネーバブルの連鎖を乗り越えるもの

　こうしたマネーバブルの連鎖を乗り越える道筋はあるのでしょうか。まずは、国際的な規制の枠組みの再構築があげられます。トービン税をはじめとしたアプローチと国際間の協調、さらにはISO26000などCSRの枠組みから企業行動を促すことも求められるでしょう。

　そして、これらと併せて必要とされるのは、成長と拡大を前提としない「もう一つの経済」を地域で回すこと。即ち、社会的経済などのオルタナティブな経済の潮流をもとに、マネー主導型経済の暴風雨に晒されても自立できる経済を地域に循環させておくことです。そして、この場合に決定的に必要となるのは、これらの経済の担い手である社会的企業を支える「社会的金融」の役割だといえます。

（3）意思を持ったお金（金融）の流れを創る

　本来、金融は、生業・想い・暮らし・情報等を仲介し実体経済をバックヤードで支え、財・資源を地域で循環させるための機能といえます。暮らしや経済を根元で支えるのが金融の役割ですが、その影響力によって社会を良くも悪くもするのもまた金融です。これまで日本でのお金の流れは、市民と金融機関との関係でいえば、預けた後にどこにお金が流れているのか判らない、金利やサービスと「引き換え」にその使い道を白紙委任するという関係でした。90年前後のバブル時には地上げ資金や闇金・サラ金に資金が還流し、いわば、自分たちのお金が自分たちの首を締めるために回ってしまう、また、地域で集められたお金を地域から運び出してしまう役割ともなり、その信用創造機能によってバブリーな資金膨張をも生むことにもなってきたといえます。こうした現実を創っていくのはお金でもありますが、逆に、私たちの望む未来を創っていくのもお金の力。お金（金融）は、いわば「社会づくりの道具立て」でもあります。

　一方、社会の底が抜けつつあるなか、社会を良くしていくために「お金に意

思を持たせよう」という市民が増えてきています。こうした動きを受けて、市民・NPO が起点となって、もう一つのお金の流れを創る市民金融「NPO バンク」が全国各地に登場しています。これらは「お金の流れを通して社会を変える」行動であると共に、既存の金融機関へのアンチテーゼとしての意味合いも持つものといえます。これらは、市民の支持と共感を得て、規模は小さくても、社会に価値を発信し地域に根ざす存在となりつつあります。

（4）金融機関（間接金融）の役割

　では、圧倒的なボリュームで金融仲介を行う金融機関の役割は？　既存の金融機関は間接金融として、小口集積したお金をある方向に流す役目を担うもので、資金循環の社会的な変換装置ともいえます。地域で生まれた財や資源は「お金の仕組み」に乗って社会に循環します。これらの仲介者である金融機関がどんな理念を持つかによって地域の絵姿にも大きな違いが生まれます。社会の底が抜けつつある一方で多くの社会的プレーヤーが地域の編み直しに登場しつつある時代にあって、とりわけ、相互扶助、共助の金融を理念とする協同組織金融機関への期待と役割は大きいといえます。共助の金融や市民事業への社会的金融などを通して地域経済の再生や人々の暮らしを支えていくという金融 CSR の営みのなかにこそ、協同金融が市民の共感と社会の要請を得た事業として存続していく道筋の一つがあるのだろうと思います。アメリカの地域再投資法のように融資ボリュームの一定割合を疲弊する地域再生の融資に回すべきという「規制」も今後あり得るかもしれません（あり得るべき）が、一歩先んじてこれらの実践をしていくことが求められています。

（5）ろうきんでの取り組み

　ろうきん（労働金庫）は 50 数年前の戦後の混乱期に、お互いに暮らしを支え合うために、労働組合などが資金を出し合って創設された協同組合の金融機関です。以来、勤労者の暮らしを支える「生活金融」を基軸に事業を進めてきましたが、大きく変わる時代、共益から公益にウイングを伸ばすものとして NPO 融資等の活動を 2000 年からスタートさせてきました。これらは「生活金融」事業全体の中では微々たるボリュームですが、勤労者の資金の一部を地域

を支えることに活かし、新たな事業価値を創造する分野でもあります。筆者としては、協同セクターと社会的企業を金融でつなぐこの営みを、日本社会の中に「社会的経済」を形成していくための挑戦としても捉えたいと思っています。

以来約10年、近畿ろうきんでは、疲弊する地域状況やNPO等を支える社会インフラの乏しさを実感しながらNPOや社会福祉法人に対して190件超の融資（09年8月）を行ってきました。依然、試行錯誤の連続ですが、官の補助・助成だけに頼らない民主導の資金循環の仕組みを地域に創り、地域の元気を創りたい市民の意思を社会的プレーヤーにつなぐ金融仲介のあり方を見出すことが必要だと考えてきました。市民（預金者）と地域をつなぐ金融仲介は「預けた後の使い道が見えにくい間接金融」において、いわば「市民参加型の間接金融」という新たな可能性を開くのではないか、こうしたコンセプトに沿って労働組合やNPOと連携した専用NPO融資を開発していますので少し触れておきます。京都では地域労働組合の包括テーブルである京都労福協の担保預金（1000万円）を裏打ちに、その5倍の専用融資枠を創設し（新たに立ち上げ資金も対象）、「市民活動を応援する」という労働組合の意思ある預金をNPOサポートにつなぎました。

また、障がい者支援の全国ネットワークのNPO法人ゆめ風基金が市民からの小口寄付を積み上げて作った基金の一部（1000万円）を裏打ちに京都と同様の融資制度を創設しました。市民の大切な基金を助成金として費消せず、逆に融資として5倍に膨らませて地域に循環させる仕組みです。

（6）これからの社会的金融

金融は、社会ニーズのどこにでも出没でき異質なものをつなぐ触媒として大きな役割を発揮でき、また、既存の協同セクターの資源を地域の社会的プレーヤーにつなぐなど多くの可能性を持ちます。こうしたことを前提に、本稿で述べたサードセクターの充実や社会的企業の促進を金融面で実現していくために、今後、「社会的金融」としてどのような方向感がめざせるのでしょうか。もちろん、圧倒的に不足する資金需要、特にイニシャル部分に関しては、投・融資だけではなく、行政の補助・助成や促進政策、民間財団の支援など多様な施策が必要となることはいうまでもありません。ただ、ここでは、主として事

業の発展段階で必要となる融資の仕組みとその連携のあり様などに関して簡単に述べてみます。なお、資金の出し手の意思に事業の方向が左右されることもあり得るため、資金循環の担い手の意思が常に重要となる、ということを前提に以下記載します。

まず、社会的企業では新規事業の開発も多く資金需要はきわめて旺盛です。したがって、共感する市民のお金（出資）をもとに融資を行うNPOバンクはもちろん、既存の金融機関がNPO等への融資を増やすことは依然重要です。さらに「住まいの提供」や「ケアハウス建設」など一定規模の需要も増加しています。こうしたとき、NPOバンクと金融機関の協調的な融資の協力や、その事業プランに共感する市民から直接調達するいわゆる「擬似私募債」と金融機関借入を組み合わせる手法など、リスクをシェアしながら融資する手法も考えられます。また、先の、近畿ろうきんとゆめ風基金との提携融資など、外部資金を裏打ちとして包括的な融資枠を創設するなど、金融機関のもつ信用創造機能をうまく機能させて連携の仕組みを創ることもありえます。いずれも、リスクヘッジの仕組み（保証制度等）を整えていく視点が今後は必要となりますが、この場合、民間が先行して仕組みを創設したうえで、行政の損失補償等の政策発動を促してより安定化させることも考えられるでしょう。

欧米を始めとしたSRIファンド（社会的責任投資）の増加はもちろん、NPOバンクの進展を見ても、「自分のお金が世の中を良くするために回って欲しい」と願う市民は着実に増えています。共感する社会プロダクトに対して市民がファンドを通して小口投資する手法も動きつつあります。金融機関においては、投資信託業務などにおいてより社会性を重視した商品提供を行うほか、間接金融の特性を活かしつつ、お金の使い道が判りやすい仕組みを開発して、新たな「市民型間接金融」として打ち出し、多くの市民に「社会投資家」としての参加を促すような手法もあり得るだろうと思います。

また、例えば、NPOバンクの融資原資の調達に関して、これを既存の金融機関がバックヤードの役割となってNPOバンクに融資するという、いわば二段構えの仕組みで資金循環をより社会的に安定化させる構想や、また、貸金業法改正等によるNPOバンクでの業務上の課題に対して、実務インフラを有する金融機関が可能なサポートを検討するなど、連帯する経済としての基盤形成

を図ることも必要となるだろうと思います。

　また、消費生協の一部では組合員向け多重債務貸付を自前で実施したり、組合員からの定例寄付で地域貢献事業を形成したりと、協同組合ならではの資源を活かした社会的連帯の仕組みが動きつつあります。こうした大きな資源を擁する協同セクター（特に労働組合や生協など）と金融機関が連携して、先ほどのろうきん提携融資のように地域のNPOやワーカーズコレクティブなどを支える資金循環を創設することもあり得ます。また、域内循環をめざす地域通貨の試みを金融を媒介にして実体経済とつなぐような視点もいずれ必要になると思います。

　ここでは筆者個人の見解を簡略化して述べたに過ぎず、当然、「社会的金融」全体を俯瞰するには至っていません。しかしながら、時代の変化にアンテナを出して21世紀の日本の見取り図を遠望すれば、サードセクターの充実や社会的企業の促進を実現して「社会的経済」の内実を実体化させていくことが、市場原理型経済の暴風雨で痛んだ社会を人間らしく再生するために欠かせない社会ビジョンであることは明らかです。そして、そのための不可欠な機能として「社会的金融」の役割が一層求められてくることはいうまでもありません。異質な資源と資源をつなぐ社会的触媒として「社会的金融」の出番が待たれています。

新しい社会的リスクと
日本型ソーシャル・ガヴァナンス
——社会的企業聞き取り調査の分析を中心に

京都大学大学院・共生型経済推進フォーラム運営委員　濱西栄司

はじめに

　本稿の目的は、共生型経済推進フォーラム（以下、「フォーラム」）による社会的企業聞き取り調査（本書二、三章参照）の成果（団体資料分析含む）をもとに、可能な連携の形、日本型ソーシャル・ガヴァナンスの在りようについて考察を行なうことにある——ただし紙幅の関係上、暫定的な考察に留まる。

　以下では、まず理論的視座となる新しい社会的リスク／ソーシャル・ガヴァナンス論について紹介し（1節）、日本の自由主義ソーシャル・ガヴァナンス化とその限界——受苦・リスクの重層化・極大化への対応——を論じる（2節）。その上で、あるべき日本型ソーシャル・ガヴァナンスの具体化に向けて、フォーラム関連団体とワーカーズ・コレクティブ他の連携可能性を探り（3節）、若者の自主管理社会センターの試みにも触れる（4節）。最終的に、労働の拡張と国家・市場からの自律性を核としつつ、違いから学び合う次元も組み込んだ日本型ソーシャル・ガヴァナンスの形を示す——その実現のために政府・行政アクターには「2.5の道」を提起する（5節）。

1、新しい社会的リスクとソーシャル・ガヴァナンス

　まず「新しい社会的リスク」論と「ソーシャル・ガヴァナンス」論について短く紹介しておきたい。脱産業社会において進行する4つのプロセス、すなわち①女性の労働市場参加、②高齢化、③労働市場の変化（非正規化）、④民営

化が、新しいリスクを発生させている。それは「新しい社会的リスク」と呼ばれ、「脱産業社会への移行に伴う経済的・社会的変化の結果として、人々がその人生で直面するリスク」と定義される（Taylor-Gooby 2004：2-3）。福祉国家が保障しようとした古いリスク（労働災害や失業・退職生活、家族扶養など）は、カテゴリカルなものであった。しかし、現代の脱産業社会における「新しい社会的リスク」はカテゴリー横断的・個人的なものであり、個々人が重要な問題になっている。とりわけ「新しいリスクは、古い社会的リスクよりも人生の早い段階にある人々に影響を与える傾向があるが、それというのも、それが労働市場に参入しそこで地位を確立するということと、そして健康のケアのニーズや退職年金よりも第一に家族を構築する段階でのケア責任とに、関係しているからである。新しいリスクは、複雑な形で古い社会的リスク構成を横断する新しい利害配置を生み出す。それらは、とりわけ女性、若い労働者、そして適切な技能を持たない人々にのしかかる」（Taylor-Gooby 2004：8）。

　では、これまで家族が代替してきたケアや、家族や雇用によって保障されてきた若い時期のリスクなどをどう保障・支援していけばいいのだろうか。世界的に注目されているのは非営利セクター・サードセクターである（Evers & Laville 2004）。なぜか。宮本によれば、新しい社会的リスクは、個別的かつ多様で、行政的な画一的対応では解決が困難だからである（宮本 2005：11）。従来の行政の問題発見能力や対応力を超えており、むしろ当事者からの発信があったうえで、専門家や自助グループ、NPOがこれを支えていき、そこから行政やケアワーカーにつなげていくしかないという（宮本 2008：182-184）。そしてこのような多様なアクターの活動によって維持される福祉保障・生活保障のあり方は従来の福祉国家中心のレジームとは大幅に変わるものであり、しばしば「ソーシャル・ガヴァナンス」といわれる。それは、「これまで福祉や雇用の領域において基軸的な役割を果たしてきた福祉国家体制が揺らぐなかで浮上してきた、新しい統治のシステム」である（宮本 2005：5）。

　ただ、宮本は述べていないが、ソーシャル・ガヴァナンスも一つではない。たとえば、「当事者からの発信」が自然に湧きあがると考えるか、各社会の構造的差別状況や急激な不安定化状況を考慮に入れるかなどによっても様々な違いは出てくる（後述）。問題はソーシャル・ガヴァナンスの具体的な中身であ

り、いかなるソーシャル・ガヴァナンスを目指すのかという点にある。

2、自由主義ソーシャル・ガヴァナンスとその限界

　近年、日本においても、〈家族福祉・企業福祉から、福祉の民営化・市場化・ソーシャル・ガヴァナンス化へ〉という流れのなかで、事業NPO、社会的企業、コミュニティビジネス、ソーシャルベンチャーなどが非常に注目を浴びている。例えば、関西・大阪の場合、2000年以降、行政主導のコンペやアワードなどを通して、事業系NPO、コミュニティビジネスなど150団体ほどのネットワークが形成されてきている。2008年からは経済産業省がソーシャルビジネス研究会を立ち上げ、法制化の準備を進め、2009年からソーシャルビジネス関西も立ち上がった。また大企業や銀行のCSR部門なども、若手社会的起業家向けコンペを軸に、50団体以上のネットワーキングをすすめている。家族支援や若者支援に関わる活動やそのネットワーク化は、新しい社会的リスクに対応した動きとして評価できる。それらの連携の背景にあるのは、「非」営利（Non-profit）組織以外を、協同組合も共済組合も社会的企業、コミュニティビジネスも基本的に営利企業と同一視する、市場と競争を中心としたソーシャル・ガヴァナンスのイメージである――ここではそれを「自由主義ソーシャル・ガヴァナンス」と呼ぶことにしたい。

　このような自由主義ソーシャル・ガヴァナンスは現在、日本において主流になりつつあるが、限界もある。まずそこでは、NPOや社会的企業は、業績や組織・起業の観点から評価され、数字に表せない価値やもともとの構造的制約などは考慮にいれられない。また採算性・マネジメント性が強調され、社会問題の解決といったミッションのほうはなおざりにされやすい。そこでは団体同士の関係性は基本的に「競争」関係になり、セクター内、あるいはセクターを超えた連携は非常に困難となる。

　このような自由主義ソーシャル・ガヴァナンスは、新しい社会的リスク単体にはある程度、効果があっても、以下に述べる日本の歴史的構造的文脈を考えれば、表面的な解決策にしかならない。

　すなわち、まず戦後復興のなか経済発展が重視された日本では、福祉国家の

発展は60年代まで遅れ、その後もオイルショックのなかで未成熟のままにおかれた。福祉国家による保障も薄いままに、しかし福祉国家から排除される受苦は確実に生み出され、さらに今度は新しい社会的リスクが発生してきている。つまり、古いリスク、日本型福祉レジームから排除される受苦、新しいリスクが重層化している（少なくともその程度が大きい）のが日本の現状なのである。日本型ソーシャル・ガヴァナンスを構想するためには、このような歴史的な重層化の経緯をきっちりと押さえ、各次元に跨る連携を試みる必要性がある。

　さらに、日本では、新しい社会的リスク自体も、歴史的事情から女性と若者に極大化する（少なくともその程度が大きくなる）傾向がある。一般に新しい社会的リスクが若者と女性にふりかかるということは指摘されているが（1節参照）、それに加えて日本の女性には、家父長制の下、福祉・ケア領域を長く担わされてきた受苦が折り重なる。また、後述するように、欧州に比べて若者の公的保障も自助・支援運動も極端に少ない状況にあって、失業や不安定化に関わる新しい社会的リスクは、日本の若者にはより急速に、ダイレクトに降りかかる。これら歴史的な差別状況や急速な不安定化は、どちらもソーシャル・ガヴァナンスが前提とする「当事者からの発信」を困難にする。──歴史的差別状況はそれを「当たり前」のものと認識させてしまい、また急速な不安定化は当事者自身を混乱させ、自己責任と勘違いさせてしまう。それゆえ、日本型ソーシャル・ガヴァナンスは、そのような「発信」を保障するための特別なエンパワメントなどを含むものでなくてはならないだろう。

　構造的な問題よりも、市場的需要やマネジメントを重視し、連携よりも競争を促す自由主義ソーシャル・ガヴァナンスでは、重層化にも極大化にも対応できない。それゆえより日本の事情に合致した、リスクや受苦の歴史的重層化と、女性／若者への新しい社会的リスクの極大化とに対応可能な「日本型ソーシャル・ガヴァナンス」というものを構想する必要がある。

　だがはたしてそのようなソーシャル・ガヴァナンスは実現可能であるのか、現場ではどういう連携可能性があるのだろうか。以下では、このような観点から、社会的企業聞き取り調査の結果を分析していきたい。

3、日本型ソーシャル・ガヴァナンスの具体化へ（1）：重層化と女性

　社会的企業聞き取り調査の対象は大きく2つに分けられる。

　まず日本型ソーシャル・ガヴァナンスは、古いリスクに対処する労組関連団体や、福祉国家からの排除に対処する様々な支援運動を含む必要があるが、とりわけ、そのようなネットワークを率先して実現しようとしている──少なくとも目指している──唯一の大規模ネットワークとして「共生型経済推進フォーラム」があった。そこで聞き取り調査はまずフォーラム自体に参加する事業運動団体から実施された。釜ヶ崎支援機構（釜ヶ崎反失連）、共同連、NICEなどはいずれも企業労働から排除されてきた人々への支援や自助の運動として長い歴史を持ち、かつ現在では全国的にも名前が知られている関西（名古屋含む）の大規模事業運動団体であった。

　次に、日本型ソーシャル・ガヴァナンスの実現のためには、とりわけ福祉国家から排除されてきた女性・主婦の保育や介護事業・支援運動との連携──それは女性に極大化する新しい社会的リスクへの対応とも重なる──が極めて重要であるが、他ならぬ女性・主婦層を担い手として介護や保育の領域に率先して取り組んできたのが、関東、特に東京・神奈川で大きな勢力をもつワーカーズ・コレクティブ他（関連NPOや生活クラブ、企業組合）のネットワーク（以下、ワーカーズ）であった。それらは、40-50歳代の主婦層を基盤とし、保育、介護や地域の助け合い、第三世界の貧困や女性の支援に取り組むとともに、近年は障がい者や若者の雇用問題にも関わりつつあった（加えて、日本型ソーシャル・ガヴァナンスは、若者に極大化するリスクにも対応可能でなければならないが、この点は次節で検討したい）。

　フォーラム、ワーカーズ関連社会的企業団体への聞き取り調査結果のなかで、本稿の文脈上、重要なのは以下の2点である──それらの特徴は、とりわけ自由主義ソーシャル・ガヴァナンスを構成する一部の行政・市場育成促進型社会的企業（企業家）と比較すると顕著な違いとして現れる。

　①まず、これらの団体は、日本型福祉レジームの形成過程において企業労働から排除された受苦に基づき、60年代末・70年代から「労働」の拡張を実践的・概念的に試みてきた長い歴史を有しているということである──日雇い

／野宿者運動、障がい者運動、部落解放運動、主婦・女性の運動としていずれも長い歴史をもつ。それらの運動は、福祉労働、シャドウワーク、パートタイム、日雇労働やクズ拾い…など、企業労働とは異なり、当時、まともな「労働」とはあまり認められなかったものを、行政や市民、さらにいえば労組や左派政党に、「労働」として認めさせる要求・交渉を行ないつつも、同時に、食べていくための事業・助け合いを自主的に始めるしかなかった（この点は反失連・山田さんと共同連・斎藤さんの語りに典型的に表れている）。その過程で、企業労働というもの自体を相対化していき、「労働」の概念的・実践的拡張を試みてきたわけである。

　②次にこれらの団体——事業高が１億円を超えるものが多く、行政から相談を受ける側になっている団体もある——は、福祉レジームの市場化傾向の中で行政や企業からも「社会的企業」などの先駆的事例として高く「評価」されつつも、国家とも企業・市場とも距離をとり、逆に利用・指導するような自律的（しばしば対抗的）姿勢を維持している。これらの団体の強さは、行政や企業が目を付けるはるか以前から、事業運動に取り組み、苦労しながら「労働」の概念的・実践的拡張を試み、その結果、「企業労働」（正規雇用）の縮小と派遣労働や社会的労働の在りようが問題になっている現在の議論を先取りしてきたことに由来する。その上で、そこに歴史的構造論的な理論——例えば社会的経済・連帯経済、協同組合などを重視する「非営利・協同セクター論」や、社会的排除に対する幅広い連携を構築しようとする「社会的包摂論」、広く「NPO」[not-for-profit]（営利を第一としない組織：協同組合も含む）セクターを国家／市場とも異なるものと位置づける「欧州サードセクター論」など——が接続され、市場主義・経営論的なアメリカ流「NPO」「社会的企業」「社会的起業家」論に対する違和感とオルタナティブの追及を理論的にも正当化できている。

　フォーラム団体とワーカーズ団体に共通するこの労働の拡張と国家・市場からの自律性、という点は、連携の上で極めて重要である。実際、この２点を軸に、フォーラムは、関西の労組・労金・労福協、生協、障がい者や野宿者の支援団体、そして引きこもりや若年非正規雇用者の支援団体まで多岐にわたるネットワークを形成できており、またそのフォーラムと関東の生活クラブ・ワーカーズ・コレクティブ他のネットワークの連携もその「労働」と「自

2009年2月21日シンポジウムの様子

律性」という点から可能になりえる。これらの連携は、日本型ソーシャル・ガヴァナンスの形成にとって極めて重要な意味がある。

　もちろん、エンパワメント[1]の点で注意すべきことはある。例えば、ワーカーズなどの運動は、女性や主婦を「自律」した「市民」へとエンパワメントすることを根本的な目的の一つとしているが（We21・郡司さんの語りに典型的に表れている）、野宿者や障がい者の支援団体（釜ヶ崎支援機構や共同連）は、被支援者を自律した「市民」へのエンパワメントするということは考えていない。むしろ歴史的構造的な差別・排除を受けてきた存在として、人権の認められていない存在として、自らを認識してもらえるようエンパワメントしている場合もある（このようなズレは2009年2月28日のシンポジウムにおいても伺えた）。

　だが、基本方針で連携が取れていれば、このような違いも生産的なものへと変えていくことはできる。例えば、男性性・労働性を問題視・批判する意見や、「労働」ではなく生活や生きがいといったところに焦点をおいた文化的なエンパワメントを行なう試み（紙芝居、地域通貨、…）が、障害者・野宿者支援団体のなかで再評価されることにもつながるかもしれない。逆に生活クラ

ブ・ワーカーズ・コレクティブ側が、女性野宿者や女性障がい者に注目する中で、そのエンパワメントが果たして自立した「市民」へ向かうのかどうか問い直すきっかけにもなるだろう。構造的な差別・排除からのエンパワメントを相互に保障し合い、違いから学び合える関係性（一元的ではなく多元的なエンパワメント[(2)]を作りだせるかどうかに日本型ソーシャル・ガヴァナンスの成否がかかっているといっても過言ではない。

4、日本型ソーシャル・ガヴァナンスの具体化へ（2）：若者

　最後に、日本型ソーシャル・ガヴァナンスは、受苦・リスクの重層化と女性への極大化に加えて、若者へのリスク極大化についても対応可能なものでなければならない。現在、国際的にみても日本の若者は困難な状況に陥りつつあるが（OECD2008 *Jobs for Youth Japan* 報告書など）、問題は失業増加や非正規雇用化といった経済的側面だけでなく、若者への公的保障のなさ、そして、若者の自助運動や若者支援運動の極端な少なさにもある。

　なぜそういう状態になったのか。欧州において若者の公的保障、支援運動、自助運動などが生み出された60-80年代、各国の若年失業率は20％近くあり、若者・学生は、自身を「失業者」と位置づけることで、労働者・労働運動や議会に対して自分たち若者の自助運動・支援運動を正当化することができた。それに対して日本の当時の若年失業率は5％以下と極めて低く、若者支援や公的保障の必要性は議会においても運動においてもほとんど論じられなかった。むしろ日本では、1960年代末全共闘以後、学生運動は恵まれた境遇の「自己否定」（「インテリゲンチャ」の否定と「プレタリアートの立場」の精神的な徹底）、そしてマイノリティ支援運動へと展開していった。その結果、90年代以降、唯一若者を支えていた企業雇用が大幅に削減・不安定化されてくると、若者は公的保障も支援も居場所もないままに放り出されることになったのである。

　現在、おそらく日本の若者の多くは、「労組やほかのマイノリティ支援運動から孤立して当たり前」、「自助運動をしなくても当たり前」、「支援されなくて当たり前」、「公的保障もなくて当たり前」、というように考えているのではないか。急速な変化は、当事者自身を混乱させ、若者が「当事者からの発信」を

行なうのを困難にしている。ゆえに、そのような「発信」を保障するための特別なエンパワメントが必要なのであるが、近年、日本においても、若者にとっての「生きる場」の重要性が次第に言われ始めている（雨宮・中島・宮本・山口・湯浅 2009：26-47）。それは欧米であれば、「自主管理社会センター」（Centro Sociale Occupato Autogestito）といった試みとして現れている（伊、蘭、英、仏などが有名）[3]。

　自主管理社会「センター」というとハコモノをイメージするかもしれないが、重要なのは、「自主管理」のほうである。その多くは60-70年代の運動（アウトノミアなど）の流れを組むかたちで始まった空き建築物・土地の不法占拠を継ぐものであり、警察が強制排除したセンターをふたたび占拠し直すという事態もよく起こっている[4]。それらを活用し直し、その意味を変えていくこと、「市場」や「国家」の論理が貫徹される空間を書き換えていくことが重要であり、行政や企業が創った新しいハコモノを与えられるのでは意味がない。それはまた「コミュニティ・センター」などとも全く異なるものである[5]。

　自主管理社会センターの中心は、20・30代の若者で、失業者、不安定雇用者が多く、若年家族やシングルマザーなども少なくない。社会センターは、しばしば政治的な運動（稀に右翼・ネオファシズムの場合もある）の拠点として機能しており、何万人もの動員を可能にしてきた反グローバリズム運動の背景にも、自主管理社会センターなどのネットワークがある――ローマだけで20か所以上、イタリア国内に100か所以上存在している。他方で、それらは料理や栽培・ガーデニング、音楽や服飾、デザイン、ダンス、オルタメディアなど広義のアート・ライフスタイルとも密接に関わっている。そこで展開されるさまざまなアート作品や実験的なイベント、そして様々な制作作業は、創造力を拡張させ、新しい生き方の可能性（例えば、なるべくお金のかからない生活）、新しい自己・友人・家族・制度・組織との関係性の在りよう（依存から自律へ）が、意識的というよりも、身体感覚のレベルで感得される（embodiment: エンボディメント）――そこには「正義」や「論理」といった原理とは異なる「美しさ」や「楽しさ」といった原理が存在している。そして、そのような見方・生き方をしている人が実際に世界の自主管理社会センターにいるという事実を知ることは、その人のライフスタイルを実際に変えるきっかけともなる。

このように自主管理社会センターは、不安定さやバルネラビリティにさいなまれる現代の若者にとって貴重な場になっている。

イタリアなどの自主管理社会センターの多くは、占拠後10年・20年経つものであり、上の世代から引き継がれたものである。だが、日本では、上の世代から引き継げるような「場」は、少なくとも都市にはなく[6]、それを作りだす資源も時間もない。不法占拠をしようものなら一瞬で逮捕されてしまうだろう。そんな中、かろうじて、2000年代後半から、次第に日本的な自主管理社会センター的な試み——若者自身の手によって何の支援もなく不法占拠ではなく合法的に——が大阪や東京などの大都市で見られるようになっている。そして、2008年洞爺湖サミット前後の海外のアクティビストや社会センターとの交流などを契機として、日本の自主管理社会センターも、グローバルなネットワークの中に組み込まれつつある。

自主管理社会センターの実践は、現代を生きる若者をエンパワメント／エンボディメントするものであり、「当事者からの発信」を促し、防衛する場として、日本型ソーシャル・ガヴァナンスの形成にとって極めて重要なものである。そして、以下に見るようにフォーラムやワーカーズとも、労働の拡張や国家・市場からの自律という2点（3節参照）で、やわらかな連携が可能であろう。

①まず「労働」の拡張という点であるが、イタリアなどで自主管理社会センターが70年代にはじまった背景には、〈資本主義体制下では生きること自体が「労働」だ〉として賃金を要求するような議論があった。自主管理社会センターはそれを、実践を通して展開し、今や国家や市場を含め様々な制度や組織、専門家から自律して自活してDIY的に生きることを、「労働」として位置づけなおしているとも言える——逆に「労働」という概念を、DIY、生きること、身体性、美しさや楽しさを軸に逆転させているともいえる。

②また国家や市場からの自律性についても、自主管理社会センターに共通するのは、制度や専門家に依存しない、自律、自主管理という精神である。具体的には、国家と市場からの自律（中国では国家と市場と家父長制からの自律）であり、様々なものを自分で作り、修理し、自律的に生きようとすることである。そのようなDIYの精神と実践は、反資本主義的活動としても位置づけられており、市場原理主義にも対抗的姿勢をとっている。

このように「労働」の拡張や国家・市場との自律性という点でフォーラムやワーカーズとは連携可能であるが、ただし、やはりエンパワメントレベルでのズレもある。自主管理社会センターは、個々人が制度や組織に依存せず、自律・自活して生きるあり方、代表や幹事などの「代表者」がいない水平的な人間関係などを意識的・身体的にエンパワメント／エンボディメントしようとするものである。しかし、フォーラムやワーカーズは、組織性や代表性、役割といったもの自体を否定するわけではなく、事業や活動のために、役割分担や組織運営の仕方、集団での行動の仕方などを自然にエンパワメントしているともいえる。

　このようなズレはじつはかなり根源的なものであるが、それでも基本方針で連携がとれるなら、互いに学び合う関係性へと変えていける可能性はある。例えば現在では、われわれ全員が不安定な立場におかれているとすれば、自主管理社会センターの文化的政治的エンパワメント／エンボディメントが若者を超えて、われわれ全員にとって貴重な経験になることもあるだろう。自主管理社会センターと連携するというのは、そういう可能性により敏感になれることでもある。ソーシャル・ガヴァナンスという発想や制度的枠組み、組織単位のネットワークというものが本当に良いものなのか、といった点を問い直すきっかけも与えてくれるかもしれない。逆に、生活クラブやワーカーズ・コレクティブにとって重要な、家父長制下の女性のエンパワメントやジェンダーの観点を学ぶなかで、自主管理社会センターは「自律」や身体性の内実を改めて問うてみることもできる。フォーラム関係団体が培ってきた国家との関係性にまつわるノウハウ（交渉・要求しつつ、同時に自主事業も平行させる）を、自主管理社会センターにフィードバックすることも可能かもしれない。

　このように、互いのズレを起点に、学び合う関係（多元的エンパワメント）を含むことができるのであれば、その連携は日本型ソーシャル・ガヴァナンスの実現に向けて重要な意義をもつ。

5、日本型ソーシャル・ガヴァナンスの行方と「2.5の道」

　本稿では、「日本型ソーシャル・ガヴァナンス」を担う可能性のある3つのネットワークの連携可能性について検討を行なってきた。まずフォーラムと

ワーカーズ他のネットワークは、「労働」の実践的理論的拡張や国家・市場からの自律などの点で連携が可能であり、自主管理社会センターとのあいだでもやわらかな連携は可能である。エンパワメント／エンボディメントのズレは確かに存在するが、大枠で連携することができれば、ズレもまた生産的な関係性に転換することはできる。共生型経済推進フォーラムと、生活クラブ、ワーカーズ・コレクティブ他のネットワークとのあいだの連携はすでに始まりつつあるし、自主管理社会センターとの間にも個人的な関係は作られつつある。日本型ソーシャル・ガヴァナンスの形成へ向けて、まずその連携がより深まることを期待したい──本稿がその一助となればと願っている。

　最後に、ソーシャル・ガヴァナンスを構成する政府や企業といったアクターの位置づけ・連携について考える必要があろう。これまでの議論を敷衍して言うと、日本型ソーシャル・ガヴァナンスの実現のために、政府は、①まずいわゆる「第3の道」（ブレア、ギデンズ）と同じく、「労働」の再定義（生産主義からの決別）を土台として、労働の創造（技術革新・教育訓練）と労働保護（連帯・組合）の両立を進め、②次にそれに加えて受苦・リスクの構造的重層化・極大化に対応した特別な（経済的法的）支援を実施する必要がある──それは社民主義（第2の道）と「第3の道」のあいだにある「2.5の道」（Touraine 2001：143-169）と呼ばれるものに近い。

　具体的には、①において重要なのが社会的企業や事業運動などであり、それらの連携を深めるためには、政府は、新しい「労働」概念の下、事業NPOから協同組合、営利企業など多様なアクターにとって利用可能なインフラ・法制度（「社会的企業育成法」など）を整備する必要があるだろう。また②若者の自主管理社会センターに対する支援も必要であるが、「支援」というと、若者の非制度的・自主管理の努力を利用・管理・制度化しようとするものだと批判を受けるかもしれない。実際、それはセンターの目指すところと矛盾する。必要なのは、若者の試みをもっとしやすくする間接的な支援である。たとえば、既存の行政法人などの土地や団地、空いている土地・建築物、大学などを市民・住民・若者に開放し、欧州ではよくあるように「よりうまく使うなら占拠して使ってもいい」とする法改正、アパートなどの家賃を下げる支援、財産権の改定、不動産業者による土地買い占め・野ざらしなどに対する規制などが求

められる。

　政権交代を果たした民主党は、マニフェストにおいて「NPO活動の促進・支援税制」、「コミュニティの再生・強化」、「「住」の大切さ、可能性を重視した政策の展開」などを打ち出している。それらが、本稿で検討してきた日本型ソーシャル・ガバナンスの形成を促進するものであることを期待したい。

註
（1）　様々な集団・運動が多かれ少なかれエンパワメントの次元を有している。それを「文化運動」――さらに身体的な感得（embodiment）にまで拡張したものを「経験運動」――と呼ぶことがある（濱西 2008）。
（2）　自由主義ソーシャル・ガヴァナンスは、様々な構造的文脈にある個々人を、「起業家」「消費者」「ビジネス」へと一元的にエンパワメントする。
（3）　筆者は、東アジアの自主管理社会センター（的試み）のネットワークに関する実践・調査プロジェクトの組織化や、イタリア・ローマの社会センターに関するローマ大学のプロジェクトに加わり、若いイタリア人研究者（兼 社会センターの元アクティビスト）とともに分析を進めてきた。また、ローマの自主管理社会センター（Acrobax、Forte Prenestino、CasaPound、L38など）がオルタグローバル化運動に関わる過程についても、ラクイラG8サミットやピッツバーグG20サミットなどの参与観察などから把握している。
（4）　革新自治体や左派政党との間に、特殊協定（わずかな家賃・電気代支払いなど）を結ぶなどして合法化されて今に至っているものも多い。イタリアの場合、1996年の協定を拒否したものはわずかな例外（L38など）を除いて停止している。Forte Prenestinoのように、文化イベントなどを通して地域住民と非常に良好な関係を維持しているところも多い。
（5）　自主管理社会センターとは異なるものであるが、コミュニティセンターやそれに類する空間（たとえば韓国の「自活センター」）が地域社会に形成されることそれ自体は、若者の自主的活動の「裾野」を広げるものとして重要である。
（6）　日本では占拠は、当時、主に「大学占拠」として展開されたが、東大安田講堂陥落以後、都市での占拠は困難となり、主に地方でのコミューン運動へと展開した。

謝辞：国内の自主管理社会センター（的試み）についてコメントを下さったHさん、Wさんに感謝致します。また本研究は京都大学GCOE「親密圏と公共圏の再編成をめざすアジア拠点」の助成（次世代ユニット）を一部、受けています。

参考文献
雨宮処凛・中島岳志・宮本太郎・山口二郎・湯浅誠、2009、『脱「貧困」への政治』岩波書店．

Evers, A. and Laville, J-L. ed., 2004, *The Third Sector in Europe,* Edward Elgar Publishing.
Farro, A. L. and Rebughini, P. ed., 2008, *Europa alterglobal: Componenti e culture del "movimento dei movimenti" in Europa,* FrancoAngeli.
濱西栄司、2008、「社会運動の新しい形：A・トゥレーヌ『声とまなざし』『ポスト社会主義』」井上俊・伊藤公雄 編『社会学ベーシックス第2巻　社会の構造と変動』世界思想社、pp.147-156.
宮本太郎、2005、「ソーシャル・ガヴァナンス――その構造と展開」山口二郎・宮本太郎・坪郷實編、2005、『ポスト福祉国家とソーシャル・ガヴァナンス』ミネルヴァ書房、pp.1-23.
―――、2008、『福祉政治――日本の生活保障とデモクラシー』有斐閣.
Taylor-Gooby, P., 2004, "New Risks and Social Change," *New Risks, New Welfare: The Transformation of The European Welfare State,* Oxford University Press, pp.1-27.
Touraine, A., 1999, *Comment sortir du libéralisme ?,* Fayard.（=2001, *Beyond Neo-Liberalism,* Polity Press.）

どんな〈場所〉に私たちは立っているのか

——関西の共生型経済推進フォーラムの活動の意義と今後

共生型経済推進フォーラム運営委員　柏井宏之

※ボルザガが残した一言

　今、どんな〈場所〉に私たちは立っているのだろうか。そのことに気づかされたのは、3年前、来日した『社会的企業』を著したボルザガの発した一言だった。大阪で講演、日本の障害者の「社会的事業所」づくりや釜ヶ崎のホームレスの活動を見て、制度を活用したヨーロッパの就労づくりに比べ、自力で獲得した社会性について、ヨーロッパと同じ課題ながら逆に一歩進んでいる面もあるという感想を居酒屋の交流会で残した。それはリップサービスのようにも聞こえたが、そこには反システム運動とそこから発した制度化した運動との段差を反すう・比較している目線を感じた。この夜の交流はいつものように事務局と障害者が車座になる独特のもので、ボルザガらイタリア人の歌も飛びだす共同性に充ちた場となった。ラテン気質の陽気さと大阪の気さくな感覚とが交差した忘れられない夜となった。案外、私たちは孤立していないとそのとき実感した。

　08年度、フォーラムの総会で、日本の社会的企業の聞き取りが境毅さんから提起され、濱西栄司さんの手になる記録や東西顔合わせのシンポジウムがつみあがっていく中で、日本の新自由主義の嵐の中で、制度にあまり依存せず、風雪に耐え志し固くかつ状況に柔軟に対応している個々の事業体の自主性に充ちたドキュメントの肉声こそ、今、求められているものではないかと思った。運営委員会と09年度の総会に次のような提案をした。

　【出版目的】新自由主義の最盛期に、ジャンテ氏を招聘した「社会的経済・社会的企業」シンポジウムをきっかけにはじまった私たちのフォーラムは、理論か

ら実践に軸足を移して、異なる分野の就労創出の現場をつなぐ社会的ネットワークを個人発の自由なフォーラムで繋いできました。時代は劇的に転生し、今、新自由主義の失敗とそれに代わる新たな社会経済システムの創出が最大の関心事となっています。次の局面へ更に一歩を進めるためには、社会的排除にあう人びととコミュニティに必要な事業創出を進めている「当事者の声とネットワーク」の社会的登場が求められています。

　その意味で私たちのこの間のフォーラムは「コミュニティでの社会的事業の異なる分野での協働」とコミュニケーションを交わして現代日本社会にあって先駆性をもっており、運動の縦割りを脱却する活力を示すものになっています。その記録はドキュメントな肉声として貴重なものがあり、その意義を確認してその書店出版をおこないます。

　また今までの社会運動に残る「上から」目線の、あるいは「指導」目線ではなく、当事者の苦難に寄り添い発言し共鳴力を創るためにはたらく有機的知識人の役割が重要性を増すなか、それぞれの分野のファシリティターの発言について簡易出版を行ないます。

※「ゆるゆるの関係」で縦割りにされた運動をつなぐ

　地域社会にあって、異なった事業運動を横断的にネットワークしていくことはじつはなかなかむつかしい。日本の諸運動は、縦割り行政の中にずっと寸断されてきて、同じ地域にいても存在すら見えないことが多い。またやり方も異なっていて議論や理論だけだと、もうそれだけで遮断しあうことにもなる。それぞれの固有の事業維持に追われているだけに、当面の目標すら見えない議論は意味がないとする視線も根強い。しかし共生型経済推進フォーラムのメンバーは、地域社会の多様性・多層性の理解は「ゆっくりいくしかない」、「違うことはおもしろい」という文化組織的な運営を創ってきた。異なる焦点を横につなぐ調整はいつも近畿労金の法橋聡さんが担ったが、その口ぐせは「ゆるゆるの関係」という言葉と笑顔だった。その絶妙な〈間(あいだ)〉関係で団体の個人をネットワークし、機関決定にはとらわれない個人を登場させてきた。会合ごとのテーマ性だけは明らかにしてそれにからむ議論は出っ放しのままだけど、

フォーラムの後の事務局の交歓としての交流で、「社会的排除」にあう人々がいかに個別的に多様な顔や場面をもつかをにぎやかなおしゃべりのなかで交わしあう。一昔前なら路線の違いだとどなりかねないことも笑いの中に包む親しみの感情がゆるやかだが横つながりの意識を育ててきた。日本の縦型の運動やシングルイッシューの個別運動をこわすわけでものりこえるわけでもなくその違った音色の、それでいて共鳴しあうものにしずかに心寄せてつながってきた。ステークホルダー間の関係調整とはこのような進め方なのではないか、こういう当事者の人間関係のつながり自体の中から地域社会のソーシャル・ガヴァナンスは具体的にすすむのではないか。

※「斜に構えず、覇を競わず、地域に溶けていく」精神

　とりわけ、共同連がすすめた障害者の「社会的事業所」は法人の形態を超えさまざまな就労困難な当事者団体に共感されていったし、第3の働き方として韓国、フィリピン、ベトナム、中国にもアジアネットワークを拡げている。また、まちづくりの株式会社ナイスのもつエージェント機能から行政への「総合評価制度」の提案によって知的障害者とホームレスの就労の場をメンテナンス業界と公園管理事業に築いたのも心強かった。この2つの実践は、「社会的排除」にあう人と地域を再生させていく手ごたえのある試みで、これからの地方分権化の中で行政と民間事業体がコラボして取り組めるモデルになっているのではないか。

　冨田一幸さんの「住み慣れたまちを愛する気持ち」、湯加減のような「いい加減」への判断、「こんなんあったらいいなぁ」という対案、「斜に構えず、覇を競わず、地域に溶けていく」精神と歩き方に、拓かれた公共性を担う日本型の「新しい労働」の柔らかい主体が育っている。こんな実例を生み出す底力は輸入理論ではできない、関西の戦前戦後の大衆運動、歴史的な社会運動の重奏と反すうの上に生まれるべくして生まれている。

　また日本には「社会的排除」と格闘するタイプと「自律と自治」型で事業を創出するタイプがある。いずれも長い運動の歴史経験をもち、前者は主に男たちが、後者は女たちによって担われてきた。それらの西と東の交流と出会いの

中でタイプのへだたりを互いに意識しあいながらかえって〈間〉をおいた異質共振の連帯感へ一歩すすんだ。それは日本的な新自由主義への違った形のオルタナティブのそれぞれの持続する価値とこだわりについての相互理解である。それはかつて「住民運動か、市民運動か」で西と東がすれ違った苦い歴史を知る者にとっては驚くべき日本の社会運動上の第二幕なのだ。

※"「自己責任」で済ませる社会にＮＯ！を"

　日本社会は、アメリカニズムを普遍的価値とする「自己決定・自己責任」の論理が広く深く覆っている。この論理は深く地域社会にも根をおろしたため、社会的に追いつめられた人々の中に「自己責任」論理で声が出せない状況として続いた。それに対するオルタナティブな声と社会的事業は、反差別の重層的な歴史をもつ関西という風土に育った。

　その点で記憶されるべきは、小泉構造改革のさなかに出た（財）大阪府人権協会の「現代社会の社会福祉の諸問題」という図Ｉである。ここでは人権という視角から「新しいリスク」としての日本的な「社会的排除」が明示されている。この図は「社会的排除や孤立の強いものほど制度から漏れやすく、福祉的支援が緊急に必要」として縦軸に、「貧困と、心身の障害・不安に基づく問題」を横軸に描いた日本の"個人化"時代の「社会的排除」の相関図である。

　大阪府人権協会は08年には、公共施設内に"「自己責任」で済ませる社会にＮＯ！を"を雨宮処凛の等身大のポスターで、"すべての結果を「自己責任」とするのは暴力的です"と大胆に呼びかけた。そのポスターには、"私たちの身の回りにはさまざまな「暴力」があります"、たとえば／職場でサービス残業や過重な労働を強要する／妻や夫、恋人の行動を一方的に束縛して自由を制限する／介護が必要な高齢者を放置する／部下や後輩にお酒やつきあいを強要する／妻に大声で怒鳴る、無視する、「殴るぞ」などと脅かす／性的な話題を持ち出す、あるいはデュエットやダンスを強要する、が具体的に書かれている。

　個人的なこととされてきたことが社会的にとらえられている。だが20世紀後半に起こった個人の「新しいリスク」に日本社会はすべて「自己決定・自己責任」の一言で切り捨てる冷たい社会を放置し続けた。障害者自立支援法や生

図 I　　　　　　現代社会の社会福祉の諸問題

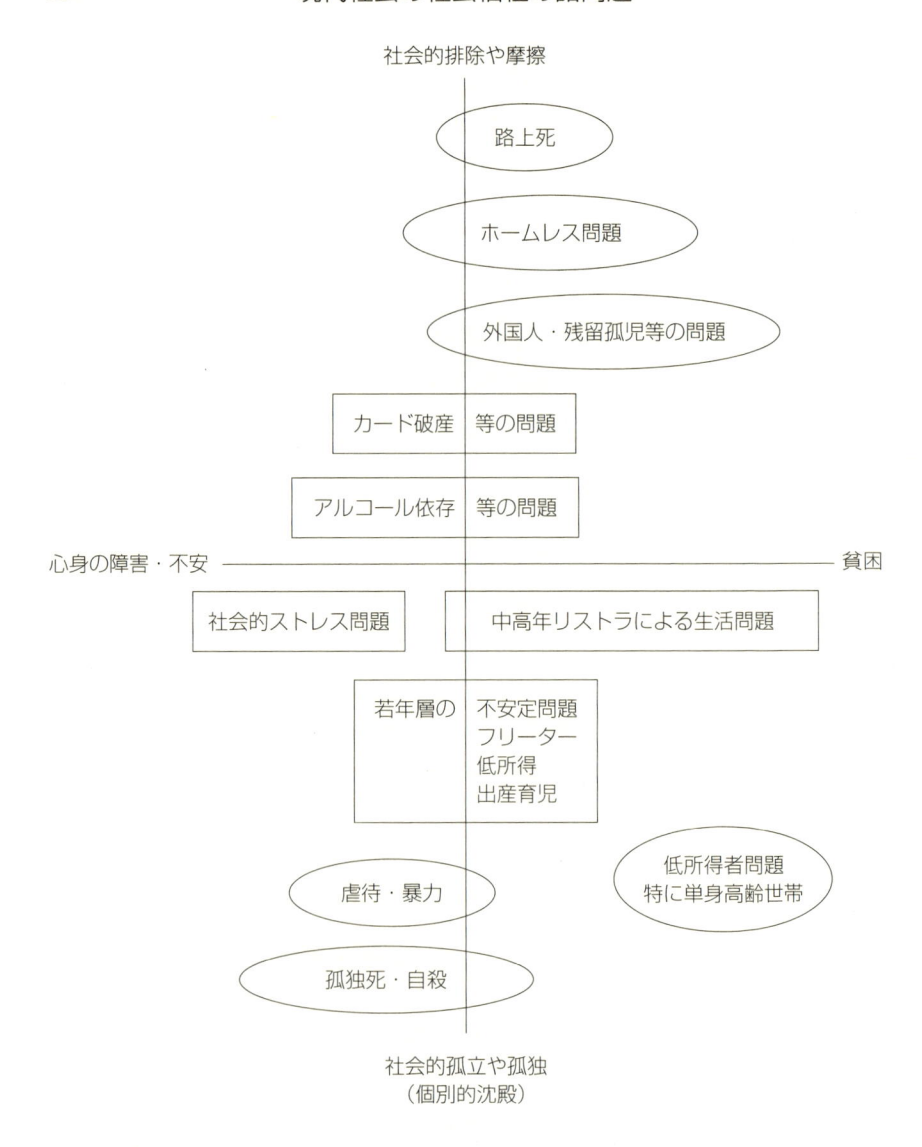

社会的排除や摩擦

（路上死）

（ホームレス問題）

（外国人・残留孤児等の問題）

| カード破産 | 等の問題 |

| アルコール依存 | 等の問題 |

心身の障害・不安 ————————————————————— 貧困

| 社会的ストレス問題 |　　| 中高年リストラによる生活問題 |

| 若年層の | 不安定問題
フリーター
低所得
出産育児 |

（虐待・暴力）　　　　　　　（低所得者問題
特に単身高齢世帯）

（孤独死・自殺）

社会的孤立や孤独
（個別的沈殿）

※横軸は貧困と、心身の障害・不安に基づく問題を示すが、縦軸はこれを現代社会との関連で見た問題性を示したもの。
※各問題は、相互に関連しあっている。
※社会的排除や孤立の強いものほど制度からも漏れやすく、福祉的支援が緊急に必要。

（「人権協会通信」第3号　03.2）

活保護の母子加算廃止、後期高齢者医療制度で、もっとも社会的に弱い立場の人に「自己責任」を強要する状況に、在日や部落、釜ヶ崎などの差別と闘った歴史をもつ地域には"すべての結果を「自己責任」とするのは暴力的です"とするもう一つの声をあげていた。私たちの地域でそれが言えただろうか。

今日の「社会的排除」問題は、福祉国家の社会保障政策によっても、その制度からこぼれ、あるいは想定していなかった社会問題に対する「社会的包摂」を問う形でうまれている。福原宏幸大阪市立大学教授によれば、ＥＵは1988年に社会的排除の問題を扱うことを決定、1992年、欧州委員会は「連帯の欧州をめざして：社会的排除に対する闘いを強め、統合を促す」とし、1995年フランス大統領選挙で社会的排除が一大争点となり、2000年にはＥＵ内での議論を経て社会的包摂戦略へと精緻化されたと障害者労働研究会（08.9：大阪）で指摘された。

日本の「政権交代」は「官から政治家主導の政治へ」として今、やっと実現した。「社会的排除」に対する「社会的包摂」はこれからの政策課題である。そういう段階に進む前段に私たちは今いることはおさえておきたい。ではどういう段階なのか。官でも市場でもない「第三の道」＝協同セクターをいかに創出するか、そこに立っている。1998年のＮＰＯ法以降、さまざまに実践してきたではないかという声には、ではどういう日本型が地域社会に求められているのか、その実践と実績からみえるものは何か、共生型経済推進フォーラムの交流蓄積の記録はそのことの議論に寄与するのではないか。

※労働を中心とした福祉型社会と協同セクター

中央労福協は６月、福岡で全国研究集会を開いて「労働を中心とした福祉型社会の展望」を描いている。宮本太郎北海道大学教授が特別講演、「これまでの福祉国家（会社と家族に依存した日本的社会保障）と市場原理主義を超えた21世紀型福祉社会を創る必要性を強調、人々を労働市場につなぐ多様なサービス（教育、家族ケア、職業訓練、医療）を提供することで参加を保障し、地域社会・経済に連帯を埋め込んでいく構想を提示し、協同セクターが積極的な役割を果たしていくよう期待を表明した。」（中央労福協ニュースNo.35）

短い記事だが、今の段階のつくりだされるべき社会像が描かれている。労働運動も連合からさらに外に拓いて地域で協働を創る労福協の時代に移ってきている。非正規雇用分野で健闘したユニオンなどと結んだ社会的労働運動とまちづくりのコミュニティ社会運動がネットワークしてさまざまなアソシエーションの形成と自律的自治によって、市民が広く多様に公共的分野に参画していく時代なのだ。官僚や政党政治の請負・代行システムに代わる社会はそうした下からの自治空間なしには形成されない。

　宮本提案には有名な「架橋的な労働市場モデル」という紹介がある。労働市場を中心にして、4つの人生の空間「教育・家族・長期的失業／障害・退職」を描き、その分野の「社会的企業の担い手」を具体的に日本化して記述した図Ⅱである。20世紀後半の高度資本主義国に起こった社会変化は、労働市場の衰退と柔軟化に積極的労働市場政策をとるだけでなく、4つの労働市場外におこった「新しい労働」の創出で、その分野に非営利・協同セクター、つまり市民セクターを埋め込んでいくことを早くから指摘するものだ。今回の経済危機によってその意味では、図は真ん中の労働市場の側からではなく、それ以外の周辺、4つの空間の側から「労働」を描く時代に大きく移ってきている。粕谷信次法政大教授は、〈橋〉に代わって、福祉セクターと労働市場をまたぐ〈広場〉とした方が適当と指摘するほど時代は急変しつつある。(『社会的企業が拓く市民的公共性の新次元』(時潮社)の増補改訂版)つまり産業社会から脱産業社会への構造変化、いまやサービスや生・生活的「労働」の創出の時代に入っている。だがこの分野の労働は、正規雇用からはじきだされた日本型労働の2つの落とし穴によってミゼラブルな状況にある。

※日本資本主義の二つの沈め石

　それは日本資本主義の正規雇用労働の外側での二つの沈め石の存在である。後発資本主義の日本は、明治維新によって生み出された武士と農民の男たちの失業に「勧業博」の公共事業、上野公園や天王寺公園造成で過剰労働力を都市に集めたが、正規雇用とは異なる一日刻みの失業、日雇雇用による不安定市場に引き込み固定した。これを詳述したのに釜ヶ埼の生き字引、元全港湾の平井

図Ⅱ　　　　　　　　架橋的な労働市場モデル

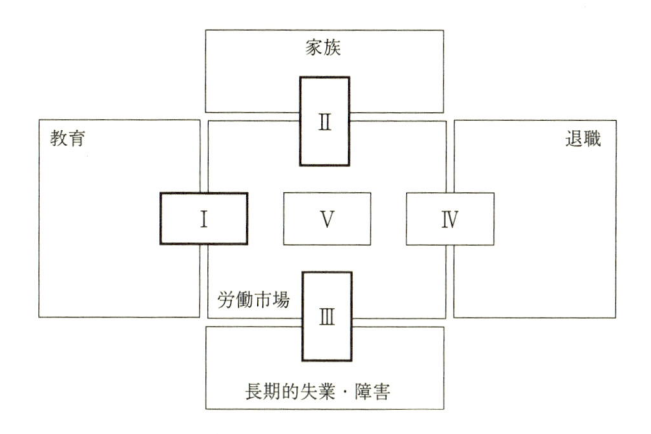

G. shimidt のモデルをもとに作成。cf. G. shimidt and B. Gazier, The Dynamics of Full Employment, Edward Elger, 2002

	福祉国家における政策領域	社会的経済における担い手
Ⅰ	高等教育、リカレント教育	フリースクール等
Ⅱ	自治体育児・介護政策	育児・介護サービス組織（ワーカーズコレクティブ等）
Ⅲ	障害者政策・長期失業対策	媒介的労働市場組織、自助運動組織
Ⅳ	高齢者雇用促進政策	高齢者協同組合等
Ⅴ	積極的労働市場政策	企業支援組織、就労支援組織

出所：宮本太郎（2003）

正治さんの名著『無縁聲々』（藤原書店）がある。戦前の鉄道・トンネル、戦後の港湾・道路の過酷なタコ部屋労働や単純労働の現場を日本の下層労働者だけでなく、戦前の在日や高度成長後の移住外国人へのダブルスタンダードの労働条件、さらにはサービス残業や休日なしの下請け・孫受けの臨時工・社外工などを含めた日本型奴隷労働が正規雇用のラチ外に存在したことだ。その連続延長線上に現在の非正規雇用、派遣労働、野宿労働者が存在する。

　もう一つは、日本的経営は、食事・育児・介護は女性の家庭内のアンペイドワークに大きく依存させる性別役割分業の無償労働の領域だ。"母の愛"として語られる世界が労働として評価されずに存在しつづけた。高度成長期は生産社会であったが、膨張する消費社会でもあったため、女性労働をパート、ア

ルバイトの簡単・便利・使い捨ての非正規労働に誘導し、扶養控除の税制で正規雇用への転嫁を阻む政策を保守党は政権施策として固定した。家庭の中の食事・育児・介護の労働を主領域とするジェンダーバイアスを保守党の政権施策としてきた。これを日本や韓国の儒教文化圏の残存から説明することが多いが、それは共に後発資本主義の近代的な施策として意識的に推進されたものだ。今日、日本のさまざまなサービス労働が「家庭の主婦」から「社会の主婦」化する"鉄の重り"として作用し、公的制度の介護保険適用にあってもその安上がりの労働対価となって必要な人材が集まらないのもこのためである。そこにジェンダーバランスをどのように社会設計していくかという政権施策の必要性が浮上する。

年越し派遣村は非正規雇用の原点・主に男たちの野宿労働者の貧困の問題を明るみに出したが、女性の貧困問題の原点シングルマザー・母子家庭は、依然として社会的に隠されている。NPO法人しんぐるまざあず・ふぉーらむ・関西の中野冬美さんは共同連全国大会での分科会「社会的排除をなくすネットワーク」で「正規／非正規間の賃金格差は56％だが、非正規女性は正規男性の44％という最貧状況」「年収100万未満を含め臨時・パートのシングルマザーの年間就労収入平均は113万円」と報告している。

この点は、共同連がローマから招いたM・マロッタB型社会協同組合連合会理事長が、グロパリーゼーションの「労働の柔軟化」（非正規雇用）はジャパナイゼーションであると繰り返し強調したように日本型労働モデルの世界化なのだ。事実、ベルルスコーニがビアージ法によって非正規雇用を認め、EU以外の移民労働者に労働許可を取って老人ホームや住み込みメイドとして労働者にカウントし、名目的には就業労働者数をふやしたのは2004年以降である。

※無償労働の「社会的協同／対抗経済」の領域が市場化

もう一つは雇用労働とは異なる社会的協同労働の歴史的存在がある。日本は、ペリーの黒船来航以来、農業社会から工業社会へ一路近代化をたどってきた。しかし、その産業化によって資本主義化した賃労働−資本の雇用領域は、私たちが考える以上にある分野に限られている。1980年代『生命系の経済学』

でポール・エキンズはヘーゼル・ヘンダーソンの「産業社会の生産的構造」の有名な「デコレーションつき3段ケーキ」の衝撃の図Ⅲを紹介した。GNPで示される経済領域は地下経済を含めても2分の1であり、あとの半分は無償労働と母なる自然で、統計に表れない経済の存在を示した。そしてこのGNPに入らなかった「社会的協同／対抗経済」の領域が市場化にさらされているのが1980年以降におこった事実である。「ほどよい公平、DIY、物々交換による社会、家族、地域の構造、無償の家事、世話、ボランティア活動、分かち合い、相互扶助、老人・病人の看護、家庭内生産・加工、自給農業」。つまりそこは本来、人間関係資源の協同原理が働く〈場〉であった。ここでは指示・命令の営利の雇用労働は不適格で、相互扶助の協同労働の場として歴史的に存在してきた。新自由主義のグローバリズムは、このサービス労働分野を「柔軟な労働」という名のもとに、労働権なき使い捨て労働で市場化を推し進めた。今

図Ⅲ　　産業社会の生産的構造（デコレーションつき3段ケーキ）

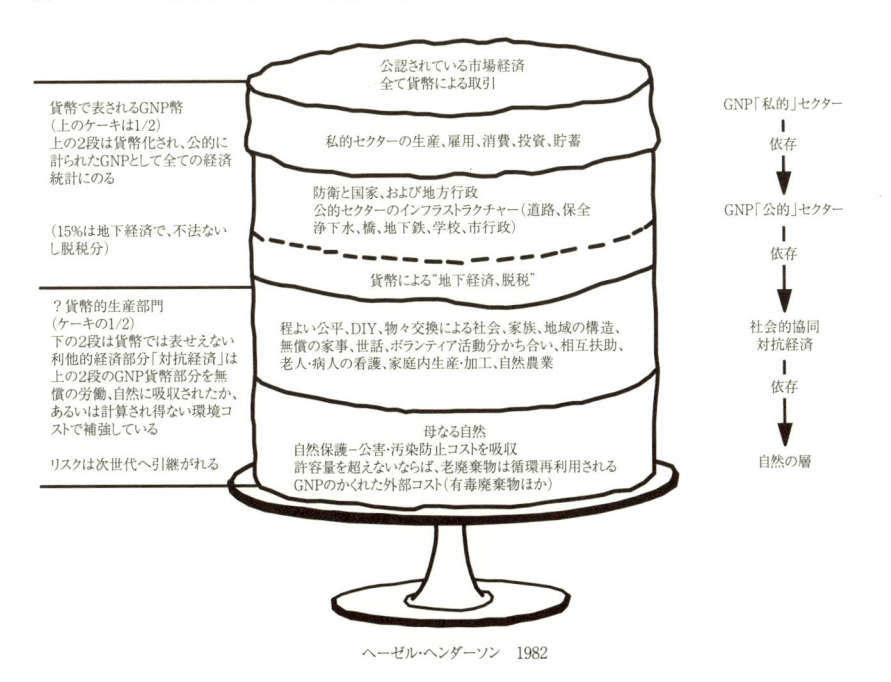

貨幣で表されるGNP幣
（上のケーキの1/2）
上の2段は貨幣化され、公的に計られたGNPとして全ての経済統計にのる

（15％は地下経済で、不法ないし脱税分）

？貨幣的生産部門
（ケーキの1/2）
下の2段は貨幣では表せない利他的経済部分「対抗経済」は上の2段のGNP貨幣部分を無償の労働、自然に吸収されたか、あるいは計算され得ない環境コストで補強している

リスクは次世代へ引継がれる

公認されている市場経済
全て貨幣による取引

私的セクターの生産、雇用、消費、投資、貯蓄

防衛と国家、および地方行政
公的セクターのインフラストラクチャー（道路、保全浄下水、橋、地下鉄、学校、市行政）

貨幣による"地下経済、脱税"

程よい公平、DIY、物々交換による社会、家族、地域の構造、無償の家事、世話、ボランティア活動分かち合い、相互扶助、老人・病人の看護、家庭内生産・加工、自然農業

母なる自然
自然保護ー公害・汚染防止コストを吸収
許容量を超えないならば、老廃棄物は循環再利用される
GNPのかくれた外部コスト（有毒廃棄物ほか）

GNP「私的」セクター
↓
依存
↓
GNP「公的」セクター
↓
依存
↓
社会的協同
対抗経済
↓
依存
↓
自然の層

ヘーゼル・ヘンダーソン　1982

日ではその地域と家庭が解体、個人化が進行し、食・子育て・介護は社会領域に変わった。この分野の「社会的協同／対抗経済」の再建をジェンダー平等の非営利・協同の「新しい労働」としてどう創るか、それが宮本提案の「労働市場」の〈橋〉の向こう側の4つの領域であり、もともと歴史的に「社会的協同セクター」に属した世界なのだ。

ということは欧米でもこの領域は市場外労働とつい最近までみなされていたということになる。その労働はもはや雇用労働ではなくＤＩＹ（自分でつくろう）、つまり「新しい労働」、自営業的協同労働であり、韓国でいう共同体労働であり、京都の綾部から発信されている「半農・半Ｘ」の働き方と生き方につらなるだろう。この「第3の労働」は雇用労働と規定することができないとすれば、そこに発生する労働権の新しい規定を必要としているのではないか。労働と生活、対話と居場所という文化空間をもつ事業、それがソーシャルファームであり、社会的企業であり、共生型経済、つまり連帯経済なのだ。

※日本に必要な「地方分権」「地域自活センター」

そして日本で創りだせずにいた「社会的包摂」を労働と生活、教育と介護の施策を統合的に担う「社会センター」を地方分権のもと市民・住民が自治体と協働して創っていく試みが大事になっている。地域生活センター（障害者自立支援法）や地域包括センター（介護保険法）もあるが縦割りで、新たなリスクの下での「社会的不利な立場の人々」は圏外にある。政権交代でムダな官の解体を進めてそれらの財源と施設空間を積極的に移し代える時代に入った。

韓国は1998年、金泳三大統領時代に全国10ヵ所に「自活センター」をつくり、失業者、障害者、シングルマザーとその子どもたちを支援する社会的排除に対する社会的包摂の仕組みを実験、金大中時代に全国化し242ヵ所に広げた。2000年には「生活保護法」に代えて「国民基礎生活保障基本法」をつくって「新しい貧困」に対する施策を実施した。政権交代という民主化が税の再配分を具体的に貫いた。

ソウル郊外の城南市は貧民運動発祥の地であるが、そこでは高齢者・失業者・障害者に教育の機会、新しい働き場を創って、弱い立場の人々の自活共同

体をつくることに力を入れていた。02年「自活センター」を訪ねたが、その時の室長はイタリアの社会協同組合の責任者がそうであったように女性であった。倒産した中小繊維工場を行政に買い取らせ、そこを障害者の労働作業所に変えていた。その作業服の製造工場では、障害者が3割とイタリア社会協同組合と同じような仕組みで、行政から消防服や学生服の優先発注を受けていた。センターは、生活のやり方、衣料・住宅・教育について、貧困な人々を積極的に支援する空間で、労働者生産協同組合に似た仕組み、教育や訓練の場、そして癒しの場でもあった。シングルマザーの子どもたちや塾に行けない、宿題ができない子どもたちに親のような立場で一緒に宿題もしていた。ここにくるのは女性が85％、男性が15％で、実態的にも女性の自活支援が明白だった。そのシンボルマークは共同体を象徴する大地から3つのそれぞれ方向の違う芽が自由に育つデザインだった。韓国の「社会的企業育成法」は、この基盤の上に社会の両極化を認めて「脆弱階層」という新たな概念でこうした人々を行政が税の再分配で支援する仕組みだ。日本では、「新しい貧困」を認めず、またその統計もなく「社会的に不利な立場の人々」や「脆弱階層」への税の再配分の支援というような考え方は生まれなかった。その意味ではいきなり全国一律の統合法で行くより韓国が地域で実験してきたような「自活センター」に似た社会センターを地方分権のなかで支援し広げていくことが大事になっている。なぜなら当事者の参加型と民主的自治を欠いた「社会センター」は官僚制的なものとなり、当事者にとってもそれを支援する市民・住民につかいづらいものとなる。そもそも大都市と地方、とりわけ過疎地やへき地、島嶼では必要な機能や条件がまったく違うからである。

※転換期を迎えた韓国の社会運動の焦点

韓国における政治情勢の急速な保守化と盧武鉉・金大中のあいつぐ死、日本の政権交代の変化は、ここ数十年の両国の政治・社会をめぐる傾向性を大きく変えつつある。共に新自由主義に翻弄され、格差社会の拡大と問題山積の中、焦点は「社会」問題に対するそれぞれソーシャル・ガヴァナンス、行政・市場だけでなく市民社会・コミュニティからの多元的・重層的な市民的「公共圏」

創出による世直しに移ってきている。

　韓国社会は、今「転換期を迎えた韓国市民運動」の認識の中にある。このことはグラムシ没後70周年記念シンポジウムで、チョ・ヒヨン聖公大教授が「金大中・盧武鉉」路線は民主化路線の中に新自由主義という政策で「ヘゲモニー分裂」に陥っているとし、やがてそれは「ヘゲモニー亀裂」にいたり、それを突いて保守の李明博の大統領選勝利を透徹に見通された。それ以降の後退局面の中で呻吟、転換期を強く意識している。

　日本希望製作所は今年6月、2つの講演を銀座で行った。ホン・イルピョ希望製作所研究チーム長は今の状況を端的に「もどかしさ」、「先が見えない」と表現した。もどかしさは「なぜ李明博大統領を選んでしまったのか」という思い、その極端な大統領の「不感症」への不信。先が見えないのは数多くの世論調査で現政権への不満が確認されているのに、ハンナラ党や李明博に対する支持率が依然として30％近い水準を維持していること。ことに韓国の世論主導層の保守的態度、特に「朝中東文」（朝鮮日報・中央日報・東亜日報・文化日報）とＫＢＳ、聯合ニュースなどによる世論の隠蔽をあげた。

　現政権と社会運動集団との対立、ニューライトの形成、市民社会運動の財政的基盤を瓦解させる介入、人身拘束と物理的弾圧、市民社会と政府との協力的関係の瓦解、である。結論として、李政権によって、韓国市民運動は「根っこから引き抜き、押し倒すこと」に耐えしのび、「100日にわたるろうそく集会」に見られた「社会運動と大衆」の根本的変化、それを「どのような新しい社会運動にしていくか」という体験したことがない「三重の悩み」を率直にあげた。

　ハ・ハンス済州大学教授・弁護士は"「ろうそくデモ1年」と、「盧武鉉逝去」以後の韓国社会運動の現状と争点"として次のように語る。
「韓国市民運動の危機」として、危機の原因の多様性を挙げ、①「IMF危機以後の深刻化しているグローバリズムの影響、両極化の深化、非正規労働者の増加にみられるような社会・経済的変化に、社会運動が正しく対処できなかった。②市民運動が慣習化し、新しいアジェンダの発掘、新しい文化と運動方式の創出に失敗した。③アメリカの市民団体の活動類型として①主唱・擁護 Adovocacy、②組織化 Organizing、③サービス伝達 Service Delivery の議論があるが、おろそかにしてきたものは組織化だと。組織化とは、平凡な人々、

特に権力から阻害された人々自らが主体となって声を出し、社会的・政治的実践に参加することができるようにすること。ソウルを中心にした市民団体は主に主唱・擁護のアドホカシー活動で、そのような市民団体は政治・社会・経済的問題に対してイシューを選定して、そのイシューを解決するために主に既存メディアを活用する方式で活動してきた。大部分の活動家たちが事務室で書類を作成したり報道資料を使ったり会議をしたりして、メディアを意識した行事（記者会見、パフォーマンス）を企画するのに時間と労働を費やしたとして、一般市民の「野次馬」「傍観者」に仕立てる結果になったと反省する。ハンス教授は既存メディアに依存する習性を捨て市民と直接コミュニケーションすべきと。今必要な組織化の方向は「利害関係に基づいた組織化」ではなく「価値（ビジョン）に基づいた組織化」、良い価値を実現するための実践を強調する。

　韓国が政治的に元気の良かった時代から、地域社会に深く依拠して再出発の気持ちに充ち「社会」の問題解決のために「価値（ビジョン）に基づいた組織化」を強調する状況を迎えている。それはボルザガが残した制度に守られた就労づくりと反システム運動の中の自律的運動の対比につながる。今韓国の民主派とEUの中道左派と左翼の後退局面は、私たち日本の保守政権下で社会運動が社会をつくり変えるために手づくりしてきた悪戦苦闘をかえりみる合わせ鏡のような位置関係にある。相互にまなびあう点は多い。

　共同連は、11月に韓国の障碍友権益問題研究所と共催で「日韓社会的企業セミナー」を韓国で開催する。ここには『社会的企業』のもう一人の著者であるジャック・ドゥフルニの特別講演を企画している。研究所のシンヨンホ所長は社会的経済連帯会議の共同代表でもある。この日韓の障害者団体の連帯の上で、基調講演には韓国の社会投資支援団体が予定されている。この陣形配置の上に、フィリピン、ベトナム、来年には中国東北での開催も決まり、第3の協同セクターのアジアネットワークが動き始めた。ここに障害者だけでなく、非正規・派遣労働やシングルマザーの声、外国人移住者、少年犯や刑余者、リスク社会の中で心を病むニート、薬物・アルコール中毒者の声が、何よりも途上国のさまざまな地域での就労をつくりだすための政治・経済・社会・コミュニティの課題を描くだろう。

※「新しいリスク」についてのさらなる深まり

　一連のフォーラムを通じて明るみになったことは、20世紀末の「新しいリスク」と昨年秋以降の経済危機以降の「新しいリスク」ではすでに急激な変化があるとする若き研究者・濱西栄司さんの指摘である。特に若者と女性を取り巻く困難に「福祉社会」論ではこぼれおちるものが大きすぎるという解析と私は読んだ。ここにきて、日本と韓国の非正規雇用とジェンダー・バイアスの共通性がにわかに目立ってきた。韓国も非正規雇用が増大しているが、女性労働の多くは非正規雇用である。就労も日本同様、結婚退職をはさむM字型を示している。

　「福祉国家」から「福祉社会」ではなく、完全雇用がなくなった現代社会では「労働」に軸足を移した新しい社会論の描きが求められているのではないか。共同連も介護保険制度に障害者支援を合流させようとした厚生労働省に反発、「福祉」ではなく障害者の「労働」の拡張を社会的事業所に結実して主張している。

　福祉という言葉は、資本主義の発展に伴って拡張してきた。しかし、社会運動をやっている人の中には、そこにある「ほどこし」「みくだし」の目線や囲い込みで隔離しがちな傾向を指摘する人は多い。福祉行政の上意下達になりがちな面と区別して地域社会に自立的な反システム運動として運動を起こしてきたのも歴史的事実だ。福祉国家はある時期、資本主義の社会主義への対抗概念だったり、福祉は経済発展期に意味を拡張したもので、相当になじんだ言葉だけど、その時代が終わった21世紀には、別の言葉はないのだろうか。

　ゼロ成長の「定常社会」、完全雇用がなくなった社会がつづくと考えた場合、宮本図Ⅱの労働市場の外側にある4つの空間は、その空間の中でも労働と生活が営めるように、現在の社会法を見直す必要があるだろう。この世界が広い意味で互酬領域であるとすれば、さしずめ2つの事が大事になる。それはこの相互扶助の領域には労働によって生計を成り立たせる制度上のシステムとボランティア労働の明確な区分をおくことで事業成立の条件を整備することだ。イタリアの社会的協同組合は、この区別と制限をおくことによって、また労働運動の横断賃金制度とで、労働対価の底割れを防いでいるが、日本にはそれがない。非営利・協同労働はコミュニティ労働だが、労働と活動の区別なしに最賃はず

しや〈福祉労働〉をなくすことはむつかしい。活動労働は労働対価を払わないが、交通費・会議参加費・書籍など必要経費は支出することでよい。もう一つは寄付・出資による資金の集まりやすい環境を促進する税制優遇だ。零細で地域に必要な資金を集めるためには必須の条件である。EUのように社会目的に資金融資する倫理銀行も必要だ。また税金や保険ではなく自ら教育や老後のための費用を出資金で積み上げるモンドラゴン方式も描く必要がある。こうすることによって都市にしか働く場がない現状を地方や農漁山村に自然と共生型の「生・生活的」労働創出を図る道に着手すること、今の大都市一極集中的な社会構造を変える「第3の働き方」の推進である。

ブレア政権の「第三の道」が大都市再生型のコミュニティビジネスの積極的・媒介的労働政策で市場に近い競争・能力主義を意識的に進め、多くは成功しなかったのとは違って、スローワークを基調として夢多いプランは「福祉」とよぶにはほど遠い「第3の働き方＝社会的事業所」型の自営業的協同労働を創りだす描きを期待したい。

つまり先のヘンダーソンの「社会的協同／対抗経済」領域を「福祉」とよぶのではなく「新しい労働」として政治的にも経済的にも社会的にも再設計されることが必要なのではないか。そしてその価値は「生命系」の価値ではないか。韓国の若い生活協同組合は、日本のように功利主義で資本の類似戦略をとって中国餃子事件を引き起こしたのとは違って、農民の生命体運動を引き継いだ「地域生命運動」を展開している。インド農民の「生物多様性」への訴えは「種を守る」生命運動と地域の農業労働を守る運動とがむすびついている。その意味でポスト産業社会の労働を「地域生命」事業の概念の発明で生・生活的「新しい労働」に基づく見取り図を必要としている。

※意志ある個人とアソシエーションが社会を創る

共生型経済推進フォーラムは、自律と自治の精神に満ちた個々の事業が交流することによって、日本の社会の基底力は人々の労働と生活、文化に根ざすことをみてきた。行政は大事なパートナーだけど、人々の監視以上には働かない。実際の「社会的排除」にあう人々と手をたずさえて共に歩むのは意志

共同連の第26回全国大会の「社会的排除をなくすネットワーク」の分科会では、野宿労働者、フィリピン移住者、シングルマザー、薬物依存からの脱却者、障害者の当事者団体が分野を超えて討論した。(09.8.23)

　ある個人とアソシエーション、そのネットワークが社会を創るのである。ソーシャル・ガヴァナンスは、ポール・ハーストが「市場原理主義的なガヴァナンス像へのオールタナティブとして用いられてきた」と宮本太郎はいう。(『ポスト福祉国家とソーシャル・ガヴァナンス』(ミネルヴァ書房)「政府を多元化しつつ、市民社会を公共化する」こと、つまり、自由なアソシエーションとしての社会集団に高い公共機能を担わせる21世紀型の見取り図である。ハーストは03年、57歳の若さで逝去したため、そのアソシエイティブ・デモクラシー論は田畑稔や佐藤慶幸らの紹介にも関わらず新しいリスクに苦しむ若者の間で必ずしも共有されてはいない。しかし、反貧困ネットワークと共生型経済推進フォーラムは、日本の社会運動の歴史とその脱皮の上に、結果として日本型のそうした萌芽にあたるものを顕在化させたアソシエーション・ネットワークとなった。そのキーワードは「誰も切らない、分けない経済をデザインする―時代を変える社会的企業」である。
　政権交代は積年のしがらみ、官治社会の解体と地方分権への徹底によって、新たな政権施策でそれらを一層激励するものになることを期待したい。

聞き取り調査、シンポジウムの報告と
社会的企業促進の政策的課題

共済型経済推進フォーラム運営委員　境　毅

はじめに

　共生型経済推進フォーラム（以下フォーラムと略記）は2007年度総会で、2年間かけて社会的経済・社会的企業促進に向けての政策提言を作成することを確認しました。07年度は研究会中心に進めましたが、08年度総会で、社会的企業促進に絞って政策提言を準備することとなり、研究会だけでなく、シンポジウムを実施することになりました。当時、格差拡大で話題となってきていた現代の貧困問題について社会的にアピールしている反貧困全国キャラバンが、2008年秋に大阪を訪れることになっていました。フォーラムではこれに連帯して、シンポジウムを企画し、10月13日に実施しました。その記録は本書第一章に収録しています。

　このシンポジウムを実施する過程で、ネットカフェ難民などの新しい貧困の現われを知り、文献の研究だけでは日本の社会的企業について確かなことはわからないということを実感しました。それで、フォーラムに関係している社会的企業家からの聞き取り調査を08年10月から開始しました。

　聞き取り調査は、当初はフォーラムのメンバーだけを予定していましたが、関東の生活クラブ生協運動グループのワーカーズ・コレクティブ関連団体にも広げ、さらには関東のシンクタンク、中間支援組織の聞き取りも行いました。そして、フォーラムでは2009年2月21日に、聞き取りに協力くださった団体のみなさんをお招きして、シンポジウムを実施しています。（第5章の扉に案内チラシを入れてあります。）

　その後聞き取りを踏まえて、政策提言文書を作成し（雑誌『情況』09年7

月号掲載、境　毅「社会的企業・社会的事業所促進のために」でほぼ同じ内容を書いています）その内容を具体化していく一歩として、フォーラムでは2009年6月28日に「誰も切らない経済を地域に創る」というテーマでシンポジウムを実施しています。この記録も本書第四章に収録しました。

　ここではまず、本書第二章、第三章に収録した聞き取り調査記録についての報告を行い、その後で、第一章と第四章に収録した二つのシンポジウムについて簡単に紹介し、最後に社会的企業促進に向けての政策的課題について述べることにします。

1、聞き取り調査から見えてきたこと

（1）調査に当たっての問題意識
①　日本に社会的経済は存在しているか

　調査の目的は、社会的経済・社会的企業促進に向けての政策提言を作成することでした。最初の段階では日本において社会的経済なるものが存在しているかどうか、ということが調査項目の重点を占め、そして社会的企業が存在しうるとすれば、どのような特徴と事業内容を持ったものか、ということを調べることでした。

　聞き取りに当たっての最初の問題意識は、次のようなものでした。ヨーロッパで社会的経済の構成員とされている、協同組合、共済組合、アソシエーション、について日本でもそれぞれ大きい組織があります。しかし、日本では協同組合は加盟組合員数や事業高は大きいにもかかわらず、農協、生協、漁協、信用などが縦割り行政で分断されていて、相互の間に協同組合間協同が十分には実現されてはいないというこという現実があります。アソシエーションについては、非営利組織として日本でもNPO法人が急速に増えましたが、法律がボランティア団体を想定していることもあり、事業系NPOは大変な苦労を強いられています。

　このような日本の現状は、社会的経済を構成する団体そのものは存在するものの、それぞれが分断状況で、一つの社会的経済という領域に所属しているというアイデンティティはなく、この意味では社会的経済は未成熟であるという

判断を下さざるを得ないのではないかというものでした。

聞き取りのなかで、それぞれの社会的企業家から、これに反対する意見は聞き出せませんでした。ただ関東の団体はそれぞれ生活協同組合（生活クラブ生協）と連携しながら、ワーカーズ・コレクティブで「もう一つの働き方」を追求して、市民事業を起し、地域で活動しているという実態があります。これ自体日本における社会的企業の実例として存在していて、日本でも協同組合が、社会的企業を支える社会的経済の担い手として存在しうる、ということを示す一つのモデルとして、貴重なものだと思われます。

② 社会的企業とはなにか

社会的経済の定義について、ヨーロッパでは次の諸点が原則とみなされています。
「＊利益よりもむしろ構成員あるいはその集団に奉仕することを目的とする。＊管理の独立。＊民主的な意思決定過程。＊収益の分配においては、資本より人間と労働を優先する」（ドゥフルニ他編『社会的経済』1995年、日本経済評論社、19頁）

社会的企業の特徴については、この原則を踏まえつつ、企業活動としての特徴が新たに追加されました。ドゥフルニは次の諸点を提起しています（項目だけ引用します）。
「＊財・サービスの生産・供給の継続的活動。＊高度の自律性。＊経済的リスクの高さ。＊最小量の有償労働。＊コミュニティへの貢献という明確な目的。＊市民グループが設立する組織。＊資本所有に基づかない意思決定。＊活動によって影響を受ける人々による参加。＊利潤分配の制限」（ボルザガ他編『社会的企業』2004年、日本経済評論社、27～9頁）

日本ではどうなのか、ということで聞き取りを進めましたが、定義風にまとめているのはワーカーズ・コレクティブ・ネットワーク・ジャパン（WNJ）によるワーカーズ・コレクティブの価値と原則で、他は共同連の斎藤さんが、一般企業とは異なる働き方の重要性を指摘しています。

定義風にまとめるというところまでは進んではいませんが、聞き取りで明らかになったのは、もともと地域やその他のニーズに対応すべく、起業して活動

するなかで突き当たっている問題点が、それぞれの事業所によって非常に多様だということでした。したがって、聞き取りの重点を途中からはずらして、社会的経済や社会的企業とは何かといった質問から、それぞれが突き当たっている多様な問題を探るという方向に転換していっています。

③　多様な問題点を挙げる
　調査の途中からは、社会的経済や社会的企業の定義や特徴といった項目ではなく、事業のミッションや事業を展開するに当たっての社会的な問題点を探る、ということで、調査の問題意識も、それぞれの事業所が突き当たっている問題点の解決策としての政策提言のようなことを想定しました。

(2) 聞き取り調査団体の特徴
　今回の聞き取り調査は共生型経済推進フォーラムの関係団体と、関東の生活クラブ運動グループの諸団体に関して実施しました。それぞれの団体の特徴について三つに分類できます。

①　イギリスの NGO ないし社会的企業を移植したケース。
　WE21 ジャパンは、イギリスの NGO オックスファム（1942 年に始まる）、をモデルにリサイクルショップを展開し、NGO として経済的な基盤を持った活動を展開すると共に、ショップを社会的経済の担い手と位置づけて、協同組合地域社会の形成へと向かっています。

②　行政への提案・交渉・闘い、で社会的企業の基礎を築いたケース。
　共同連は行政への提案・交渉・闘いで、障害者の作業所を採算性のある「共働事業所」へと発展させて、単に障害者だけでなく、就労困難な人々と共に働く「社会的事業所」の制度作りへと運動を進めています。
　釜ヶ崎支援機構は、ホームレス問題が社会的に顕在化してきた 90 年代初めから、行政に対して支援を要請し、ホームレスの就労支援の制度を闘いとって、多様な活動を展開してきて、釜ヶ崎という、棄民が集積する地域を基盤とした社会的企業の活動例として先進的な事例を創り出しています。

株式会社ナイスは、西成の部落解放運動を土台に、まちづくりで事業性のある運動方針を掲げて行政と交渉し、まちづくりの社会的企業としての先進的な事例を創り出しています。

③　生活協同組合に発して協同組合地域社会を展望するなかで社会的企業を形成したケース。（レイドロウ報告『西暦2000年における協同組合』日本経済評論社、参照）

　てぃんかぁべるは、生活クラブ生協東京と、そこから発した代理人運動（東京ネット）とワーカーズ・コレクティブ運動の蓄積が、世田谷区の一時保育事業の受託を可能とし、それをワーカーズ・コレクティブ方式で経営することで、行政との協働のモデル事業として先進的な事例を創り出しています。

　NPO法人ワーカーズ・コレクティブさくらんぼは、生活クラブ神奈川のワーカーズ作りの方針と神奈川ネット、神奈川ワーカーズ・コレクティブ連合会などの協働で横浜市の保育室事業を受託し、それをワーカーズ・コレクティブ方式で経営してきました。経営的に安定しているので、保育園以外の子育て支援事業を開始しています。さらに、ワーカーズ・コレクティブのもう一つの可能性を探るべく、神奈川のワーカーズ・コレクティブ連合会の理事退任者が中心になって新しく設立したボトムアップ型の中間支援組織であるNPO法人ワーカーズ・コレクティブ協会と協働して、障害者の就労支援活動に取り組んでいます。また協会では、イタリアの社会協同組合B型の可能性を探って、それをモデルとした事業所の設立準備に入っていて、2009年3月に「コミュニティキッチン　ぽらん」を開業し、社会的企業促進の活動を既に展開しています。

　WE21ジャパンはイギリスモデルの移植ですが、その際に、生活クラブ生協神奈川と、代理人運動（神奈川ネット）からの支援が大きく、また事業展開では、ショップで働くマネージャーのワーカーズ・コレクティブを結成することで、各ショップを経営する地域NPOのボランティア活動のマネジメントを実現し、協同組合地域社会実現に向けての地域モデルの一つとしての実例を示しています。

　NPO法人アビリティクラブたすけあい（ACT）は、生活クラブ生協東京の長期計画として、生活クラブ生協の枠から出る形での、地域のたすけあいの組

織を確立する事を目指して発足し、介護保険の実施以降、たすけあいワーカーズが事業的にも軌道に乗り、協同組合地域社会の担い手としての実を示してきています。

関東の聞き取り調査でお世話になったワーカーズ・コレクティブ・ネットワーク・ジャパン（WNJ）は、生活クラブ生協や生協グリーンコープなどが土台となって創り出されたワーカーズ・コレクティブのネットワークで、活動の主な目的を、ワーカーズ・コレクティブという自ら出資し、働き、経営するという新しい働き方の法制化に置いて活動しています。関連して、今回聞き取りした関東（東京と神奈川）の生活クラブ運動に関わる諸団体を紹介しておきましょう。シンクタンクとしては全国レベルのものとして市民セクター政策機構があり、地域的には、東京では「まちぽっと」、神奈川では参加型システム研究所があります。生活クラブ生協本体は東京も神奈川も分権化していますが、神奈川にはもう一つ福祉クラブ生協があり、多くのワーカーズ・コレクティブを創り出しています。ワーカーズ・コレクティブの地域連合組織は、東京では東京ワーカーズ・コレクティブ協同組合が、神奈川では神奈川ワーカーズ・コレクティブ連合会があります。WNJが調査した全国のワーカーズ・コレクティブの団体数は600団体、メンバー数は1万7千人（07年度）ですが、神奈川は200団体を超え、メンバー数も5000人を越えていて、このような密度を背景にしてさくらんぼの伊藤さんが関わっておられるNPO法人ワーカーズ・コレクティブ協会というボトムアップ型の中間支援組織も設立可能となったのでしょう。そのほかに代理人運動では東京ネットと神奈川ネットが大勢の地方議員を生み出しています。

（3）文献調査による社会的企業論

社会的企業はソーシャル・エンタープライズの訳語ですが、この言葉はヨーロッパとアメリカとではかなり意味のずれがあります。ヨーロッパ各国でもニュアンスの差がありますが、協同組合、共済組合、アソーシエーションなど、いわゆる社会的経済の領域についての認識と、そのなかでのアクターとして社会的企業を位置づけるという点では共通です。ところがアメリカでは非営利セクターという考え方で、しかも協同組合と共済組合は営利セクターに分

類されて除外され、代わりに慈善団体、ボランティア組織、財団が非営利セクターの大きい地位を占めています。(エバース他編『欧州サードセクター』日本経済評論社、参照)

では日本の場合はどうでしょうか。日本では社会的経済に分類される協同組合、共済組合、アソシエーション団体はそれぞれありますが、社会的経済というアイデンティティは未確立です。他方アメリカのように、慈善団体やボランティア活動や財団の社会的貢献活動が活発であるわけではありません。日本でのこれまでの福祉レジームは、企業の終身雇用体制と企業内福利、そして、行政による雇用創出(土建屋国家)にリードされてきていて(宮本太郎『福祉政治』有斐閣、参照)、ヨーロッパやアメリカとは異なったものでした。小泉改革によって、大企業が終身雇用制をやめ、非正規雇用を増やし、労働分配率を引き下げて企業内福利も切り捨てていき、また地方での雇用創出も行き詰まるなかで、格差の拡大が進み、短期間のうちに日本の福祉レジームは解体されました。それで、社会的企業に期待が集まっているという現状があります。

(4) 社会的企業促進のために、モデルケースの社会化

政治運動はある意味で非日常の世界ですが、社会的企業促進のための社会運動は日常の世界から発信されて行きます。しかし日常の世界での事業展開は多忙で、日常の活動に忙殺されてしまいがちです。発信のためにはモデルケース作りが課題ですが、モデルケースの波及力は意識しないと大きくはならないでしょう。

今回の調査で、聞き取りに協力してくださった団体はそれぞれモデルケースとして成立しています。そのなかでも貴重だったのは、神奈川のワーカーズ・コレクティブの団体が、ワーカーズ・コレクティブの社会化を目指して、ボトムアップ型の中間支援組織であるNPO法人ワーカーズ・コレクティブ協会を創り出していることでした。また、WE21ジャパンは自身がNGOとして、中間支援組織の機能を強化する方向を打ち出しています。ACTも会員組織としての確立を目指し、地域での活動を点から面へと拡げて社会的経済の内実を形成しようとしています。

関西の団体では、ビッグイシューが有限会社とは別にビッグイシュー基金を

越冬闘争での正月の炊き出し・釜ヶ崎支援機構

創設し、社会的企業促進の内実を創り出しています。釜ヶ崎支援機構も就労支援事業を軸に、多団体との協働を目指してきています。株式会社ナイスも部落解放運動のネットワークを通して西成モデルの社会化を図っています。共同連は以前から社会的事業所を提起し、社会的企業に向けての活動を重点的にやってきました。

　今回の調査で日本における社会的経済促進の動きは、歴史をさかのぼれば、生活クラブ運動グループと共同連から発しているということが判明し、それぞれ先進的な取り組みがなされていることがわかりました。フォーラム自体がこの動きのなかで発足し活動をしてきたわけですが、今後の課題は、それぞれのモデルケースの社会化を図ることであるということが結論として導き出されると考えます。

　もちろん今回の聞き取り調査の団体以外にも、日本にはモデルケースとして成立している団体が沢山あります。社会化の仕組みが作り出されれば、多くの団体の潜在力を顕在化させることができるでしょう。社会運動の力の形成に何が必要かを明らかにし、問題を解決する事が緊急の課題ではないでしょうか。

　モデルケースが沢山存在するなかで、それの社会化を進めることができる仕組みは、政策提言活動も含んだ社会的企業促進のシンクタンク機能と中間支援組織的な機能を持った団体の設立が鍵を握っているでしょう。共生型経済推進

フォーラムも、そのような課題を推進していく触媒として今後の活動を展開していきたいと考えています。

2、反貧困キャラバン連帯シンポジウム報告

　私事になりますが、1998年から、引きこもりの若者をサポートしているニュースタート事務局関西の活動に参加していて、若者が私たちの頃とは非常に異なった社会環境に置かれていることにうすうす気づいていました。2005年当たりからは偽装請負などの問題がニュースで取り上げられつつあり、また、2007年には元旦から朝日新聞が「ロストジェネレーション」の特集を組んだこともあって、私なりに若者の劣悪な労働環境についての問題提起をしようと、2007年には若者たちを講師に迎える幾つかのシンポジウムを企画したりしていました。そこで知ったひどい状態に調査の必要性を痛感していましたが、ちょうど雨宮処凛さんが『生きさせろ！』を出版し、また06年7月にNHKスペシャルで放映された「ワーキングプア」が単行本として出版されたりで、実態調査は既に進んでいることがわかって、ほっとしたことを覚えています。

　この年の7月のフォーラムの総会で、社会的経済・社会的企業促進のための提言を作成するというプロジェクトを発足させたときにも、若者の劣悪な労働環境についてはずっと気になっていて、反貧困キャラバンが大阪に来るというときに、迷わず若者の貧困に焦点を合わせたシンポジウムを企画しました。

　2008年には大阪市の委託事業で釜ヶ崎支援機構が「ネットカフェ難民」の調査の報告書をまとめたこともあり、その報告を事務局長の沖野さんにお願いし、そしてパネリストには若者中心にお願いして実施しました。記録はパネリストの発言だけになっていますので、コーディネーターの法橋さんの発言を紹介して、報告に代えます。

　「第二部は、それぞれのテーマで活動されている6人のパネラーの方々です。見ていただいたらわかりますように、若い方が多いです。社会的排除の課題に対して若い方がいろんな感性で対応を始めているということもあるのかと。沖野さんの報告の課題もたくさんあったと思うので、その感想も含めて活動報告

をお話しいただけたらと思っています。

　今日は多様な方に出ていただいたと思います。ユニオンの役割もあれば、個別の自治体と対応されているケースですとか。中野さんのしんぐるまざあず・ふぉーらむの場合は、こういう場に当事者の方が出てくるロケーションが難しいなかで、顕在化した課題が本当にあるのだなと感じました。歴史の積み重ねで、いろんな運動がありますが、いちばん隠れたところの課題を社会にあげていくようなことが、つまり、先ほどありました、制度政策要求につないでいかないといけないような切実な課題があると思いました。

　パネラーのみなさん、いっぱい言いたいことがあったと思いますが、これで終わらせていただきます。今日は反貧困全国キャラバン連帯シンポジウムですが、社会として貧困に向き合ってやるべき課題を取りまとめて提言する運動が動いています。15日から大阪に来る反貧困全国キャラバンにご注目いただきたいのが一つです。
　それから、今日いろんな課題が出まして、横つなぎが大事だといつも思うんですが、僕らのフォーラムは、6月から2ヶ月に1回やっています。次は1月頃にやろうかといっています。その時は、先程来出ていました、社会的企業、そういう課題が動き始めています。日本では縦割りの法律のなかで、生協法とか、労働組合法とか、民の主体を担保する法律はいくつかありますが、縦割りで横の連帯があまりありません。これに対して、社会的経済や社会的企業という運動の目線は何かというと、社会的排除をされた方々が中心になって働く場をつくっていくような仕組みを促していこうということです。たとえばヨーロッパはもちろん、韓国にも社会的企業育成法という法律ができています。これは個々の法人格にこだわらず、有限会社であろうが、NPOであろうが、社会的な目線を持って、社会的排除を受けた方々を一定雇い入れることを中心軸で動かしていく、事業所を制度政策が後押しするしくみです。加えて一般の企業がいろんな商品を受発注する、その企業を応援企業と呼んでいるしくみとか、そういう横軸を通して、いくつかNPOのみなさんが苦闘しているあたりを横でつなぎながら、社会の法制度として担保していこう、動かしていこうと

いう動きです。日本にはありません。外国ではそういうことをベースにしながら地域変革・地域づくりが実践的に動いていて、日本でもそんなことを考えたいということです。」

3、誰も切らない経済を地域に創るシンポジウム報告

　本書の第二章と第三章に収録した聞き取り記録をもとに、聞き取りをお願いした方々をお招きして、2009年2月21日にシンポジウムを実施しています。この日は私の方から調査についての報告をし、パネリストからの発言も頂きましたが、スペースの関係上省略しています。当日の私の報告は、この論文の1．聞き取り調査から見えてきたこと、に活かしています。このあと政策提言文書をまとめましたが、その趣旨に基づいて単に非営利セクターだけではなく、地域で障害者の雇用を積極的に推進している企業の方々をお招きして次のシンポジウムを企画しました。

　2009年6月28日のシンポジウムは、田中夏子さんに、イタリアの社会的企業法制定後の社会的企業の動きについて報告を受け、各パネリストから報告を受けました。このシンポジウムについては参加者のアンケートの回答を紹介します。障害者と共に働く一般企業の取り組みに共感が寄せられています。

「サードセクターの話を聞く機会は多いが、一般企業の取り組みについての話を聞けたのが良かった。社会的企業・事業所モデルとしてイタリアの社会的協同組合がよく取り上げられるが、イタリアモデルの中でも様々な問題を内包していることがわかった。日本の社会的企業づくりを広げるにあたっての今後の方向性について多く示唆してくれる点があるように思えた。」

「美交工業の報告とてもよかったです。働くことが、地域で生活することにつながっていることに共鳴しました。誰と手を結ぶのか大切ですね。私たちは高齢者の仕事おこし、若者の仕事おこしを前面に掲げていますが、今日のお話で、さらに地域に住む『働きにくい』人たちとの連携がいると痛感しました。」

「中小企業の取り組みは、大変優れた内容であった、NPO、行政、中小企業、金融機関が連携して社会改良を目指せるとよいと思いました。新しいモデルの

提示を行われたことには評価したい。」

「美交工業や様々な社会的企業の存在や活躍、役割を知ることができてよかった。厳しい社会状況の中で光を感じることができた。」

4、日本独自の労働・福祉レジーム創造の道

(1) 政策提言のための課題

1年間の政策提言づくりのための聞き取り調査やシンポジウムがこのような書籍になるとは全然考えていませんでした。せっかくの機会ですので、この活動を通して感じたことなどを書き留めておきます。

まず痛感したのは、日本の場合政策作りは中央官庁の官僚に独占されている、ということでした。野党や労働組合や民間にも研究機関はありますが、大学の研究者も含め、政策提言という点では実績がありません。アメリカのように大統領が交代すれば、3千人の高級官僚が入れ替えられるとなれば、辞めた官僚が大学や民間の研究機関に職を得て、政策提言の活動を、統治の経験を活かして続けることが可能です。またイギリスのように官僚は一切政治にはタッチせず、政党はそれぞれシンクタンクを持って政策研究をしていて、そこでは第三の道を提起したギデンズのような政策通の知識人が登場できています。日本の場合は、知識人は中央官庁の研究会に講師として呼ばれるだけであり、また自民党政権の下では、与党の政治家は政策に関しては官僚に指導される存在でした。

次に政策提言を作るためには社会の現状に対する認識が必要となります。私自身60年安保闘争の世代ですので、柔軟になろうと心がけてはいても、若いときに獲得した世界観や情勢認識は強固に頭を占領しています。政策提言には世界の現状把握が必要だということで、そこから出発したのですが、やはり、グローバリゼーションによる世界経済の変化には著しいものがあり、従来の経済学の常識では理解がおっつかないということを経験しました。

さらに一国の社会の変化については、私にとっては世界経済の変化以上に想像を絶するものでした。湯浅　誠が「すべり台社会」と名づけましたが、雇用関係に社会保障機能を乗っけた日本のシステムが、雇用関係の変化によって、

数年間で社会の社会保障的機能を喪失させるというこの間の動きは、まさに新しい政策提言の必要性を痛感させます。

その上に、政治的主体の変化も著しいものでした。一昔前のように階級といわなくても、利害を共にする人々が集団を形成する、という道筋自体が見えてこないのです。個人化ということが言われていますが、個人化された人々が主体として登場する道筋が不透明なのです。このことは政策提言をし、政策化を推し進めていく主体形成の困難というところに行き着きます。

政党政治の回路には登場しない新しい社会運動による政策提言をどのような主体形成に基づいて推し進めていけるのか。この問題を解決するには個人を主体形成の原理とするのではなく、事業体を主体形成の場とし、またそれ自体を政治的主体に形成できる新しい主体性論が解明されなければならないように思われます。これは今後の課題ですが、以下に政策提言文書の後半部分を字句修正のうえ掲載しておきます。

（2）21世紀におけるあるべき社会像を求めて

ヨーロッパ諸国のように伝統的な社会民主主義的政治と社会的経済に頼れない、かといってアメリカのように寄付による慈善事業や企業の社会貢献、社会的志向企業によって何とかなるような現状もないなかで、日本における労働・福祉レジーム再建の方向性を、21世紀のあるべき社会像の形成という大きい課題との関連で、明らかにすることが問われています。

この間の金融危機で、世界的に見ても製造業や流通業や金融業を問わず、多国籍企業として力をほしいままにしてきた大企業が赤字に転落し、国家や社会に対して助成を要求するような時代に入っています。環境問題に対応したビジネスモデルを新たに開発できたとしても、かつての大企業優位の経済体制を復活させることは困難でしょう。ところが日本は世界第二位の経済大国ですが、このことは日本における大企業の地位が非常に強大であることを意味しており、世界的な大企業の退潮傾向は、この間発表された2008年10月から12月のGDP成長率の年率換算でマイナス12.7％という先進国最低の結果に見られるように、日本の経済基盤を大きく揺さぶっています。

大企業が国際競争力をつけて稼ぐことに基づく日本の経済的発展、という従

来のやり方は、既に90年代から破綻を見せてきていました。市場原理主義に基づく世界経済の融合が金融システムを軸に形成されたことで、利潤だけでなく、労賃の国際的平準化傾向が現れました。その上に膨大に生み出されてきた遊休貨幣資本が、架空資本としての取引で利益を上げていくバブル経済のもとで、会社は株主のものという株主主権が成立し、コーポレート・ガバナンスや国際会計基準などで、株式会社の利益を株式市場へと吸い上げる仕組みが成立しました。このような結果、日本の大企業は利益を上げても、日本の国民経済は疲弊し、貧富の格差の拡大が進んでいきました。

21世紀冒頭に起きたのは、このような他人の資本を投機で資本蓄積する投機・信用資本主義による世界経済支配でした。そしてこのシステムは短期間で自己崩壊し、新自由主義と投機資本主義が残した貧困層や、経済や社会の疲弊をどのように再生させるかが課題となってきています。

90年代初頭にはソ連の崩壊がありました。そして21世紀初頭には勝ち誇ったはずのアメリカ型の市場原理主義が投機資本主義を招来し、その帰結として自己崩壊を遂げたのです。ソ連型の社会主義でもなく、アメリカ型の市場原理主義でもない第三の道、これはサッチャーの新自由主義的改革によって、福祉国家を解体させられたイギリスで、労働党が社会の再生を掲げたときのキャッチフレーズであり、政策の体系のもととなる基本的観点でした。日本でも韓国同様に、この経験に学んでいくことが問われています。

（3）新たな労働・福祉レジームとサードセクターの創造

第三の道の提起自体は、市場原理主義と社会主義の双方に対する思想的批判がありました。市場原理主義からすれば人間は経営者にしろ労働者にしろ経済人としてケアレスマンをモデルにしていますから、人間の生活や養育やケアを含む家族やコミュニティは切り捨てられます。社会主義では労働者の経済的地位の改善と引き換えに政治的自由が制限されており、また国家による計画経済が不経済になっていることが批判の中心でした。

自由な個人を生活者としておき、コミュニティを旧来の血縁地縁の関係から解放して、自由な諸個人の連合として設計できる仕組みの一つが協同組合地域社会構想です。もちろんすべてが協同組合で占められることは必要ではなく、

望めば参加できる身近なところに協同組合がある、ということでいいのです。現に生活協同組合はそうなっていますが、それは地域づくりを直接の課題としてはいません。地域づくりのためには生協だけでなく、働く人の協同組合であるワーカーズ・コレクティブやワーカーズ・コープがあって、生活全般の領域で事業活動をやり、さらに地方自治に参画する代理人運動を持ち、また独自のシンクタンク・中間支援組織を持つ必要があるでしょう。

　自由な諸個人の連合は、雇用労働を超えた新しい働き方に基づいています。雇用労働と福祉国家という二元論を克服しようとする第三の道は、新しい働き方の創造によってしか実現されることはないでしょう。しかもその労働は福祉レジームと一体となったものとして組み立てられるでしょう。従来の福祉的就労ではなく、障害のある人や雇用されにくい人も自由な諸個人として一緒に働ける場、それが新しい労働・福祉レジームの特徴です。

　非営利・協同セクターの諸団体が、地域で一つの課題で連携して共生型経済を構築していく、このような構想にとって現時点での一つの具体的課題が、雇用されない、されにくい、社会的に排除された人々のための社会的企業です。社会的企業は、雇用を創出し、コミュニティの再生を図る活動の中心となれるような形での制度化が必要でしょう。そのためには、法制化を勝ち取らねばなりませんが、その際、フィンランドや韓国の社会的企業法をお手本にして、いろいろな法人格の企業が参入できるような形が望ましいでしょう。

　また法制化されない段階での社会的企業創出の活動も重要です。その場合は共生型経済の創出と、行政との協働を実現していけるソーシャル・ガバナンスの担い手としての主体形成が非営利・協同セクターに問われます。

　共生型経済の創出によって、新たな労働・福祉レジームを市民主導で創り出すという展望が可能となります。そしてその動きが始まることによって、日本の第三セクター（自治体と民間の中間に位置づけられたもので、そのほとんどが経営不振に陥り、地方財政を圧迫しています）とは別のサードセクター創設の展望が広がります。

（4）ソーシャル・ガバナンス

　60年代以降の戦後日本の政治は所得倍増計画に始まり、日本列島改造論で

その役割を終えたかのようです。以降は行政改革や、構造改革が続きますが、行政改革は官僚主導の行政を改革することはできず、構造改革とはアメリカ政府の年次改革要望書の実行でしかありませんでした。政、官、財の癒着による国家独占資本主義と呼ぶ他はないような戦後日本の体制は、小泉・竹中の市場原理主義による改革も逆手に取り、旧体制は打破されないまま、社会の格差が拡大するという負の遺産だけが残されたのでした。そして、市場原理主義に基づく経済成長追求の政治は今や転換を迫られ、第三の道によるソーシャル・ガバナンスの導入が現実性を持ってきています。

　政治がソーシャル・ガバナンスを必要としている原因は、今の社会では雇用と家族の揺らぎにより、人々が個人的には解決不能な社会的リスクに直面していることがあり、それに対して新たな労働・福祉レジームを実現していく政治が不可欠だからです。例えば、非正規の就労しか選択できないような多くの若者の就労条件は、働き続けても生活保護以下の賃金にしかならないワーキングプアを増大させていますが、結婚も子育ても不可能な経済的条件を改善していくような施策が実現されていかなければなりません。新たな労働・福祉レジームを実現するという立場からすれば、住宅に対する補助など多くの手段が可能であり、政治はこの事態に手をこまねいていることは許されないのです。

　他方、ソーシャル・ガバナンスを実現していくためには非営利・協同セクターの関与が不可欠です。そもそも国家と市場の混合体制の行き詰まりに端を発している今日の危機に対して、サードセクターの育成と成長が問われていて、サードセクターの新たな形での成長は、既にある非営利・協同セクターの関与にかかっているからです。

（5）共生型経済

　非営利・協同セクターの課題としての、共生型経済の創出という問題について整理してみましょう。社会的経済が確立しているフランスで、福祉国家体制の揺らぎに対して、90年代に新しい社会運動が台頭し、社会的経済とは区別した形で、連帯経済を名乗りました。伝統的な社会的経済が取りこぼしてきた課題を取りあげた新しい社会運動が、社会的連帯を求める連帯経済の創出を作り出そうとしたのです。

社会的経済が発展途上の日本で、フランスの連帯経済の形成を教訓化すれば、サードセクターの構成団体である、非営利・協同セクターに属する諸団体が、社会的連帯を求めて共生型経済を創出するという課題が見えてきます。イギリス労働党は、国家と市場からなる混合経済体制の機能麻痺を総括して、第三の道を提起しました。日本でも今回の政権交代で、このような転換を推し進めていくことが可能となっており、非営利・協同セクターの現場から共生型経済を作り出していくことで、もう一つの世界を実現していくことが問われています。

　連帯経済の目標は、社会の民主化、人権の強化、環境保護と再生などをはかっていくことでより、人間と人間社会中心の経済を確立していこうとするもの、と定義されていますが、当面は雇用レジームの揺らぎによる福祉レジームの崩壊状況という現実を直視した上での統一目標が設定されるべきでしょう。

　日本においても労働組合が非正規雇用やホームレスなどの課題にようやくウイングを広げつつありますが、こうした中で地域の課題やNPOなどとの連携をさらに強め、共生型経済（社会的経済）の促進・支援に向けた役割発揮が大いに期待されるところです。

　非営利・協同セクターは自己完結型から他の団体との協働型へと進み出ることによって、新たな社会・経済システムとしての共生型経済の創出に向かう、ということが課題となってきているのですが、いまはそれを実現すべきときです。

（6）政権交代が実現したことを踏まえて

　以上に引用した政策提言文書では、政権交代実現前の時点ですから、第三の道の提起も、下からの創造を想定し、フォーラムの活動としては、具体的には草の根ロビー活動を予定していました。政権交代が実現したことで、従来展開してきた草の根ロビー活動だけでなく、政党へのロビー活動が重要性を増してきています。いよいよ社会的企業育成の法制化に向けての活動が開始されなければなりません。本書に収録した二つのシンポジウムと聞き取り記録には、その活動のためのアイデアがぎっしりと詰まっています。その意味で、今回の出版もロビー活動の一助になればと思っています。

補章

共生型経済推進フォーラム活動報告

誰でもが当たり前に生きてゆける社会

　今、この日本は経済的にも政治的にもそして社会的にも、未曾有の混乱の時代を迎えています。たとえば、正規の雇用ルートからひとたび外れてしまった若者や、障害を抱えて生きる人や、家族と離れて暮らす高齢者など、本来人間が生きていくにあたって必要なさまざまな社会的つながりから切り離され、かつ、排除された状態で生きなければならない人々が抱える問題の深刻さに多くの人が気づき始めています。

　こうした状況と向かい合う中で、実は、既にさまざまな創意工夫が現場レベルで実現し、"誰でもが当たり前に生きてゆける社会"に向けた取組みが始まっていることがわかってきました。それは、NPOやワーカーズコレクティブ（働く人の協同組合）が知恵と工夫で作り上げたしくみであり、あるいは生協や労働組合などの伝統的な組織がその資源を生かしてはじめた実験的な事業でした。いまでは、彼らが地域でニーズを先取りし、必要な公共サービスの一端を担うようになったことを多くの人々が認めています。しかし一方で、その多様な団体・組織同士のつながりや支えあいは希薄であり、ともすれば孤軍奮闘になりがちな構図でもあったことも否定できません。

　この2年間の私たちの議論から導き出されるこたえは、NPOや協同組合や共済団体などの組織がそれぞれ横の関係を得ることで地域に"つながり経済"をつくりだすことを目指すべきだということでした。それぞれの組織がもつ知恵や資源、そして資金をつなげてゆくことで、地域に新たな現実を作りだし、"非営利・協同セクター"がになう社会的経済を実現することができないでしょうか。

　この2年間の私たちの活動で追求してきた視点は以下のようなものです。
1、非営利・協働セクターが相互につながり、セクターとして可視化されること
2、そのつながりの中から、現場レベルで具体的な事例（＝モデル）を積み上げる
3、そうして登場した担い手が、社会の担い手として、連帯の社会づくりを実現する

　このような活動を続けてきたフォーラムの活動報告と、日本社会再生のための処方箋、運営委員名簿をここに掲載します。

1、活動報告

2005年
10月3日　ジャンテ氏招聘国際市民フォーラム第一回関西実行委員会
11月28日　ジャンテ氏招聘国際市民フォーラム関西集会
　　以降、実行委員会を重ねて共生型経済推進フォーラム設立に至るいきさつは『勃興する社会的企業と社会的経済』(同時代社)資料編参照。

2006年
6月17日　共生型経済推進フォーラム設立総会
6月17日　第1回公開セッション　キックオフ・シンポジウム(報告書あり)
　　基調提起　　非営利の価値が21世紀の社会をつくる　津田直則(桃山学院大学教授)
　　パネルディスカッション
　　　　斎藤縣三さん(NPO法人共同連事務局長)
　　　　今泉麻理さん(NPO法人日本スローワーク協会理事)
　　　　石元裕美さん(ワーカーズ・コレクティブ近畿連絡会代表)
　　　　冨田一幸さん(西成地区街づくり委員会委員長)
　　　　岡田昭三さん(大阪市従業員労働組合委員長)
　　コーディネーター　　法橋　聡さん(近畿労金地域共生推進センター長)
　　会場:エルおおさか

7月24日　第2回公開セッション
　　「共生型経済を支えるお金の流れ」法橋　聡さん(近畿労金地域共生推進セ

ンター長）
「ホームレス自立支援法の現実と課題」山田　實さん（NPO法人釜ヶ崎支援機構理事長）
会場：近畿ろうきん本部　1階会議室

9月24日　第3回公開セッション
基調報告「イタリア社会的協同組合の最前線」田中夏子さん（都留文科大学）
パネルディスカッション
　　斎藤縣三さん（NPO法人共同連事務局長）
　　深尾昌峰さん（きょうとNPOセンター事務局長）
　　法橋　聡さん（近畿労金地域共生推進センター長）
会場：エルおおさか

12月3日　第4回公開セッション　ボルザガ氏来日記念シンポジウム in 大阪
記念講演「包摂の社会づくりへの挑戦」（本書収録）
　　講師　カルロ・ボルザガさん（トレント大学教授）
実践報告セッション　関西とイタリアに学ぶ共生の地域づくり
報告者　田中夏子さん（都留文科大学教授）
　　　　佐野章二さん（有限会社ビッグイシュー日本代表）
　　　　内田弘樹さん（NPO法人共同連事務局次長）
　　　　福井哲也さん（NPO法人日本スローワーク協会専務理事）
コーディネーター　法橋　聡さん（近畿労金地域共生推進センター長）
会場：大阪市立中央会館ホール

2007年
4月27日　第5回公開セッション　新しい公共と共生型経済
　　講師　富野暉一郎さん（龍谷大学教授）
　　会場：エルおおさか

7月22日　フォーラム第2回総会　政策提言の準備の決定

10月28日　第6回公開セッション（兼、協同労働の法制化を進める大阪集会）
　協同労働の協同組合法制化を進める関西市民会議、との共催
　記念講演：「地域づくりと社会的企業」
　明治大学教授　中川雄一郎さん（協同総合研究所副理事長）
　パネルディスカッション：
　　　　中川雄一郎さん（協同総合研究所副理事長）
　　　　津田直則さん（関西市民会議代表・共生型経済推進フォーラム代表）
　　　　高山成昭さん（自治労大阪府本部　自治体政策部長）
　　　　斎藤縣三さん（NPO法人共同連事務局長）
　　　　矢野　孝さん（ネクストステージ大阪LLP組合員、矢野紙器株式会社
　　　　　　　　　　　取締役、NPO大阪障害者雇用支援ネットワーク理事）
　コーディネーター　法橋聡さん（近畿労働金庫地域共生推進部部長）
　会場：大阪市立北区民センター2階ホール

12月2日　第7回公開セッション　NPOメッセ第4分科会
　分野を超えセクターを超え、社会制度の設計を考える
　基調報告　「市民化へ、社会制度設計の課題―ビッグイシューの試みから」
　　　　佐野章二さん（有限会社ビッグイシュー日本代表）
　パネルディスカッション
　　　　斎藤縣三さん（NPO法人共同連事務局長）
　　　　津田直則さん（協同労働の法制化を進める関西市民会議代表）
　　　　富野暉一郎さん（龍谷大学教授）
　　　　成瀬和子さん（NPO法人しみんふくし滋賀事務局長）
　コーディネーター　法橋　聡さん（共生型経済推進フォーラム運営委員）
　会場：大阪経済大学　70周年記念館

2008年

6月28日　フォーラム第3回総会
6月28日　第8回公開セッション　共生型の社会をデザインする
　記念講演「東アジアと市民社会」

講師　柏井宏之さん（フォーラム・アソシエ事務局）
　セッション
　　　斎藤縣三さん（共同連事務局長）
　　　境　　毅さん（NPO法人日本スローワーク協会）
　　　福田　弘　さん（大阪市職員労働組合本部）
　コーディネーター　　法橋　聡さん（近畿労金地域共生推進室長）
　会場：大阪市立中央区民センター

8月10日　第9回公開セッション　国際フォーラム：協同のまちづくり
　記念講演「協同のまちづくり」　講師　デジャーデン・由香里さん
　　スピーチ　津田直則さん（桃山学院大学教授）
　　対談　　　中川雄一郎さん（明治大学教授）
　会場：大阪梅田　阪急グランドビル会議室

10月13日　第10回公開セッション　反貧困キャラバンin大阪　連帯シンポジウム
　基調報告　沖野充彦さん（NPO法人釜ヶ崎支援機構事務局長）
　パネルディカッション
　　　尾松郷子さん（NPO法人釜ヶ崎支援機構・福祉相談部門）
　　　中野冬美さん（NPO法人しんぐるまざあず・ふぉーらむ・関西事務局長）
　　　高柳未奈子さん（NPO法人ビッグイシュー基金）
　　　今泉麻理さん（NPO法人ニュースタート事務局関西事務局長）
　　　中村　研さん（ユニオンぽちぽち副委員長・派遣ネット関西事務局次長）
　　　斎藤縣三さん（NPO法人共同連事務局長）
　コーディネーター　　法橋　聡さん（共生型経済推進フォーラム運営委員）
　会場：大阪市立中央区民センター

2009年
2月21日　第11回公開セッション
　誰も切らないつながり経済のあり方「社会的企業」ともにしませんか？
　　開会挨拶　津田直則さん（共生型経済推進フォーラム代表）

聞き取り調査についての報告　境　毅さん（共生型経済推進フォーラム運営委員）
　シンポジウム
　　斎藤縣三さん（NPO法人共同連事務局長・NPO法人わっぱの会代表）
　　冨田一幸さん（株式会社ナイス代表）
　　沖野充彦さん（NPO法人釜ヶ崎支援機構事務局長）
　　佐野章二さん（有限会社ビッグイシュー日本代表）
　　山田　實さん（NPO法人釜ヶ崎支援機構理事長）
　　藤木千草さん（ワーカーズ・コレクティブ・ネットワーク・ジャパン代表）
　　香丸眞理子さん（NPO法人アビリティクラブたすけあい理事長）
　　郡司真弓さん（NPO法人WE21ジャパン代表）
　　伊藤保子さん（NPO法人ワーカーズコレクティブさくらんぼ理事長）
　　コーディネーター　　法橋　聡さん（近畿労金地域共生推進室）
　　会場：近畿ろうきん大正支店4階ホール

6月28日　フォーラム第4回総会　聞き取り調査を中心とした記録の出版を決定
6月28日　第12回公開セッション　誰も切らない経済を地域に創る
　基調講演　「包摂」から「共創」の地域づくりへ　田中夏子（都留文科大学教授）
　パネルディスカッション
　　　河崎豊彦さん（生活クラブ京都エル・コープ専務理事）
　　　矢野　孝さん（矢野紙器株式会社　代表取締役）
　　　山口勝己さん（自治労大阪府本部執行委員）
　　　中村順子さん（NPO法人コミュニティ・サポートセンター神戸理事長）
　　　福田久美子さん（株式会社美交工業専務）
　　コーディネーター　　法橋　聡（近畿労金地域共生推進室室長）
　　会場：近畿ろうきん大正支店4階ホール

2、日本社会再生のための処方箋
(共生型経済推進フォーラムから)

(1) 日本型政治の転換期を迎えて

　2009年8月の衆議院総選挙での民主党の躍進により政権交代が実現しました。いま、新しい政治に、市場原理型経済の猛威で痛んだ社会のセーフティネットを編み直し、社会の再生を図る政策が強く期待されています。戦後長年にわたって経済成長を前提にして形成されてきたこの国の政・官・財の癒着と言われる岩盤は強固ですが、これを変えようとする政治がやっと動きはじめています。

　一方で、政治の変化を待っている余裕すらない地域の現場では、本書でご紹介したように、すでに、非営利・協同セクターを中心にして、地域を支える事業と働く場づくりを進める新しい運動とその萌芽がさまざまなところで始まっています。これらはセーフティネットを張り直し社会の再生を進めていくための地域発・市民発の新しい動きといえます。これらを踏まえ、ここでは、痛んだ日本社会の再生を進めていくための処方箋として、私たち共生型経済推進フォーラムが共有している考え方を取りまとめました。

(2) 格差社会の出現と日本型政治の構造

　小泉内閣による構造改革という名目での市場原理型経済の推進により、これまで日本を支えてきた家庭・地域の相互扶助や企業内福利厚生による安全弁は急速に寸断され、日本社会の福祉レジーム（体制）が一気に解体させられてしまいました。にも関わらず、新自由主義がアメリカ発の金融危機で後退し小泉

改革の限界がはっきりして以降も、旧来の政府は何ら新たなビジョンも打ち出せないままのなし崩し的な政策転換に終始し、日本型政治の政・官・財による癒着の構造と岩盤はいささかも揺るがず生き残ってきました。これは官主導による日本型政治の展開、つまり、日本における政治の企画立案能力がこれまで旧来の政権党の国会議員や政治家にはなく、中央官庁に集中してきたことの帰結と言えます。

その改革の痛みは、社会の労働者や農民、自営業者や中小企業にも集中することとなりました。労働組合に対する新自由主義的締め付けや攻撃は既に中曽根政権から始まっていましたが、90年代後半になって経団連主導で大企業の終身雇用制という日本の雇用制度そのものの解体へと突き進み、小泉政権下では、労働者派遣法などの労働者保護規定の規制緩和で非正規労働者が急増しました。従来日本の福祉レジームは福祉国家によるのではなく、雇用制度と家族に内包されていましたが、雇用制度の解体は同時に福祉レジームの崩壊を意味し、人々はあっという間に社会という受け皿から排除される「すべり台社会」に直面するようになったのです。

文字通り社会の底は抜けました。セーフティネットの張替えが急務となっています。ここでどのような政治が問われているか、このことを明らかにすることが今問われています。

(3) 産業構造の変化

高度成長期の産業モデルは、製造業を基幹産業としていました。その後、低成長期を経て、今はサービス業が基幹となっていますが、このことは実は人生のトータルが経済及び産業の問題となっているということに他なりません。人生のトータルが産業に組み込まれているような時代において、男性中心のケアレスマンモデル（養育も介護も必要のないケアレスな男性モデル）では立ち行かなくなっています。小経営も大企業も同じ価値を持った存在として位置づけて、働くことにおける均等待遇を実現すると共に、市場に乗らないアンペイドワークの価値を、経済価値とは別の次元から位置づけることが問われています。

また、産業構造の変化は、環境問題からも要請されています。大量生産・大

量消費・大量廃棄という現在の社会システムそのものを変えていき、人間優先の世界観を反省していくことが問われています。

社会の荒廃と環境汚染をもたらした効率化中心の自由主義経済は、人を単なる労働力としかみませんが、それだけにとどまらず、株主価値至上主義によりお金がお金を生む世界へと行き着き、投機取引で増殖することが金融活動の主流となってしまいました。このような状況を是正するためにも、人間を経済主体とする、助け合い、連携し合い環境に配慮する参加型の経済の復興が求められています。

（4）社会的包摂の取り組みとサードセクターの意義

新自由主義経済による社会的排除が進む社会に対し、社会的包摂とは、人間主体の参加型の経済を構想し、それを現実化していく営みです。日本社会の経済は、これまで、公的セクターと企業セクターが中心でした。しかし人間主体の参加型の経済では非営利・協同セクターと呼ばれている、サードセクターが二つのセクターと連携する形で形成され、セクターバランスが取れるようにしていくことが必要となります。

この間、共生型経済推進フォーラムでは、社会的経済・社会的企業促進に向けて活動してきましたが、新たにサードセクターの拡充を構想すれば従来の非営利・協同セクターの中で、それと連帯した形での社会的企業の育成が重要な施策であることが見えてきました。

福祉という言葉は、広辞苑では「公的扶助やサービスによる生活の安定」と記しています。この意味は、二つのセクターが中心であった日本の社会状態を反映しています。しかし、現状の福祉は労働と不可分であり、単なる福祉という意味が変化しています。

労働と福祉を不可分なものと捉えた日本型の新しい制度づくりが政府に求められていると共に、これを地域現場で担っていく営みとして、サードセクターの拡充と社会的企業の促進を並行して進めていくことが求められているのです。

また、地方分権・地域主権が喧伝されていますが、現状の官僚主導型の仕組

みのままで財源と権限が地域現場におりてきた場合、へたをすると従来よりももっと官僚主義の、市民協働とは遠い地方自治になる可能性もあります。地方分権を実際に稼動させていくのは「市民の自治」です。こうした市民力（ソーシャルキャピタル）を充実させる主体は、実はサードセクターの拡充なのです。

（5）再生のための処方箋

　今、政策策定の基本的観点を市場原理の経済から人間を主体とする参加型の経済にし、切らない、分けない、支え合う経済を展望していくことが必要となっています。「誰も野宿しなくてもいい社会」（沖野さん）、そして、「誰もがそれなりに働いて、生きがいをもてる社会」（山田さん）を創っていくことが求められています。障がい者の働く場については、「福祉的就労でも一般就労でもない、第三の道」（斎藤さん）の実現が求められています。痛んだ社会を再生するためには、こうした視点が不可欠だと考えています。

　こうした視点を現実としていくには、これらの担い手であるサードセクターを日本において拡充していくことが急務です。それを実現していくためには、社会的企業の育成と促進を進めるための新たな法制化が必要だろうと考えます。基本法の整備からの出発でも、または自治体条例からの一歩でも、いずれにせよ、事業を通して社会的排除に向き合う社会的企業を社会政策としてサポートしていくことが、再生の処方箋として必要になっています。

3、共生型経済推進フォーラム／運営委員　名簿

2009年9月30日現在

		なまえ	所属
1	代　表	津田　直則	桃山学院大学経済学部教授
2		山田　實	NPO法人釜ヶ崎支援機構理事長
3		永田　良昭	NPO法人市民活動ネットきずな代表
4		斎藤　縣三	NPO法人共同連事務局長
5		境　毅	NPO法人日本スローワーク協会理事
6		橘高　千秋	NPO法人ゆめ風基金事務局長
7		柏井　宏之	NPO法人みずきの会理事
8	会計監査	橋口　文博	NPO法人じゅうしん神戸事務局長
9		永田　千砂	「障害者とともに」を考える企画グループ　ちまちま工房代表
10		田中　滋晃	大阪ホームレス就業支援センター事務局長
11		尾崎　力	関西マガジンセンター社長
12		濱西　栄司	京都大学大学院
13		山口百合子	大阪交通労組特別執行委員
14		山口　勝己	自治労大阪府本部自治体政策部長
15		井上　佳人	近畿労働金庫労働組合執行委員
16		金丸芙美代	近畿労働金庫労働組合USR委員
17		中須　雅治	近畿労働金庫地域共生推進室
18		法橋　聡	近畿労働金庫地域共生推進室室長（順不同）

あとがき

　共生型経済推進フォーラムは、05年11月のT・ジャンテ氏の招聘国際シンポの実行委員会に集った諸団体が中心となって、関西の社会的事業のプレーヤーたちをつなぎ底上げをしていこうと、06年6月に結成されました。ただ、ここに集った諸団体は、ホームレス支援や障害者と共に生きる社会的事業所、金融機関、労働団体など、まさに具体現場の事業を担っている実践者の団体ばかり。その多忙さや活動のあり様も複雑に異なるなかで、各団体が組織立ってこのフォーラムを構成しても無理が生じて長続きしないことも自明の理。ということで、当フォーラムでは、各団体の中心的なメンバーが個人（または団体に属する個人）として緩やかにつながって自由な関わりを大事にして、進めていくことを運営の風土にしてきました。

　運営委員会の開催もなかなか難しいようなこうした状況のなかで、12回ものシンポジウムの開催や社会的事業所への全国聞き取り調査まで、よく進めてこれたもんだというのが正直な実感です。逆に、フォーラム運営の「ゆるさ」と「楽しさ」、集まる人たちの「際立つ個性？」が助けとなったのかもしれません。

　とはいえ、フォーラムの担い手はやはり、底が抜けつつある社会の課題に向き合おうとしている活動の担い手たちばかりで、そこでの論議は、現場発・地域発・当事者視点で社会の編み直しをどう進めていけるのかというもの。ここ数年の営みを通して「社会的企業の支援と促進」や「日本でのサードセクターの形成」という視点がフォーラムとして共有されてきたのかもしれません。

　今回の出版は、こうした経緯を踏まえて、この間のシンポジウムのパネラーや聞き取り調査をさせていただいた方々の姿を取りまとめることとなったもの

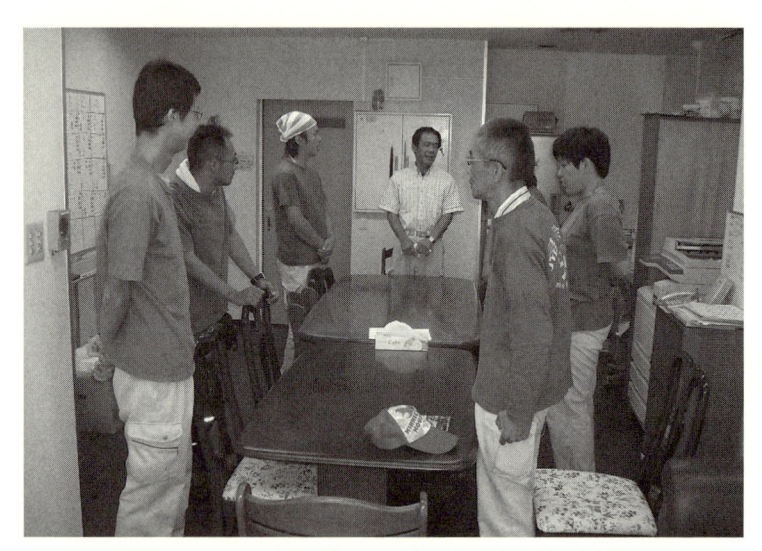

滋賀県社会的事業所 「掃除屋プリ」朝の打ち合わせ風景

です。おそらく、本書で紹介する事例は「誰も切らない経済」をめざす最前線の取り組みばかりであり、この営みの中に、さまざまな課題を抱える日本社会の再生に向けた政策やビジョンのあり方が、いっぱい詰まっているのではないかと考えています。本書が、これからの社会のデザインを考える際のヒントに少しでも役立つとすれば望外の喜びです。

　出版に当たり、多くの方々にお世話になりました。まず、この出版の意義をご理解いただきこころよく引き受けて下さった同時代社の川上徹さん、高井隆さんにお礼申し上げますと共に、多忙な中、聞き取りに応じて下さったみなさん、原稿執筆などにご協力いただいたみなさんに改めて御礼申し上げます。また、反貧困キャラバン連帯シンポジウムのテープ起こし原稿を提供して下さった障碍者運動研究会の藤田綾子さん、表紙のデザインや画像の編集をして下さったちまちま工房の永田千砂さん、ありがとうございました。さらにこの間、シンポジウムの会場提供などフォーラムを応援いただき、今回の出版では「企画協力」いただいた近畿ろうきん（地域共生推進室）さんにも厚くお礼いたします。

共生型経済推進フォーラム　運営委員会

誰も切らない、分けない経済――時代を変える社会的企業

2009年10月30日　初版第1刷発行

編　者	共生型経済推進フォーラム（代表・津田直則）
企　画	柏井　宏之・境　　毅
協　力	近畿ろうきん地域共生推進室
装　幀	永田　千砂
制　作	いりす
発行者	髙井　隆
発行所	㈱同時代社
	〒101-0065　東京都千代田区西神田2-7-6川合ビル
	電話 03(3261)3149　FAX 03(3261)3237
印　刷	モリモト印刷株式会社

ISBN978-4-88683-657-1

同時代社◎好評既刊書

社会的経済の促進に向けて
――もう一つの構造改革〈市民・協同セクター〉の形成へ

A5判並製　192頁　定価［本体2200円＋税］
「社会的経済」促進プロジェクト／編

宮本太郎・町田有三・柴田武男・一色節子・粕谷信次・鷲尾悦也
堀内光子・仙谷由人・宮崎　徹・山岡義典・牧野昌子・桜井　勇
藤木千草・藤岡武義・橋本吉広　他

官治型社会をつぶす
――寄生虫のたかる構造の打破を……仙谷 由人

非営利・協同セクターに属する各界の実践リーダーと学者たちが重ねてきた研究会活動の集大成。
地域社会における共助のシステムはどうしたら構築できるか。
グローバルな、新たな「公共性」を築いていくために、何が必要か。